股权激励
与合伙人制度

案例·范本·表格

孟岭　李瑛　编著

化学工业出版社

·北　京·

《股权激励与合伙人制度——案例·范本·表格》一书旨在为企业排疑解惑。本书分为股权激励和合伙人制度两个部分：

第一部分股权激励，内容包括股权激励概论、股权激励种类及利弊、股权激励的具体操作步骤、股权激励方案十大要素、股权激励中常见问题解答；

第二部分合伙人制度，内容包括合伙人制度概述、事业合伙人、推进合伙人制度的基础、合伙人制度设计。

《股权激励与合伙人制度——案例·范本·表格》一书采用模块化设置，将案例、范本、表格相结合，内容实用性强，着重突出可操作性，不仅为读者提供了实用的股权激励、合伙人制度思路和管理模板，还为其开展如何实施股权激励、建立合伙人制度提供了重要的参考资料。

图书在版编目（CIP）数据

股权激励与合伙人制度：案例·范本·表格/孟岭，李瑛编著．—北京：化学工业出版社，2019.6 （2022.1重印）
ISBN 978-7-122-34204-1

Ⅰ.①股… Ⅱ.①孟…②李… Ⅲ.①股权激励-研究②合伙企业-企业制度-研究 Ⅳ.①F272.923②F276.2

中国版本图书馆CIP数据核字（2019）第057555号

责任编辑：陈 蕾　　　　　　　　　　装帧设计：尹琳琳
责任校对：边 涛

出版发行：化学工业出版社（北京市东城区青年湖南街13号 邮政编码100011）
印　　装：三河市延风印装有限公司
787mm×1092mm 1/16 印张15 字数316千字 2022年1月北京第1版第5次印刷

购书咨询：010-64518888　　　　　　　售后服务：010-64518899
网　　址：http://www.cip.com.cn
凡购买本书，如有缺损质量问题，本社销售中心负责调换。

定　　价：68.00元

前言 PREFACE

股权激励与合伙人制度是目前比较热门的两个话题。

股权激励机制，是要让被激励者从打工者变为企业主人翁，将自身利益和企业利益紧密结合，积极主动地参与企业决策、承担风险，并分享企业成长带来的丰厚利润，积极主动地关心企业的长期健康发展与价值增长，从而促进企业一步步走向辉煌的制度和契约的结合及其实施过程。

美国《财富》杂志的数据表明，20世纪以来，在美国排名前一千位的公司中，绝大多数公司对核心管理人员、技术骨干等关系到企业发展大计的员工都实行了股权激励。比如微软、沃尔玛、IBM、戴尔、联想、阿里巴巴、华为等，都是在股权激励下快速成长起来的。越来越多的事例表明，股权激励已经成为现代企业提升绩效，实施人才战略不可或缺的管理工具。

近年来合伙人机制也被运用得十分广泛。因为21世纪的企业竞争体现为创新竞争，具有创新精神与能力的关键人才，就成为企业争夺的最有价值的资源。如何获取关键人才？让他们单纯地去打工已经不现实了。在人的价值不断彰显的今天，企业不得不把人才纳入合伙人的行列，与他们共同决策企业命运，和他们共享企业经营成果。

尽管股权激励和合伙人制度很流行，但很多时候老板却不知该如何运用。《股权激励与合伙人制度——案例·范本·表格》一书则为有志于此的企业排疑解惑。本书分为股权激励和合伙人制度两个部分；第一部分包括股权激励概论、股权激励种类及利弊、股权激励的具体操作步骤、股权激励方案十大要素、股权激励中常见问题解答五章内容；第二部分包括合伙人制度概述、事业合伙人、推进合伙人制度的基础、合伙人制度设计四章内容。

本书采用模块化设置，将案例、范本、表格相结合，内容实用性强，着重突出可操作性，不仅为读者提供了实用的股权激励、合伙人制度思路和管理模板，还为其开展如何实施股权激励、建立合伙人制度提供了重要的参考资料。

本书由注册会计师、注册税务师、高级审计师孟岭和北京大成律师事务所深圳分所李瑛律师编著。由于作者水平有限，加之时间仓促，书中难免出现疏漏，敬请读者批评指正。

编著者

目录 CONTENTS

第1部分　股权激励

第2部分 合伙人制度

PART ONE 第1部分　股权激励

美国《财富》杂志的数据表明，20世纪以来，在美国排名前一千位的公司中，绝大多数公司对核心管理人员、技术骨干等关系到企业发展大计的员工都实行了股权激励。

比如微软、沃尔玛、IBM、戴尔、联想、阿里巴巴、华为等，都是在股权激励下快速成长起来的。越来越多的事例表明，股权激励已经成为现代企业提升绩效，实施人才战略不可或缺的管理工具。

股权激励机制，是要让被激励者从打工者变为企业主人翁，将自身利益和企业利益紧密结合，积极主动地参与企业决策、承担风险，并分享企业成长带来的丰厚利润，积极主动地关心企业的长期健康发展与价值增长，从而促进企业一步步走向辉煌的制度和契约的结合及其实施过程。

第一章　股权激励概论

1.1　什么是股权激励

股权激励是公司股权或股权的收益权以某种方式授予企业的中高层管理人员和业务、技术骨干，使他们参与决策、分享收益、承担风险，形成权利和义务相互匹配的所有权、收益权、控制权和管理权关系，从而激励员工为公司长期发展服务的一种制度安排。

1.1.1　股权激励的意义

对非上市公司来讲，股权激励有利于缓解公司面临的薪酬压力。由于绝大多数非上市公司都属于中小型企业，他们普遍面临资金短缺的问题。因此，通过股权激励的方式，公司能够适当地降低经营成本，减少现金流出。与此同时，也可以提高公司经营业绩，留住绩效高、能力强的核心人才。

对原有股东来讲，实行股权激励有利于降低职业经理人的"道德风险"，从而实现所有权与经营权的分离。非上市公司往往存在一股独大的现象，公司的所有权与经营权高度统一，导致公司的"三会"制度等在很多情况下形同虚设。随着企业的发展、壮大，公司的经营权将逐渐向职业经理人转移。由于股东和经理人追求的目标是不一致的，股东和经理人之间存在"道德风险"，需要通过激励和约束机制来引导和限制经理人行为。

对公司员工来讲，实行股权激励有利于激发员工的积极性，实现自身价值。中小企业面临的最大问题之一就是人才的流动问题。由于待遇差距，很多中小企业很难吸引和留住高素质管理和科研人才。实践证明，实施股权激励计划后，由于员工的长期价值能够通过股权激励得到体现，员工的工作积极性会大幅提高，同时，由于股权激励的约束作用，员工对公司的忠诚度也会有所增强。

1.1.2　股权的权能

从现代企业制度角度看，股权的权能主要分为四种，如图1-1所示。

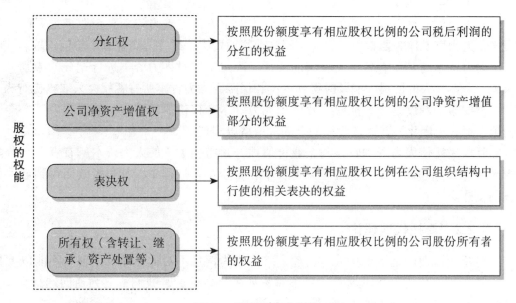

图1-1　股权的四种权能

1.2　股权激励的理论支持

1.2.1　人力资本理论

人力资本理论是以舒尔茨和贝克尔为代表的经济学家提出来的一种理论。此理论把社会发展中的财富创造由原来单纯的物质资本和货币资本扩充到了人力因素上，认为人力因素也是财富增值的重要一环。

人力资源是指一个国家或地区中具有较多科学知识、较强劳动技能，在价值创造过程中起关键或重要作用的那部分人。人才资源是人力资源的一部分，这一部分属于人力资本。如图1-2所示。

人力资本包含了知识、技能、资历、经验和熟练程度、健康等，它用一种总称代表人的能力和素质。

由于经营管理的高度专业化和复杂化，掌握一定管理经验和核心技术的特殊人才具有一般劳动力无法比拟的稀缺性，他们的经验和技术成为企业不可或缺的生产要素，能够为企业带来极大的剩余价值。

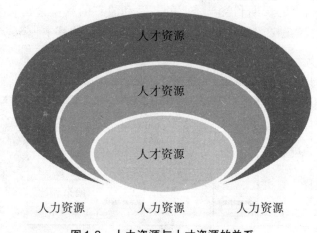

图1-2　人力资源与人才资源的关系

资本完整的概念应包括物资和人力资本两个方面，人力资本是企业最重要的无形资产，人力资本作为要素投入，应该同其他物质资本一样参与企业剩余价值索取。

人力资本与其所有者不可分离的特征，决定了要对人力资本进行充分的激励。如果人力资本投入的回报不能及时得到承认和保障，人力资本所有者就会采取投机行为。

股权激励制度是一种能够有效体现人力资本产权价值的制度，使得人力资本产权价值在形式上固化，并通过股权的市场价值得以实现。

股权激励使人力资本收益与企业价值提升紧密相关，使人力资本所有者和企业所有者利益目标趋同，从而保证了人力资本在企业运营过程中，其积极效用得到最大程度的发挥。

1.2.2　委托代理理论

委托代理理论是指委托人与代理人之间因为信息不对称，导致代理人不能以委托人的利益最大化为目标。这种信息不对称如果是事前的，我们称之为逆向选择模型；如果是事后的，我们可称之为道德风险模型。

经理人和股东实际上是一个委托代理的关系，股东委托经理人经营管理资产。但事实上，在委托代理关系中，由于信息不对称，股东和经理人之间的契约并不完全，需要依赖经理人的"道德自律"。股东和经理人追求的目标是不一致的，股东希望其持有的股权价值最大化，经理人则希望自身效用最大化，因此股东和经理人之间存在"道德风险"，需要通过激励和约束机制来引导和限制经理人行为。

为了使经理人关心股东利益，需要使经理人和股东的利益追求尽可能趋于一致。对此，股权激励是一个较好的解决方案。通过使经理人在一定时期内持有股权，享受股权的增值收益，并在一定程度上承担风险，可以使经理人在经营过程中更多地关心公司的长期价值。股权激励对防止经理的短期行为，引导其长期行为具有较好的激励和约束作用。

股权激励使公司建立了有效的激励机制，即剩余索取权与控制权配置机制，使经营者的长期利益与企业的效益和股东的利益紧密联系并趋向一致。委托代理理论是股权激励产生的动因，也是股权激励起源的基本理论。如图1-3所示。

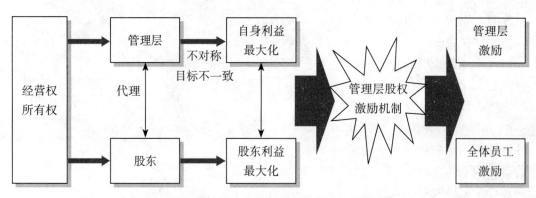

图1-3　股权激励解决了股东和经理人之间的道德风险

1.2.3　管理激励理论

1.2.3.1　需求理论

管理学关于激励方面的研究非常广泛，从人的需求出发，最著名的莫过于马斯洛的六层次需求理论、赫兹伯格的双因素理论、麦克利兰的成就需要理论等。马斯洛的六层次需求理论提出人的六层次需求，如图1-4所示。

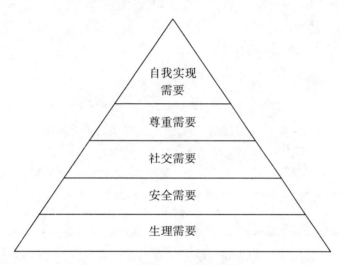

图1-4　马斯洛的六层次需求理论

赫兹伯格的双因素理论认为，引起人们工作动机的因素主要有两个：一是激励因素，二是保健因素。只有激励因素才能够给人们带来满意感，而保健因素只能消除人们的不满，不会带来满意感。如图1-5所示。

保健因素	激励因素
公司的政策、行政管理、监督、工作条件、薪水、地位、安全及各种人事关系等	工作富有成就感、工作本身带有挑战性、工作的成绩能够得到社会的认可及职务上的责任感和职业上能够得到发展和成长等因素

图1-5　赫兹伯格的双因素理论

从人的行为的研究角度探究什么会导致行为的变化以及如何转变人的行为，有弗鲁姆的期望理论、亚当斯的公平理论、斯金纳的操作条件反射理论及海德的归因理论。

无数管理学大师，从不同的角度为我们揭示人的行为的原因、影响因素，不断寻找较好的激励方法，从而实现提高积极性、主动性的目的。股权激励既有需求层面的激励，也有行为过程的激励，同时兼顾了长远。

管理激励模式：根据行为学的研究，人的需要、动机、行为与满足之间，可以用简单的模式表示。如图1-6所示。

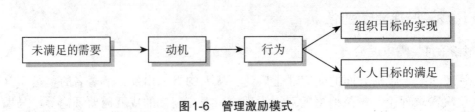

图1-6　管理激励模式

股权是需求中的一项重要内容，在需求层次中处于较高的层次，是员工的尊重需求和自我实现需求的物质体现，拥有股权对员工而言，不仅意味着经济收入，更重要的是其在社会生活中成就和荣誉的体现。

1.2.3.2　期望理论

期望理论又称作"效价-手段-期望理论"，是管理心理学与行为科学的一种理论。这个理论可以公式表示为：激动力量=期望值×效价。是由北美著名心理学家和行为科学家维克托·弗鲁姆（Victor H. Vroom）于1964年在《工作与激励》中提出来的激励理论。如图1-7所示。

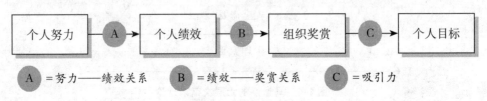

图1-7　期望理论图示

按照期望理论，股权激励能给企业员工以强有力的激励力量，是因为企业员工的任务只有努力工作，做出好业绩，那么凭借自己所拥有的股权就可以分享企业的利润，从而达到自己可以更丰富生活的目标。

1.2.4　不完全契约理论

不完全契约理论是由格罗斯曼和哈特、哈特和莫尔等共同创立的，该理论以合约的不完全性为研究起点，以财产权或（剩余）控制权的最佳配置为研究目的，是分析企业理论和公司治理结构中控制权的配置对激励和信息获得的影响的重要工具。

不完全契约理论认为：由于人们的有限理性、信息的不完全性及交易事项的不确定性，明晰所有的特殊权利的成本过高，拟定完全契约是不可能的，不完全契约必然经常存在；当契约不完全时，所有权就具有重要意义，同时将剩余控制权配置给投资决策相对重要的一方是有效率的。

股权激励的设计即在明晰所有特殊权利成本过高的前提下，经营者有着重要的投资决策重要性，因此通过赋予经营者所有权或者剩余控制权来实现有效配置。

股权激励方案的实施是一系列的契约缔结过程，那么因为不完全性，很可能导致计划难以达成或者未来的纠纷现象，而这也是现实中经常出现的，这就要求在设计股权激励过程中尽量全面并审核细节。

1.3　股权激励的激励原理

股权激励的激励逻辑就是指股权激励的方式是怎样传导和影响公司与个人价值的提升，我们可以从宏观和微观两个维度来分析理解。

1.3.1　从宏观角度看

股权激励的传导和影响正如图 1-8 所展示的，股权激励的作用被纳入到了链接企业治理结构、企业产品价值、企业资本价值、个人价值的内核，通过它对每种价值的影响形成了相互影响的整个闭合式循环。

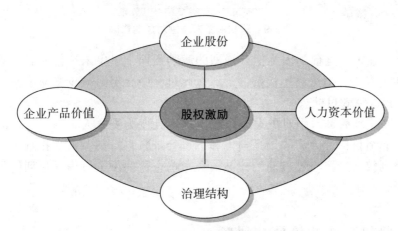

图 1-8　股权激励传导闭环

首先，股权激励的激励对象签订有效的股权激励契约，本身就改变了企业的治理结构，一方面企业减少了代理成本，另一方面个人获得了股权性收益。激励对象在经营过程中通过充分发挥自己的价值，调动各方面资源，使得企业产品价值提升；反过来企业产品价值增大，整体业绩提升，带来个人绩效增加。通过公司的股权性收益，个人价值得以增加，从而提升个人在经理人市场的流动性溢价，企业尽管为流动性溢价付出了更多的激励成本，但同时获得了更大的市场收益。

其次，治理结构的完善，传递给市场企业经营管理绩效可能增加的信息，传导到资本市场会推升股价，而企业绩效增加和股价提升更凸显个人人力资本价值，人力资本价值的提升和流动进一步深化治理结构的调整和完善。也就是说，通过股权激励的激励方式，整个股权市场、产品市场、资本市场、经理人市场得以有效地贯通和价值链接，形成一个相互影响的闭环。

1.3.2　从微观角度看

一般情况下，股权激励的传导是通过激励对象的行为得以体现。正如图 1-9 所示。

首先，股权激励是代理人变为委托人的过程（由于具体采用的激励方式不同，不尽然如此，仅以此为例），这个过程分为两个阶段，行权即为前后的节点。

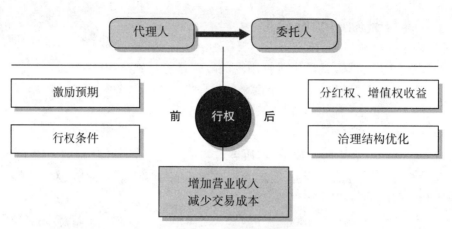

图 1-9 股权激励对激励对象的影响

激励对象在行权之前，因为抱有强烈的激励预期，想象未来行权后利益增加和个人价值提升，需要努力达成行权条件，那么此过程中会努力减少交易成本、增加营业收入等，以提高绩效目标。

行权条件达到后，激励对象通过行权由代理人变为委托人，基于产权的约束，同样努力提高业绩目标，因为如果是损失和下滑会带来自身利益的直接减少。同时，行使股东在控制权、投票权等方面的权益，会影响企业的决策过程，起到优化治理结构的作用。

1.4 股权激励的价值与风险

1.4.1 股权激励的价值

股权激励的作用：奖励、激励、融资、资产传承，其价值表现为以下方面。

（1）吸引和留住人才，增强工作动力和提高工作效率，促进业绩增长，提升企业价值。

（2）能够有效降低工资奖金成本，提高净利润，从而提升企业价值。

（3）激励和约束员工，有效减少企业委托代理成本和员工短视行为。

（4）回报老员工及有贡献的员工，论功行赏，促进内部和谐。

（5）通过股权解除部分老员工权利问题，股权释兵权，顺利实现企业发展升级。

（6）公司治理结构的完善，股权明断，管理规范，有利于资产升级和资产传承。

（7）解决企业发展过程中急需的资金问题。

1.4.2 风险

股权激励的风险主要来自实施条件及股权激励方案不合理所造成的各种问题。

（1）财散人不聚，付出成本过大。

（2）股权期权分配不均造成的影响。

（3）公司业绩不好所造成的期望心理落差。

（4）绩效条件无法衡量。

（5）老板的决心和行为，企业的规范性。

（6）行业前景。

1.5　股权激励的原则

在股权激励设计、实施的过程中应该遵循的五大基本原则，是我们在长期实践过程中总结经验得出的，如若没有特别的原因，一般情况下不可以突破。在具体操作过程中，应当依据企业实施股权激励目的，结合这些原则来具体设计。如图1-10所示。

图1-10　股权激励的五大原则

1.5.1　依法合规原则

2016年8月，证监会颁布了《上市公司股权激励管理办法》。根据这个管理办法，对于上市公司股权激励的模式、授予权益的价格、授予的程序以及其他方面都作了明确具体的规定。依法合规原则不可突破，否则你的方案将通不过证监会的备案或审批，另外还得接受证监会的处罚。对于国有控股上市公司而言，除了需要遵守《管理办法》外，还需要遵守国资委有关文件的规定。

现今有很多企业在全国中小企业股份转让系统挂牌出让股份，也就是俗称的新三板挂牌。挂牌企业虽然不是严格意义的上市公司，但是它实施股权激励也会受到股转公司交易规则和相关文件的约束。比如，若采用定向发行股票作为股票来源的话，每次定向发行的人数不能超过35人（除了公司原股东）。也就是说采用定增方式的激励对象的人数不可以超过35人。另一个是持股平台（包括有限公司和有限合伙企业），持股平台是不可以参加新三板挂牌企业定向发行的。

对于非上市公司，包括股份有限公司和有限责任公司，股权激励没有什么特别的限制性规定。但是，方案本身的合法性需要注意，应该符合《中华人民共和国公司法》还有《中华人民共和国合同法》《中华人民共和国劳动法》的有关规定。

任何企业实施股权激励计划时，都应该严格遵守国家关于股权激励、股份支付的财税方面的法律、法规。

依法合规是股权激励方案、股权激励实施所应遵守的最基本原则。任何激励方案如果违反了法律的规定、违背了规范的要求，很可能在法律上是无效的，不但不能达到股权激励的目的，也会给公司和激励对象带来不小的损失，也为双方之间的纠纷留下隐患。

持股平台

持股平台是公司实施股权激励过程当中比较常用的一种操作模式，具体而言就是在母公司之外以被激励对象作为主要的成员来搭建有限合伙企业或者是特殊目的公司，然后用有限合伙企业或特殊目的公司去持有母公司的股权，从而实现被激励对象间接持有母公司股权的目的。

经常使用的有公司型的持股平台和有限合伙企业的持股平台。

设立期权池时，员工持股平台是很常见的做法。员工持股方式主要有员工直接持股、通过合伙企业间接持股、通过公司间接持股三种，如下图所示：

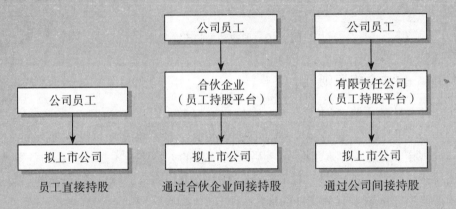

员工持股方式

1.公司型的持股平台

首先来看看公司型的持股平台，持股公司是指员工共同出资成立的有限责任公司或者说是股份有限公司，当然这个出资的时候是象征意义的或者说是以一个很优惠的价格。而且现在公司法改革了，就是注册资本也没有最低的要求，所以对于员工来说成立公司的成本是很低的，那么这个公司设立的唯一目的就是受让母公司的股权，进而实现员工间接持有母公司的股权。

员工持股平台可以是有限合伙企业，也可以是有限责任公司。但是公司制的这种持股平台他的特点就是税非常高，排除一些特殊的优惠和税务的筹划，首先持股平台从母公司分配利润就需要缴纳25%的企业所得税，而员工个人如果要从持股平台分配利润，又需要缴纳20%的个人所得税，前者比后者税收更少（以"先分后缴"的方式，由合伙人直接纳税，避免了企业所得税和个人所得税的双重纳税），且安排更灵活。

2.有限合伙型的持股平台

第二种持股平台的模式就是有限合伙型的持股平台。有限合伙企业在中国是一种比较新的企业形式，2006年我们国家颁布了《合伙企业法》正式确认了有限合伙的制度，有限合伙企业的合伙人分为普通合伙人，俗称是管理合伙人或者说是GP；另外就是有限合伙人，也叫LP，有限合伙企业就是由这两种类型的合伙人组成的。

普通合伙人执行事务，承担的是管理职能，一般担任执行事务合伙人，而有限合伙人只是作为出资方，他不参与企业管理，所以员工可以不直接持有公司股权，而把员工放到有限合伙企业里面，然后让有限合伙企业持有母公司的股权，同时让母公司的创始人和其创始人名下的公司担任有限合伙企业的GP，控制整个有限合伙。

通过有限合伙持有和控制公司的部分股权，除了创始人之外的其他股东只能是有限合伙的LP，这个LP主要指的就是员工持股，员工只享有经济收益，他不参与日常的有限合伙企业的管理，所以他也不能通过有限合伙企业来控制母公司。

3.设立员工持股平台的原因

设立员工持股平台最核心的原因有以下两个。

（1）利于公司以后的发展。一个公司进行大规模（如几十个员工）的股权激励，如果使用直接持股的方式，以后召开股东大会或者工商变更登记都很麻烦。这样的公司决策很难有效率，作为投资机构也不愿意投资。

（2）员工直接持股人数有限制。根据公司法的规定，有限责任公司的股东不能超过50个人，有限合伙企业最多也只能是50个人，公司要避免限制，则可以设立多个持股平台，激励人数大大增加。

假如你的公司要给100人做股权激励，直接持股显然不可以。设立2个持股平台，每个平台放置50个待激励的员工。对于公司而言，仅仅是多了2个股东。

1.5.2 自愿参与原则

自愿参与原则，即企业不能强迫员工参加股权激励。当然，想强迫未必能强迫得了，现在员工的权利意识很强。这里主要指的是：不能变相强迫，比如，对不参加股权激励的人升职、涨工资的时候区别对待，或者在工作中给人穿小鞋。如果变相强迫员工参加，要么是方案没有设计好，对员工没有吸引力，达不到激励效果，要么就是，员工对企业有其他想法。

股权激励其实还有一个作用，就是甄别人才。一个很好的股权激励方案，大家都积极踊跃参加，但是总会有个别激励对象不想参加，那么就应该好好考虑他不想参加的具体原因了。因为绝大部分股权激励方案是需要员工出资购买股份的，虽然价格非常优惠，但也是要员工出资的，并且激励股份是有一定的锁定期。实际操作中，就算是一个非常好的股权激励方案，也有一些员工是不愿参加的，有的是因为个人原因无法筹集资金进行出资，也有一些其他的个人或企业的因素，比如说有些准备跟配偶去外地工作，或者觉得在城市生活压力大，希望回老家发展等。有些对企业的发展本身就没看好，觉得企业的未来并不会像老板描绘得那么美好。也有些人是想过一阵子自己创业的。

对于这些不参加激励计划的人，企业家们也不能对他们另眼相看。但是，企业家要知道，哪些人可以成为你的合伙人，事业发展的伙伴，哪些就是作为经理人，就是为你工作，你给他开工资，如果他有他的职业操守，能够完成公司安排的工作也是可以的。企业总是会存在几种人，一种是希望与企业家共同创业、一起成长的具有合伙人心态的员工，也有为了生活，为了自己的职业声誉，兢兢业业工作的人，也有工作消极、负能量极高的对公司漠不关心的人。企业家需要做的就是，把这些具有合伙人心态的员工挑选出来，用股权来激励他们；对于那些职业经理人心态的员工，用合理的报酬和管理方法，发挥其作用；而对于工作消极，又给周围员工带来负能量的人，一定要坚决清除出公司的队伍。

1.5.3　风险共担原则

股权激励的目的之一是利益共享，但是在设计股权激励方案的时候，也要尽量能够做到风险共担。比如说出资，出资是考验激励对象是否愿意与公司共进退的一种最有效的手段。不出钱的激励，谁都不会拒绝，但是是否真的能让员工珍惜这些股份，认识到这些股份的价值，还是要靠出钱。出了钱，就会有一定的风险。但是在实践操作过程中，尽量降低激励对象的风险，提高员工参加激励计划的积极性，也是非常重要的。

1.5.4　激励与约束相结合原则

企业在设计股权激励方案时，大多数的时候都在思考是否能够激励到员工，能否充分调动员工的积极性，从而实现股权激励的目的。但是在考虑到股权激励方案的激励效果的同时，也应当注重约束机制的约定。

只有约束机制明确，才能够让员工在获得未来的收益的同时也应该考虑到自己的义务和责任，甚至可能产生的利益上的损失。

最常见的约束机制包括对公司整体业绩条件的要求、对激励对象的个人的绩效考核的机制要求，还有对激励对象在公司服务期的要求、对激励对象勤勉尽责的要求，对激励对象不得从事损害或变相损害公司利益的约束等。如果激励对象违反了这些约束机制的要求，那么授予他的股份可能会被剥夺回来，也有可能让激励对象退还其股份的收益，赔偿公司的经济损失等。

激励机制和约束机制共同作用，既让员工有获得股份的收益和未来的长远价值，也要让员工对自己在公司的行为产生约束，只有这样才能起到最好的激励效果。没有约束的激励机制就是一纸空文，很有可能产生员工躺在股份上吃闲饭现象，也有可能员工拿着公司的股份，却去做对公司不利的事情。这是千万要不得的。

1.5.5 不能妨碍公司的融资和进入资本市场原则

不能说每个企业都有进入资本市场的可能和未来上市的梦想。但是，绝大多数企业在可能的情况下，还是希望自己的公司在可能的情况下拥抱资本市场的。那么，设计的股权激励方案一定不能够成为公司获取外部融资和进入资本市场的障碍。

如果企业有不合理的股权架构，投资人是不会进入的。股权激励必然会涉及公司股权架构的一些调整。同样，在实施股权激励方案时，可能会对激励对象有一些特别的承诺或者特殊的利益安排。但是这些承诺或利益安排却没有规定什么时候结束，也没有规定什么情况下公司可以修改或者收回。那么在外部投资人进入的时候，看到有这些规定，要么觉得这些承诺或利益安排不合理，要么觉得自己进入以后并不能获得预期的收益，也会谨慎选择是否投资。此外，在公司上市之前，如果还存在未解锁或者未行权的激励股份的，根据上市规则，这类企业是不可以上市的。如果在方案中未规定特殊情况下的激励计划的终止或者变更，那么必然会引起纠纷，也会对公司上市的进程产生重要的影响。

总而言之，只有遵循相应的原则设计出来的股权激励，方案才是科学的，才会是有效果的。

1.6 股权激励成功的关键因素

1.6.1 良好的企业文化

公司具有良好的企业文化是保证股权激励顺利实施的先决条件，企业文化既是公司的文化，更多时候体现的是老板的文化，这一点在民营企业尤为突出，老板是否有足够的胸怀与员工分享公司发展的成果是激励实施的前提。

1.6.2 公司前景及商业模式

企业是否有较为清晰的商业模式体现了企业未来的发展潜力，商业模式的成熟可以让员工对企业的未来充满信心，更有意愿购买公司的股份。

1.6.3 企业的管理基础和绩效考核制度

股权激励不是一项员工福利，而是一种激励制度，激励必然就会涉及考核，企业只有拥有一定的管理基础和较为完善的绩效考核体系才能够考核落实到个人，进行有效的评估。

1.7 股权激励所涉及的法律法规

股权激励的应用，使公司原所有者与经营者之间的法律关系发生了变化，实质就是由原雇用关系变为了同是股东的关系。

在未实施股权激励前，公司股东与经营者之间是单纯的雇用关系。股东通过公司董事会聘用经营者，与其签订聘用合同并按约定支付报酬。在这种雇用关系下，双方当事人角色不一样，考虑问题的出发点也不同。股东主要考虑的是其利益最大化，而经营者主要考虑自身利益的最大化，即最大限度地获取报酬。这种雇用关系通常会导致经营者的短期行为，而将公司的长远利益放在次要位置。这也是前面所述的委托-代理矛盾的起因。

经营者在与公司签订股权激励合同，并达到行权要求实施行权后，就真正成了公司的股东，公司与经营者之间不再是雇用与被雇用的关系。经营者具备了一定的所有者角色，拥有了一定的剩余索取权并承担相应风险。股权激励实际上就是局部地进行资源重新配置，将公司原有股东的资源和公司的资源向经营者进行合理的配置，以使经营者在得到合理配置的资源后关注公司长远利益，为公司和股东创造出更大的价值。

1.7.1 股权激励的法律依据——股权激励合同

公司对管理层进行股权激励的实施载体是与管理层签订的股权激励合同。通过股权激励合同，公司与管理层确定各自的权利义务，使制订的股权激励计划的内容得以落实。股权激励合同是管理层享受股权激励的法律依据，是对其未来获得公司股权的权利的肯定。一般来说，股权激励合同应当包括表1-1所列内容。

表1-1　股权激励合同的内容

序号	项目	内容说明
1	合同主体	股权激励合同的一方是公司，另一方是公司的管理层或员工，即股权激励指向的对象
2	合同标的	股权激励合同所指向的标的是公司的股权，合同的履行结果就是激励对象获得公司让渡出来的公司股权
3	激励对象获得权益的数量和价格	激励对象获得权益的数量不宜过多，数量过多对上市公司的股本影响过大，使得股东权益被摊薄较多，不易获得股东的认可；但过少则难以起到激励作用，推行股权激励计划的目的不能实现。激励对象获授权益的价格指股票期权的行权价格或限制性股票的授予价格
4	激励对象获得权益的条件	股权激励计划通常附带条件，尤其是限制性股票
5	激励对象行使权利的程序和期限	激励对象行使权利需要履行一定的程序，而期限也涉及诸多期限
6	特殊情况下双方的权利义务	除了前五点之外，股权激励合同中还应当包括特殊情况下股权激励计划的执行以及公司和激励对象双方的权利义务

股权激励是公司对管理层和员工的一种长期激励，是对传统薪酬制度的补充和延伸。劳动合同是雇主与雇员之间签订的规订双方权利和义务的法律文件。在合同中，主要规定了有关劳动时间、聘用期限、工资待遇、工作条件、劳动处罚等条款，双方

的关系是公司与员工的雇用与被雇用的法律关系。股权激励合同签订后，管理层达到了合同规定的一定条件，将获得公司股份成为公司股东，但实质上并没有改变劳动合同的性质。因为股权激励的目的是激励，股权激励合同只是用另外一种方式进一步加强了雇用关系。从这个角度来说，股权激励合同仍是劳动合同的一部分或是劳动合同的补充。

1.7.2 我国股权激励的根本方法

完善的法律制定是实施股权激励的基础，我国股权激励的快速发展也是伴随着相关政策法律的逐步完善而进行的，目前我国上市公司股权激励的两大根本法是《中华人民共和国公司法》（以下简称《公司法》)《中华人民共和国证券法》（以下简称《证券法》)。

1.7.2.1 《公司法》

1993年发布的《公司法》，将我国现代企业制度正式以法律的形式确定下来，二元制的法人治理结构也得以确立，股权激励自此有了生根发芽的土壤。从这个意义来说，《公司法》是我国企业股权激励机制得以产生和延续的根本法。

1.7.2.2 《证券法》

由于股权激励的标的是公司的股权，股权激励在实施过程中必然要涉及实施前股份的发行和实施后股份的交易，此外还会涉及实施过程中的信息披露、防范内幕交易和操纵市场等风险，这些问题都需要《证券法》来规范和调整。因此，《证券法》同样也是规范公司股权激励行为的根本大法。

1993年《公司法》、1998年《证券法》制定的时间较早，尤其《公司法》制定于我国从计划经济向市场经济的转轨时期，不可避免地会被打上计划经济的烙印，存在很多不足之处。直至2005年《公司法》《证券法》修订后，才算是为股权激励彻底扫清了法律障碍，上市公司实施股权激励才有了明确的法律依据。

当然，股权激励还涉及上市公司和激励对象之间的权利义务关系以及双方要签订的股权激励合同等行为，涉及对股权激励如何进行会计处理、激励对象获得的收益如何缴纳个人所得税等问题，因此，合同法、劳动法、会计法、税法也是股权激励很重要的法律依据。

第二章 股权激励种类及利弊

2.1 上市公司股权激励种类及利弊

2.1.1 股票期权激励模式

股票期权模式是指股份公司赋予激励对象（如经理人员）购买本公司股票的选择权，具有这种选择权的人，可以在规定的时期内以事先确定的价格（行权价）购买公司一定数量的股票（此过程称为行权），也可以放弃购买股票的权利，但股票期权本身不可转让。

股票期权模式是国际上一种最为经典、使用最为广泛的股权激励模式。其内容要点是：公司经股东大会同意，将预留的已发行未公开上市的普通股股票认股权作为"一揽子"报酬中的一部分，以事先确定的某一期权价格有条件地无偿授予或奖励给公司高层管理人员和技术骨干，股票期权的享有者可在规定的时期内做出行权、兑现等选择。

设计和实施股票期权模式，要求公司必须是公众上市公司，有合理合法的、可资实施股票期权的股票来源，并要求具有一个股价能基本反映股票内在价值、运作比较规范、秩序良好的资本市场载体。

2.1.1.1 股票期权激励模式的优点

股票期权激励模式具有图2-1所示优点。

优点一：降低委托-代理成本，将经营者的报酬与公司的长期利益绑在一起，实现了经营者与资产所有者利益的高度一致性，并使二者的利益紧密联系起来

优点二：可以锁定期权人的风险，股票期权持有人不行权就没有任何额外的损失

优点三：股票期权是企业赋予经营者的一种选择权，是在不确定的市场中实现的预期收入，企业没有任何现金支出，有利于企业降低激励成本。这也是企业以较低成本吸引和留住人才的方法

股票期权根据二级市场股价波动实现收益，因此激励力度比较大。另外，股票期权受证券市场的自动监督，具有相对的公平性

图2-1　股票期权激励模式的优点

2.1.1.2　股票期权激励模式的缺点

股票期权激励模式的缺点如图2-2所示。

影响公司的总资本和股本结构。因行权将会分散股权，影响到现有股东的权益，可能导致产权和经济纠纷

来自股票市场的风险。股票市场的价格波动和不确定性，持续的牛市会产生"收入差距过大"的问题；当期权人行权但尚未售出购入的股票时，股价下跌至行权价以下，期权人将同时承担行权后纳税和股票跌破行权价的双重损失的风险

可能带来经营者的短期行为。由于股票期权的收益取决于行权之日市场上的股票价格高于行权价格，因而可能促使公司的经营者片面追求股价提升的短期行为，而放弃对公司发展的重要投资，从而降低了股票期权与经营业绩的相关性

图2-2　股票期权激励模式的缺点

2.1.2　虚拟股票激励模式

虚拟股票模式是指公司授予激励对象一种"虚拟"的股票，如果实现公司的业绩目标，则被授予者可以据此享受一定数量的分红，但没有所有权和表决权，不能转让和出售，在离开公司时自动失效。在虚拟股票持有人实现既定目标条件下，公司支付给持有人收益时，既可以支付现金、等值的股票，也可以支付等值的股票和现金相结合。虚拟股票是通过其持有者分享企业剩余索取权，将他们长期收益与企业效益挂钩。

2.1.2.1　虚拟股票激励模式的特点

虚拟股票激励模式主要有图2-3所示三大特点。

2.1.2.2　虚拟股票激励模式的优缺点

虚拟股票激励模式的优缺点如图2-4所示。

特点一 股权形式的虚拟化

虚拟股权不同于一般意义上的企业股权。公司为了很好地激励核心员工，在公司内部无偿地派发一定数量的虚拟股份给公司核心员工，其持有者可以按照虚拟股权的数量，按比例享受公司税后利润的分配

特点二 股东权益的不完整性

虚拟股权的持有者只能享受到分红收益权，即按照持有虚拟股权的数量，按比例享受公司税后利润分配的权利，而不能享受普通股股东的权益（如表决权、分配权等），所以虚拟股权的持有者会更多地关注企业经营状况及企业利润的情况

特点三 不需员工出资

与购买实有股权或股票不同，虚拟股权由公司无偿赠送或以奖励的方式发放给特定员工，不需员工出资

图2-3　虚拟股票激励模式的特点

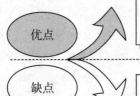

（1）它实质上是一种享有企业分红权的凭证，除此之外，不再享有其他权利，因此，虚拟股票的发放不影响公司的总资本和股本结构
（2）虚拟股票具有内在的激励作用。虚拟股票的持有人通过自身的努力去经营管理好企业，使企业不断地盈利，进而取得更多的分红收益，公司的业绩越好，其收益越多
（3）虚拟股票激励模式具有一定的约束作用。因为获得分红收益的前提是实现公司的业绩目标，并且收益是在未来实现的

优点

缺点

（1）激励对象可能因考虑分红，减少甚至于不实行企业资本公积金的积累，而过分地关注企业的短期利益
（2）在这种模式下的企业分红意愿强烈，导致公司的现金支付压力比较大

图2-4　虚拟股票激励模式的优缺点

2.1.2.3 虚拟股票与股票期权的差别

虚拟股票与股票期权的差别在于以下方面。

（1）相对于股票期权，虚拟股票并不是实质上认购了公司的股票，它实际上是获取企业的未来分红的凭证或权利。

（2）在虚拟股票的激励模式中，其持有人的收益是现金或等值的股票；而在企业实施股票期权条件下，企业不用支付现金，但个人在行权时则要通过支付现金获得股票。

（3）报酬风险不同。只要企业在正常盈利条件下，虚拟股票的持有人就可以获得一定的收益；而股票期权只有在行权之时股票价格高于行权价，持有人才能获得股票市价和行权价的价差带来的收益。

2.1.3 股票增值权激励模式

股票增值权模式是指公司授予激励对象的一种权利，如果公司股价上升，激励对象可通过行权获得相应数量的股价升值收益，激励对象不用为行权付出现金，行权后获得现金或等值的公司股票。

股票增值权激励模式的优缺点如图2-5所示。

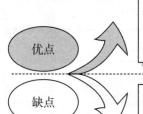

优点
缺点

（1）这种模式简单易于操作，股票增值权持有人在行权时，直接对股票升值部分兑现
（2）该模式审批程序简单，无须解决股票来源问题

（1）激励对象不能获得真正意义上的股票，激励的效果相对较差
（2）由于我国资本市场的弱有效性，股价与公司业绩关联度不大，以股价的上升来决定激励对象的股价升值收益，可能无法真正做到"奖励公正"，起不到股权激励应有的长期激励作用，相反，还可能引致公司高管层与庄家合谋操纵公司股价等问题
（3）股票增值权的收益来源是公司提取的奖励基金，公司的现金支付压力较大

图2-5 股票增值权激励模式的优缺点

该模式较适合现金流量比较充裕且比较稳定的新三板挂牌公司或上市公司和现金流量比较充裕的非上市公司。

2.1.4 业绩股票激励模式

业绩股票是指公司用普通股作为长期激励性报酬支付给经营者，股权的转移由经营者是否达到了事先规定的业绩指标来决定。

业绩股票激励模式的运作：通常公司在年初确定一个合理的年度业绩目标，如果激励对象经过卓有成效的努力后，在年末实现了公司预定的年度业绩目标，则公司给予激励对象一定数量的股票，或奖励其一定数量的奖金来购买本公司的股票。业绩股票在锁定一定年限以后才可以兑现。

这种激励模式是根据被激励者完成业绩目标的情况，以普通股作为长期激励形式支付给经营者的激励机制。从本质上讲，业绩股票是一种"奖金"的延迟发放，但它弥补了一般意义上的奖金的缺点。其具有长期激励的效果，一方面，业绩股票与一般奖金不同，它不是当年就发放完毕，还要看今后几年的业绩情况；另一方面，如果企业效益好，其股价在二级市场会持续上涨，就会使激励效果进一步增大。

2.1.4.1 业绩股票激励模式的特点

业绩股票激励模式具有如图2-6所示特点。

特点一　高管人员的年度激励奖金建立在公司当年的经营业绩基础之上，直接与当年利润挂钩，一般与当年公司的净资产收益率相联系；公司每年根据高管的表现，提取一定的奖励基金

特点二　公司奖励基金的使用是通过按当时的市价从二级市场上购买本公司股票的方式完成，从而绕开了《公司法》中有关股票期权的法律障碍

特点三　高层管理人员持有的本公司股票在行权时间上均有一定限制

特点四　高层管理人员的激励奖金在一开始就全部或部分转化为本公司的股票，实际上在股票购买上有一定的强制性

图2-6　业绩股票激励模式的特点

2.1.4.2 业绩股票激励模式的优点

业绩股票激励模式具有图2-7所示优点。

优点一　**能够激励公司高管人员努力完成业绩目标**

为了获得股票形式的激励收益，激励对象会努力地去完成公司预定的业绩目标；激励对象获得激励股票后便成为公司的股东，与原股东有了共同利益，更会倍加努力地去提升公司的业绩，进而获得因公司股价上涨带来的更多收益

优点二　具有较强的约束作用

> 激励对象获得奖励的前提是实现一定的业绩目标，并且收入是在将来逐步兑现；如果激励对象未通过年度考核，出现有损公司行为、非正常调离等，激励对象将受风险抵押金的惩罚或被取消激励股票，退出成本较大

优点三　激励效果明显

> 因为激励与约束机制相配套，激励效果明显，且每年实行一次，能够发挥滚动激励、滚动约束的良好作用

图2-7　业绩股票激励模式的优点

2.1.4.3　业绩股票激励模式的缺点

（1）公司的业绩目标确定的科学性很难保证，容易导致公司高管人员为获得业绩股票而弄虚作假。

（2）激励成本较高，有可能造成公司支付现金的压力。

特别提示

　　在业绩股票激励方案的设计中，应注意激励范围和激励力度的确定是否合适。激励范围和激励力度太大，则激励成本上升，对公司和股东而言，收益不明显，现金流的压力也会增大；而激励范围和激励力度太小，激励成本和现金流压力减小了，但激励效果也很可能减弱了。因此公司应综合考虑各种因素，找到激励成本、现金流压力和激励效果之间的平衡点。一般而言，激励范围以高管和骨干员工较为适宜，激励力度对于传统行业的企业而言可以低一点，对于高科技企业而言则相对要高一些。

2.1.5　管理层收购激励模式

　　管理层收购是公司管理层利用高负债融资买断本公司的股权，使公司为私人所有，进而达到控制、重组公司的目的，并获得超常收益的并购交易。

　　管理层收购主体一般是本公司的高层管理人员。收购对象既可以是企业整体，也可以是企业的子公司、分公司甚至一个部门。收购资金来源分为两个部分：一是内部资金，即经理层本身提供的资金；二是外部资金，即通过债权融资或股权融资。收购主体在收购完成后成为公司的股东，从而直接或间接地成为公司的控股股东，达到经营权和控制权的高度统一。

管理层收购激励模式的优缺点如图2-8所示。

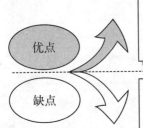

优点

（1）通过收购使企业经营权和控制权统一起来，管理层的利益与公司的利益也紧密地联系在一起，经营者以追求公司利润最大化为目标，极大地降低了代理成本
（2）管理层收购使管理层有可能获得大量的股权收益，长期激励作用明显

缺点

（1）收购需要大量的资金，若处理不当，会导致收购成本的激增，甚至付出巨大的代价
（2）收购后若不及时调整公司治理结构，有可能形成新的内部人操纵

图2-8　管理层收购激励模式的优缺点

2.1.6　延期支付激励模式

延期支付计划（Deferred Compensation Plan）也称延期支付，是指公司将管理层的部分薪酬，特别是年度奖金、股权激励收入等按当日公司股票市场价格折算成股票数量，存入公司为管理层人员单独设立的延期支付账户。在既定的期限后或在该高级管理人员退休以后，再以公司的股票形式或根据期满时的股票市场价格以现金方式支付给激励对象。这实际上也是管理层直接持股的一种方式，只不过资金来源是管理人员的奖金而已。

2.1.6.1　延期支付方式的特点

延期支付方式具有以下两个特点。

（1）延期支付收益与公司的业绩紧密相连。管理层必须关注公司的股市价值。只有股价上升，激励对象才能保证自己的利益不受损害；而实现签订的契约可以规定，如果激励对象工作不力或者失职导致企业利益受损，可以减少或取消延期支付收益进行惩罚。

（2）延期支付方式可以激励管理层考虑公司长远利益的决策，以免经营者行为短期化。

延期支付方式体现了有偿授予和逐步变现，以及风险与权益基本对等的特征，具有比较明显的激励效果。

2.1.6.2　延期支付激励模式的优缺点

延期支付激励模式的优缺点如图2-9所示。

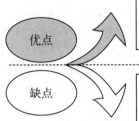

优点

（1）把经营者一部分薪酬转化为股票，且长时间锁定，增加了其退出成本，促使经营者更关注公司的长期发展，减少了经营者的短期行为，有利于长期激励、留住并吸引人才

（2）管理人员部分奖金以股票的形式获得，因此具有减税作用

缺点

（1）公司高管人员持有公司股票数量相对较少，难以产生较强的激励力度

（2）股票二级市场具有风险的不确定性，经营者不能及时地把薪酬变现

图2-9　延期支付激励模式的优缺点

【案例】 ▶▶▶

三木集团的延期支付方案

三木集团（000632）的延期支付方案主要思路是公司对完成考核指标的管理层进行"效益薪金"奖励，并进行一定时间的冻结，以任职期限为延期期限。

在此方案中，公司高层领导的薪酬结构由三部分组成：年薪、股票、福利。总裁除了拿年薪12万元，还根据上一年度的"综合业绩"——完成的利润指标及对公司长远发展的努力程度，来确定"效益薪金"，而且70%的效益薪金要用于购买本公司股票。公司高级管理人员和下属公司经理人员实行按净利润5%提取效益薪金制度，效益薪金70%再用于购买本公司股票，并锁定用于企业风险抵押。对适宜划小经营的外贸等子公司经理人员按公司注册资本10%～30%的比例持虚股（即只有分红权，没有实际所有权），然后再用所得红利的70%，转为其个人对公司的实际出资，使虚股转为实股，逐步使子公司经营者个人实际出资达到公司注册资本的10%～30%。控股子公司经营者实行"持股经营"，持股比例从5%到30%不等。对有经营管理能力，而资金不足的经营者，先给10%的"干股"，若经营得好，来年的红利全额"填空"。经过多年努力，逐步变"干股"为"实股"，一直到规定的限额。

三木集团的延期支付方案在集团公司与子公司采用了不同的激励方法。公司的高级管理人员是采取效益薪金制度，子公司经营者要求持股经营，所有者和经营者有机结合。方案中先授予激励对象股权，将其所持股份的红利转为实际出资，直至激励对象实际持有股份。这一方案成功地解决了经营者对持股的现金要求。

2.1.7　储蓄参与股票计划激励模式

储蓄参与股票计划是为了吸引和留住高素质人才，而向所有员工提供分享公司潜在收益机会的一种激励方式。该方式允许员工一年两次以低于市场价的价格购买本公司的股票。

该种资金的来源是公司给予全体雇员分享公司成长收益的一种奖励形式，特点是雇员参加储蓄计划，才能分享收益。其适用的对象是除了高层管理人员以外的全体雇员。

实施过程中首先要求员工将每月基本工资的一定比例放入公司为员工设立的储蓄账户，设定特定期限（如两年）为一期。一般公司规定的比例是税前工资额的2%～10%，少数公司规定的比例最高可达20%。

在该种方案中，股权激励对象的收益为股权参与计划期初本公司每股净资产与到期时每股净资产之间的价差。股权激励对象的风险为当期末每股净资产低于期初每股净资产时，雇员仅可收回本金，但将损失利息。

储蓄参与股票计划激励模式的优缺点如图2-10所示。

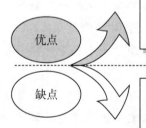
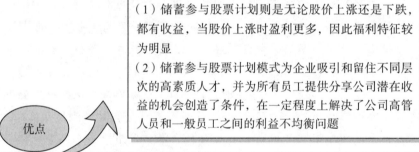

（1）储蓄参与股票计划则是无论股价上涨还是下跌，都有收益，当股价上涨时盈利更多，因此福利特征较为明显
（2）储蓄参与股票计划模式为企业吸引和留住不同层次的高素质人才，并为所有员工提供分享公司潜在收益的机会创造了条件，在一定程度上解决了公司高管人员和一般员工之间的利益不均衡问题

（1）与其他激励模式相比，储蓄参与股票计划的激励作用相对较小
（2）储蓄参与股票计划由于其激励范围较广，带有一种平均化和福利化的倾向，激励基金分配给个人的激励力度有可能不够，无法起到预期的激励目的

图2-10　储蓄参与股票计划激励模式的优缺点

2.1.8　限制性股票激励模式

限制性股票是指上市公司按照预先确定的条件在授予日以低于市场价格授予激励对象股票并予以锁定（限售），锁定期（限售期）结束后，若业绩考核达标，则可分 N 年解除限售股票（解除限售），股票可在二级市场卖出并从中获益。

2.1.8.1 限制性股票的重点

限制性股票的重点在"限制性"三个字，公司授予激励对象的股票是有限制的，只有业绩考核达标，才可以解除这种限制。

从图2-11可以看出，限制性股票有几个时间点：授予日、限售期、解除限售日、解除限售期。

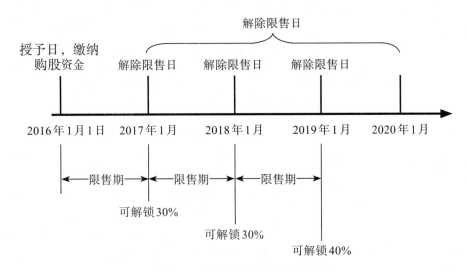

图2-11 限制性股票的时间点

限制性股票属于实股范畴，是由激励对象出资购买的，拥有所有权、分红权、增值权等一系列公司法规定的股东权利。

激励对象获授的股票由中证登（全称为中国证券登记结算有限公司，就是股民朋友们开立证券账户的机构）开户登记，且登记后即由中证登进行限售锁定。在解除限售前，激励对象不能行使上述权利，自然也不能交易，上述权利由公司代为行使。未来解除限售后，激励对象才可以完整地行使上述权利。

激励对象获授的限制性股票一般设计成分期解除限售，每期解除限售设置一定的期限，即解除限售期，一般为12个月；每期解除限售期的起始时间为解除限售日。在每个解除限售期，只有在达成业绩考核条件后才能解除限售；达不成条件则不得解除限售。

在每个解除限售期，如不能解除限售，股票来源于原股东转让的，由原股东收回；股票来源于增发的，由公司回购注销。还可以设置在所有解除限售期内累计的业绩考核目标，只要在最后一个解除限售期内完成累计的业绩考核目标，也可以解除限售（相当于额外设置延期解除限售的业绩条件）。

2.1.8.2 限制性股票激励的优缺点

限制性股票激励的优缺点如图2-12所示。

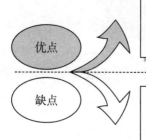

优点
（1）激励相关人员将更多的时间精力投入到某个或某些长期战略目标中
（2）由于限制期的设置，可保证相关人员的稳定性

缺点
（1）股票价格指标设置的不合理性或市场的波动，使得预期目标完成而股价没有达到标准，影响相关人员积极性
（2）相关人员不能完全掌握预期目标实现的要素，产生权责不对等而失去激励作用

图2-12　限制性股票激励的优缺点

-----【范本】▶▶▶ ---

用友软件公司的股票期权与限制性股票
结合的股权激励方案

用友软件公司在2013年实施了股票期权与限制性股票结合的股权激励方案，其中限制性股票方案如下。

一、限制性股票激励计划的股票来源及数量

来源为公司向激励对象定向发行的用友软件A股股票。数量为向激励对象授予1438.87万股公司限制性股票，占激励计划公告时公司股本总额95 924.62万股的1.5%。其中首次授予1296.83万股，占1.35%；预留142.04万股，占限制性股票总数的9.87%，占股本总额的0.15%。

二、激励对象

高管15人，专家、中层管理人员、其他骨干人员共1626人。

三、首次授予限制性股票的授予价

首次授予限制性股票的授予价格为6.76元，即满足授予条件后激励对象可以以该价格购买公司向激励对象授予的公司限制性股票。

四、解锁日

限制性股票激励计划的有效期为自限制性股票首次授予日起不超过五年。锁定期内激励对象因获授的限制性股票而取得的红股、资本公积转增股份、配股股份、增发中向原股东配售的股份同时锁定，不得在二级市场出售或以其他方式转让，该部分股票的锁定期与获授的限制性股票锁定期相同。解锁期在首次授予日起满12个月后的未来36个月内分三期解锁。如下页表所示。

解锁期	解锁时间	可解锁数量占限制性股票数量比例
第一个解锁期	自首次授予日起满12个月后的首个交易日至首次授予日起24个月内的最后一个交易日止	60%
第二个解锁期	自首次授予日起满24个月后的首个交易日至首次授予日起36个月内的最后一个交易日止	20%
第三个解锁期	自首次授予日起满36个月后的首个交易日至首次授予日起48个月内的最后一个交易日止	20%

五、解锁条件

解锁条件如下表所示。

解锁期	业绩考核目标
第一个解锁期	2013年归属于上市公司股东的扣除非经常性损益后的加权平均净资产收益率不低于10%，公司2013年归属于上市公司股东的扣除非经常性损益的净利润相比于2012年增长不低于20%
第二个解锁期	2014年归属于上市公司股东的扣除非经常性损益后的加权平均净资产收益率不低于10%，公司2014年归属于上市公司股东的扣除非经常性损益的净利润相比于2012年增长不低于44%
第三个解锁期	2015年归属于上市公司股东的扣除非经常性损益后的加权平均净资产收益率不低于10%，公司2015年归属于上市公司股东的扣除非经常性损益的净利润相比于2012年增长不低于73%

限制性股票锁定期内，各年度归属于上市公司股东的净利润及归属于上市公司股东的扣除非经常性损益的净利润，均不得低于授予日前最近三个会计年度的平均水平，且不得为负。

六、预留限制性股票的处理

预留的限制性股票将在激励计划首次授予日起一年内授予。获授预留限制性股票的激励对象需满足的条件同首次授予限制性股票的激励对象需满足的条件一致。

2.2　非上市公司股权激励种类及利弊

相对于上市公司，非上市公司实施股权激励计划最大的问题是股权来源的不确定性和难度比较大，我国现行的法律法规不允许企业留置或回购股权，只能由现有股东提供，所以实施股权激励计划必定直接与现有股东利益相冲突。其次，非上市公司在设置股权激励考核和定价标准时，相关参照指标没有上市公司的全面、透明，可能导致较严重的分歧而使得股权激励计划失去效用。最后，我国还没有明确的法律条文规范非上市公司股权激励的相关事项，如有不慎将会触犯到相关的法律法规，产生很大的经营风险。目前，非上市公司多参照上市公司实施现状，采用如下几种股权激励方式。

2.2.1 股权期权激励模式

股权是指股东基于股东资格而享有的、从公司获得经济利益并参与公司经营管理的权利；而期权是指公司授予某些人在未来一定期限内以预先确定的价格和条件来购买公司一定数量的股权或股份的权利。

实践中，以"股权"和"期权"作为激励的情况都有，具体由公司决定，主要考虑的因素包括公司的股权结构、现金流状况、激励对象的诉求等。

2.2.1.1 非上市公司实施股权期权激励计划的关键点

非上市公司实施股权期权激励计划需注意图2-13所示的关键点。

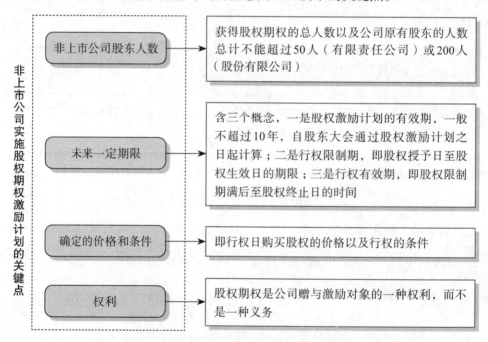

图2-13 非上市公司实施股权期权激励计划的关键点

2.2.1.2 非上市公司实施股权期权激励的利弊

一方面，股权期权激励降低委托代理成本，提供关键人员（团队）稳定性；另一方面，分散股权引起管理或经济纠纷，也可能发生相关人员短期经营行为影响公司长远发展。

2.2.1.3 股权期权模式的适用企业

股权期权模式比较适合初始资本投入较少，资本增值较快，在资本增值过程中人力资本增值效果明显的公司。

2.2.2 限制性股权激励模式

限制性股票是上市公司的主要激励模式之一，对非上市公司也有很大的参考价值。而且由于非上市公司对规范性的要求没有上市公司那么高，在具体操作上甚至可以更灵活，比如以下方面。

（1）未完成解除限售条件，可以约定按公允价格补足购股资金。

（2）授予时的价格可以双方约定，想定多少定多少；在购股资金支付模式上也可以做其他安排。

（3）未完成解除限售，已发放的分红可以不作处理；也可以约定解除限售前不享有分红权。

（4）解除限售条件可以根据市场实际状况进行调整等。

2.2.2.1 非上市公司实施限制性股权激励计划的关键点

非上市公司实施限制性股权激励计划的关键点如图2-14所示。

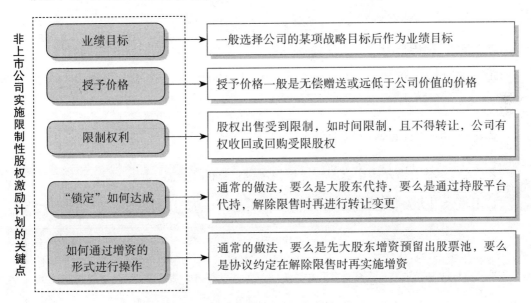

图2-14 非上市公司实施限制性股权激励计划的关键点

2.2.2.2 非上市公司实施限制性股权激励的利弊

一方面，限制性股权激励有利于促进激励对象集中精力以实现长期战略目标，激励成本较低，对被激励者——激励对象而言，风险也较低；另一方面，实现战略目标的成本和手段不经济性导致偏离激励初衷。

2.2.2.3　适用范围

限制性股权这种模式比较适合于发展比较稳定的大型公司，采用限制性股权这种模式更能体现风险和收益对称、激励和约束的平衡。

2.2.3　业绩股权激励模式

2.2.3.1　非上市公司实施业绩股权计划的关键点

实施业绩股权计划的关键点是"公司事先规定的业绩指标"。在业绩股权激励模式中，通常很多公司以净资产收益率（ROE）作为考核标准。

在这种模式中，公司和激励对象通常以书面形式事先约定业绩股权奖励的基线。ROE达到某一标准时，公司按约定实施业绩股权激励，激励对象得股权；ROE每增加一定比例，公司采用相应比例或累进的形式增加股权激励数量。

2.2.3.2　非上市公司实施业绩股权激励的利弊

一方面，从本质上讲，业绩股权是一种"奖金"延迟发放，具有长期激励的效果；对于激励对象而言，其工作绩效与所获激励之间的联系是直接而紧密的；对于股东而言，业绩股权激励模式对激励对象有严格的业绩目标约束，权、责、利的对称性较好，激励目的明确，能形成股东与激励对象双赢的格局。另一方面，激励时限较短，激励成本较高，对公司现金流形成一定的压力。

2.2.3.3　适用范围

业绩股权激励模式只对公司的业绩目标进行考核，因此比较适合业绩稳定型的非上市公司及其集团公司、子公司。

2.2.4　股权增值权激励模式

2.2.4.1　非上市公司实施股权增值权激励计划的关键点

非上市公司实施股权增值权激励计划的关键点如图2-15所示。

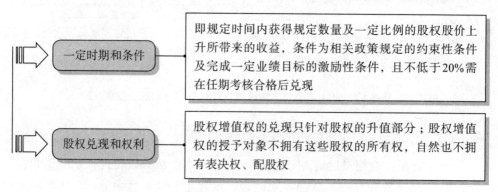

图2-15　非上市公司实施股权增值权激励计划的关键点

2.2.4.2　非上市公司实施股权增值权激励的利弊

一方面，相对于股权期权模式，股权增值权模式更为简单，易于操作，也不会对公司所有权产生稀释，对授予对象成本压力较小。另一方面，由于等不到对等的股权，激励效果比较差，而分配股权增值权的资金会给公司带来现金流压力。

2.2.4.3　适用范围

这一模式比较适合现金流量比较充裕且比较稳定的非上市公司。

第三章 股权激励的具体操作步骤

3.1 尽职调查

对公司的信息了解不足，往往会导致股权激励方案的不公平，或者可执行性不强，或者因为违反法律规定而无效。因此，为了给公司设计一个合适的、能达到激励效果的方案或者出具一份有法律效力的法律意见书，在方案设计之前由专业律师或者其他中介机构对公司进行尽职调查是十分必要的。尽职调查的目的是了解公司各方面的事实情况，尤其是公司的人力资源、薪酬管理、绩效考核等方面。

3.1.1 正式尽职调查前的信息收集与研究

（1）收集拟实施股权激励公司的公开资料和企业资信情况、经营能力、人员构成等信息，在此基础上进行信息整理和分析，考察有无重大障碍影响股权激励操作的正常进行。

（2）根据拟实施股权激励公司的类型和所在行业，研究相关法律、法规、企业政策，对股权激励的可行性进行法律论证，寻求进行股权激励的法律依据。

（3）对股权激励可能涉及的具体行政程序进行调查。例如是否违背我国股权变更、国有股减持的政策法规，可能产生怎样的法律后果；是否需要经当地政府批准或进行事先报告，地方政策对同类激励方案有无倾向性态度等。

（4）与公司股权激励负责人进行面谈。一般而言，中介机构应对公司主要股东、董事长、总裁、人力资源部部长、薪酬委员会主席进行一对一的面谈，以便直观了解股权激励需要达到的效果及管理层的期望和在实施中公司实际存在的障碍等问题。

3.1.2 尽职调查的主要内容

为了制作可行的股权激励方案，尽职调查的内容要尽可能地详尽，以便专业律师能够在信息充分的情况下设计方案或者出具法律意见书。

尽职调查主要包括以下方面的内容。

（1）公司设立及变更的有关文件，包括工商登记材料及相关主管机关的批件。

（2）公司的章程、议事规则、规章制度。

（3）公司的股权结构、主要股东与组织机构情况。

（4）公司的主要业务及经营情况；公司未来5年的战略发展规划。

（5）公司最近2年经审计的财务报告。

（6）公司全体人员的构成情况及现有的薪酬政策、激励策略和薪酬水平，包括但不限于管理人员与技术、业务骨干的职务、薪金、福利；其他关键人员的职务、薪金、福利等。

（7）公司现有的员工激励制度和绩效考核标准，实际运行的效果及存在的主要问题。

（8）公司与职工签订的劳动合同、保密协议、竞争限制协议等。

（9）启动股权激励的内部决策文件，包括但不限于本公司股东会或董事会决议、薪酬委员会决议、上级主管部门的文件、中央及地方相关的股权激励政策等。

（10）公司初步设定的实行股权激励的范围、对象、基本情况、拟实现的战略目标及初步思路。

（11）公司对股权激励的基本要求及针对性要求，例如操作模式、实施期间、股权归属方式、激励基金的提取条件、计划的终止条件等。

（12）公司认为股权激励应关注的重点问题和可能的障碍。

（13）制作激励方案所需要的其他资料。

股权激励尽职调查的结果决定了企业可以采用的股权激励模式以及股权激励的激励对象范围等股权激励计划的重要内容，因此，尽职调查的调查者应将尽职调查的结果以及对股权激励计划的影响如实告知企业，由企业参考决定如何实施股权激励计划。

3.1.3　律师股权激励尽职调查方法

律师尽职调查方法包括但不限于以下方面。

（1）律师与公司管理层（包括董事、监事及高级管理人员，下同）交谈。

（2）律师列席公司董事会、股东大会会议。

（3）律师查阅公司营业执照、公司章程、重要会议记录、重要合同、账簿、凭证等。

（4）律师实地察看或监盘重要实物资产（包括物业、厂房、设备和存货等）。

（5）律师通过比较、重新计算等方法对数据资料进行分析，发现重点问题。

（6）律师询问公司相关业务人员。

（7）律师听取公司核心技术人员和技术顾问以及有关员工的意见。

（8）律师与注册会计师、律师密切合作，听取专业人士的意见。

（9）律师向包括公司客户、供应商、债权人、行业主管部门、行业协会、工商部门、税务部门、同行业公司等在内的第三方就有关问题进行广泛查询（如面谈、发函询证等）。

（10）律师取得公司管理层出具的、表明其提交的文件内容属实且无重大遗漏的声明书等。

特别提示

公司应对律师尽职调查意见进行合理质疑，比照本指引所列的调查内容和方法，判断专业人士发表的意见所基于的工作是否充分。

3.1.4 律师股权激励尽职调查项目及方法

3.1.4.1 对公司可持续经营能力尽职调查。

对公司可持续经营能力尽职调查的内容及方法如表3-1所示。

表3-1 对公司可持续经营能力尽职调查的内容及方法

序号	调查内容	调查方法
1	调查公司所属行业是否属于国家政策限制发展的范围	律师根据公司的主营业务，确定公司所属行业，并查阅国家产业政策及相关行业目录。如公司所属行业属于国家特许经营的，应查阅公司从相关主管部门取得的特许经营证书等文件
2	调查公司主营业务	律师通过询问管理层、查阅经审计的财务报告、听取注册会计师意见等方法，了解公司为发展主营业务和主要产品而投入的资金、人员及设备等情况，计算主营业务收入占经营性业务收入的比例，评价公司主营业务在经营性业务中的地位。通过询问管理层、查阅公司待履行的重大业务合同等方法，分析公司是否有变更主营业务的可能性
3	调查公司主要产品行业地位，分析主要产品的市场前景	律师要求公司搜集和提供同行业企业数量、进入壁垒和产品差异性等资料，分析公司所属行业的市场结构和竞争状况，根据国家产业政策、产业周期等因素，综合分析公司发展所处市场环境。要求公司搜集和提供公司主要产品市场的地域分布和市场占有率资料，结合行业排名、竞争对手等情况，对公司主要产品的行业地位进行分析。律师要求公司比较公司历年的销售、利润、资产规模等数据，计算主营业务收入年增长率、主营业务利润年增长率等指标，分析公司业务增长速度，结合市场营销计划，对公司主要产品的市场前景进行分析
4	调查公司主要产品的技术优势及研发能力	（1）律师要求公司出具主要产品的核心技术，考察其技术水平、技术成熟程度、同行业技术发展水平及技术进步情况。考察主要产品的技术含量、可替代性及核心技术的保护，评价公司技术优势 （2）律师分析公司的研发机构、研发人员、历年研发费用投入占公司主营业务收入的比重，主要产品关键技术的知识产权状况，自主技术占核心技术的比重，对公司的研发能力进行评价
5	调查公司的业务发展目标	律师向公司管理层了解公司未来两年的业务发展目标、发展计划及实施该计划的主要经营理念或模式，调查公司业务发展目标是否与现有主营业务一致，是否符合国家产业政策以及法律、法规和规范性文件的规定，评价业务发展目标对公司持续经营的影响
6	调查公司未来发展是否存在重大不确定性	（1）律师与公司管理层及采购部门和销售部门负责人交谈、查阅账簿、发函询证等，调查公司主要客户及供应商情况，计算对前五名客户的销售额及合计分别占本期主营业务收入的比例，计算从前五名供应商的采购额及合计分别占本期采购总额的比例，评估公司对客户和供应商的依赖程度及存在的经营风险 （2）律师分析公司主要产品的原材料价格变化趋势、可替代性、供应渠道等，评估公司原材料取得是否存在限制性因素

序号	调查内容	调查方法
6	调查公司未来发展是否存在重大不确定性	（3）律师分析公司主要产品销售渠道、地域分布、可替代性及季节性特征等，评估公司主要产品的市场稳定性 （4）律师分析公司现有资金结构和融资渠道，了解公司未来资金需求及融资计划，评估融资能力对公司经营的影响

3.1.4.2 对公司内部控制尽职调查

对公司内部控制尽职调查的内容及方法如表3-2所示。

表3-2 对公司内部控制尽职调查的内容及方法

序号	调查内容	调查方法
1	调查公司内部控制制度	（1）律师通过与公司管理层及员工交谈，查阅董事会、总经理办公会等会议记录，查阅公司规章制度、人事制度等方法，评价公司是否有积极的控制环境，包括考察董事会是否负责批准并定期审查公司的经营战略和重大决策，确定经营风险的可接受水平；考察高级管理人员是否执行董事会批准的战略和政策，以及高级管理人员和董事会间的责任、授权和报告关系是否明确；考察管理层是否促使公司员工了解公司的内部控制制度并在其中发挥作用等；通过测试公司会计信息系统，评估其有效性 （2）律师与公司管理层交谈、查阅公司相关规章制度和风险评估报告等，考查管理层为识别和评估对公司实现整体目标有负面影响的风险因素所建立的制度或采取的措施，评价公司风险识别与评估体系的有效性 （3）律师查阅业务流程相关文件，并与公司管理层及主要业务流程（如采购、销售、现金等业务流程）所涉及部门的负责人交谈，了解业务循环流程和其中的控制措施，包括授权与审批（即业务活动、对资产和记录的接触和处理等应经过适当的授权与审批）、复核与查证、业务规程与操作程序、岗位权限与职责分工、相互独立与制衡、应急与预防等措施。项目小组应选择一定数量的控制活动样本，采取验证、观察、询问、重新操作等测试方法，评价公司的内部控制措施是否有效实施 （4）律师与公司管理层和员工交谈，查阅公司相关规章制度等，评价信息沟通与反馈是否有效，包括公司是否建立了能够涵盖公司的全部重要活动，并对内部和外部的信息进行搜集和整理的有效信息系统，以及公司是否建立了有效的信息沟通和反馈渠道，确保员工能通过其充分理解和坚持公司政策和程序，并保证相关信息能够传达到应被传达到的人员 （5）律师与公司管理层及内部审计部门交谈，了解公司对内部控制活动与措施的监督和评价制度。项目小组可采用询问、验证、查阅内部审计报告和监事会报告等方法，考查公司内部控制监督和评价制度的有效性。在上述调查基础上，评价公司现有内部控制制度对合理保证遵守现行法律法规、公司经营的效率和效果、财务报告的可靠性是否充分，关注内部控制制度的缺陷可能导致的财务和经营风险

序号	调查内容	调查方法	
2	调查公司管理层经营目标对公司财务状况的影响	律师与公司管理层交谈，查阅股东大会、董事会、监事会、总经理办公会会议记录等方法，考查管理层的经营理念与风险意识，关注影响公司经营的重要决策。律师了解公司长短期经营目标、拟采取的措施及其对公司经营和财务状况的影响。律师查阅、比较公司最近年度预算、实际经营结果和本年度预算，向管理层询问差异原因，关注其风险因素	
3	调查公司的关联方、关联方关系及关联方交易	通过与公司管理层交谈、查阅公司股权结构图和组织结构图、查阅公司重要会议记录和重要合同等方法，确认公司的关联方及关联方关系。通过调查关联方对公司进行控制或影响的具体方式、途径及程度，对关联关系（包括股权关系、人事关系、管理关系及商业利益关系等）的实质进行判断，而不能仅基于与关联方的法律形式进行判断。关注公司管理层及核心技术人员是否在关联方单位任职、领取薪酬，或由关联方单位直接或间接委派等情况	
4	股权激励或有风险尽职调查	调查公司确定、评价与控制或有关事项方面的有关政策和工作程序	律师与公司管理层交谈，查阅相关制度规定，了解公司确定、评价与控制或有关事项方面的有关政策和工作程序，获取公司有关或有关事项的书面声明
		调查公司对外担保形成的或有风险	律师查阅公司董事会和股东大会的会议记录和与保证、抵押、质押等担保事项有关的重大合同，查看银行贷款卡相关信息，统计公司对外担保的金额及其占净资产的比例。如以房地产抵押的，应向房产管理部门、土地管理部门查询；以船舶、车辆等抵押的，应向运输工具登记部门查询；以上市公司股份出质的，应向证券登记结算机构查询；以商标、专利权、著作权等财产权利出质的，应向相关管理部门查询。律师了解被担保方的偿债能力及反担保措施，评价公司履行担保责任的可能性及金额，分析对公司财务状况的影响
		调查公司未决诉讼、仲裁形成的或有风险	律师调查公司未决诉讼、仲裁情况及产生的原因，就未决诉讼、仲裁的可能结果及各种结果发生的可能性，评估该类或有关事项涉及的金额，并分析对公司财务状况的影响
		调查公司其他方面的或有风险	（1）律师查阅公司股东大会和董事会的会议记录，关注有关税务纠纷、产品质量保证及承诺等事项 （2）律师通过向公司开户银行发函询证，确认公司的商业承兑汇票贴现、应收账款抵押借款等情况 （3）律师查阅公司的纳税申报表、税收缴款书等纳税资料，核查其是否已经税务部门审核通过，并查阅税务部门的税务处理决定书或税务稽查报告等，确定税务纠纷金额。必要时，应向有关税务部门查询 （4）律师向相关人员询问公司对未来事项和合同的有关承诺，并查阅相关书面材料，包括合同和往来通信档案等，确定是否存在不可撤销的承诺事项，分析其对公司未来的影响

3.1.4.3　关于公司治理结构调查

调查的内容及方法如表3-3所示。

表3-3　调查的内容及方法

序号	调查内容	调查方法
1	调查公司治理结构的制度建设和日常执行情况	律师通过咨询公司法务人员或智力结构管理人员，查阅公司章程，了解股东大会、董事会（含独立董事）、监事会（以下简称三会）、高级管理人员的构成情况和职责，关注公司章程是否合法、合规，三会议事规程、三会和总经理办公会会议记录、决议等是否完整齐备、符合规定，考查公司治理结构、组织结构与决策程序、管理人员权力分配和承担责任的方式、管理人员的经营理念与风险意识
2	调查公司股东的出资情况	律师查阅具有资格的中介机构出具的验资报告，咨询公司法律顾问或律师，询问公司财务人员，到工商管理部门调阅注册登记资料，调查公司股东的出资是否及时到位，出资方式是否合法，是否存在出资不实、虚假出资、抽逃资金等情况。对以实物、工业产权、非专利技术、土地使用权等非现金资产出资的，应查阅资产评估报告；对以高新技术成果出资入股，作价金额超过公司注册资本百分之二十的，应查阅科技管理部门出具的《出资入股高新技术成果认定书》
3	调查公司在业务、资产、人员、财务及机构等方面是否均与公司控股股东相互独立，是否具有面向市场的自主经营能力以及拥有独立的产供销体系	（1）律师查阅公司组织结构文件、销售分公司等的营业执照，结合公司的生产、采购和销售记录实地考察公司的产、供、销系统，分析公司是否具有完整的业务流程、独立的生产经营场所以及供应、销售部门和渠道，通过计算公司的关联采购额和关联销售额分别占公司同期采购总额和销售总额的比例，分析是否存在影响公司独立性的重大或频繁的关联交易，判断公司业务独立性 （2）律师查阅相关会议记录、资产产权转移合同、资产交接手续和购货合同及发票，确定公司固定资产权属情况；通过查阅房产证、土地使用权证等权属证明文件，了解公司的房产、土地使用权、专利与非专利技术及其他无形资产的权属情况；关注金额较大、期限较长的其他应收款、其他应付款、预收及预付账款产生的原因及交易记录、资金流向等，调查公司是否存在资产被控股股东占用的情况，判断其资产独立性 （3）律师查阅股东单位员工名册及劳务合同、公司工资明细表、公司福利费缴纳凭证，与管理层及员工交谈等方法，调查公司总经理、副总经理、财务负责人、营销负责人、董事会秘书等高级管理人员是否在公司与股东单位中双重任职，公司员工的劳动、人事、工资报酬以及相应的社会保障是否完全独立管理，了解上述人员是否在公司领取薪酬，判断其人员独立性 （4）律师通过与管理层和相关业务人员交谈，查阅公司财务会计制度、银行开户资料、纳税资料，到相关单位进行核实等方法，调查公司是否设立独立的财务部门、建立独立的财务核算体系，是否独立地进行财务决策、独立在银行开户、独立纳税等，判断其财务独立性 （5）律师实地调查、查阅股东大会和董事会决议关于设立相关机构的记录，查阅各机构内部规章制度，了解公司的机构是否与控股股东完全分开且独立运作，是否存在混合经营、合署办公的情形，是否完全拥有机构设置自主权等，判断其机构独立性

序号	调查内容	调查方法
4	调查公司控股股东及其下属的其他单位是否从事与公司相同或相近的业务	律师通过询问公司控股股东、查阅营业执照中的经营范围、实地走访生产或销售部门等方式，调查公司控股股东及其下属其他单位的业务范围，同时参考前述单位经审计的财务报告中有关主营业务收入的数据及相关说明，从业务的性质、客户对象、可替代性、市场差别等方面判断是否构成同业竞争
5	调查公司对外担保、重大投资、委托理财、关联交易等重要事项的决策和执行情况	律师与公司管理层交谈，咨询公司法务人员，查阅公司重要会议记录、决议和重要合同，重点关注公司对外担保、重大投资、委托理财、关联交易等事项的决策是否符合股东大会、董事会的职责分工，对该事项的表决是否履行了公司法和公司章程中规定的程序，执行是否符合公司的规范性要求

3.1.4.4　对公司合法合规事项调查

对公司合法合规事项调查的内容及方法如表3-4所示。

表3-4　对公司合法合规事项调查的内容及方法

序号	调查内容	调查方法
1	调查公司设立情况	律师尽职查阅公司的设立批准文件、营业执照、公司章程等，到工商管理部门核查公司的设立程序、合并及分立情况、工商变更登记、年度检验等事项，对公司设立、存续的合法性作出判断
2	调查公司是否存在重大违法违规行为，财务会计文件是否存在虚假记载	（1）律师咨询公司法务人员，查阅已生效的判决书、行政处罚决定书以及其他能证明公司存在违法行为的证据性文件，判断公司是否存在重大违法违规行为 （2）律师询问公司法定代表人，查阅公司档案，向公司主管部门、税务部门等查询，了解公司是否有违法违规记录 （3）律师依据对公司财务状况的调查，判断公司财务文件是否存在虚假记载
3	调查公司历次股权变动的合法合规性以及股本总额和股东结构是否发生变化	律师查阅公司设立及历次股权变动时的批准文件、验资报告、股东股权凭证，核对公司股东名册、工商变更登记，对公司历次股权变动的合法、合规性作出判断，核查公司股本总额和股东结构是否发生变动
4	调查公司是否进行过合并、分立、资产置换及其他使公司在资产规模、营业记录方面发生重大改变的资产重组	律师查阅公司股东大会和董事会决议、有关资产重组合同及工商变更登记资料，咨询公司律师和注册会计师，判断公司是否存在上述事项

序号	调查内容	调查方法
5	调查公司股份是否存在转让限制	律师与公司股东或股东的法定代表人交谈，取得其股份是否存在质押等转让限制情形，以及是否存在股权纠纷或潜在纠纷的书面声明。查阅公司工商登记资料等，核实公司股份是否存在转让限制的情形
6	调查公司主要财产的合法性，是否存在法律纠纷或潜在纠纷以及其他争议	律师查阅公司房产，土地使用权，商标、专利、版权、特许经营权等无形资产，以及主要生产经营设备等主要财产的权属凭证、相关合同等资料，并向房产管理部门、土地管理部门、知识产权管理部门等核实。咨询公司律师或法律顾问的意见，必要时进行实物资产监盘，重点关注公司是否具备完整、合法的财产权属凭证，商标权、专利权、版权、特许经营权等的权利期限情况，判断是否存在法律纠纷或潜在纠纷
7	调查公司的重大债权债务	律师通过与公司法定代表人进行交谈，查阅相关合同、公司董事会决议，咨询公司法务人员，发函询证等，调查公司债权债务状况，重点关注将要履行、正在履行以及虽已履行完毕但可能存在潜在纠纷的重大合同的合法性、有效性；是否有因环境保护、知识产权、产品质量、劳动安全、人身权等原因产生的侵权之债；与关联方之间是否存在重大债权债务关系；公司金额较大的其他应收款、其他应付款是否因正常的生产经营活动发生，是否合法
8	调查公司对外担保的合法性	律师询问公司的法定代表人及授权代表，咨询公司法务人员，查阅股东大会、董事会、监事会的决议，审查公司的担保合同、其他合同中的担保条款及其他相关合同，重点关注是否存在公司董事、经理以公司资产为本公司股东或董事、经理个人债务提供担保的情形
9	调查公司的纳税情况	（1）律师询问公司税务负责人，查阅公司税务登记证，关注公司及其控股子公司执行的税种、税率是否符合法律、法规和规范性文件的要求 （2）律师查阅公司的纳税申报表、税收缴款书、税务处理决定书或税务稽查报告等资料，向税务机关查询，关注公司是否受过税务部门的处罚；如有大额欠缴税款情况，应关注其形成原因及纳税资料是否完备；如有延期纳税的行为，应查阅有关税务机关出具的文件，关注是否需要缴纳滞纳金或罚款 （3）律师查阅公司有关税收优惠、财政补贴的依据性文件，判断公司享受优惠政策、财政补贴是否合法、合规、真实、有效
10	调查公司环境保护和产品质量、技术标准是否符合相关要求	律师询问公司法定代表人及相关部门负责人，咨询法务人员，向环境保护部门、产品质量及技术监督部门进行了解，重点关注公司的生产经营活动是否符合环境保护的要求，是否受过环境保护部门的处罚；公司产品是否符合有关产品质量及技术标准，是否受过产品质量及技术监督部门的处罚
11	调查公司是否存在重大诉讼、仲裁及未决诉讼、仲裁情况	律师询问公司的法定代表人，咨询公司法务人员，查阅公司的重大合同、董事会会议记录，取得公司律师或法律顾问对业已存在的或有关事项的确认证据，分析公司的法律费用，判断公司是否存在上述事项并揭示其法律风险

续表

序号	调查内容	调查方法
12	调查董事长、总经理及持有公司股份5%以上的股东是否存在重大违法、违规行为及涉诉情况	律师与董事长、总经理及持股5%以上的股东交谈，取得其书面陈述，咨询公司法律顾问或律师的意见，调查其是否存在违反行政、民事或刑事法律法规的情形及诉讼情况，分析对公司所产生的影响并揭示法律风险

3.1.5 尽职调查的分析

尽职调查的分析工作思路按照时间纵向（过去、现在、未来）和空间横向（外部和内部）两个维度展开，并最终得出股权激励诊断分析的结论。如图3-1所示。

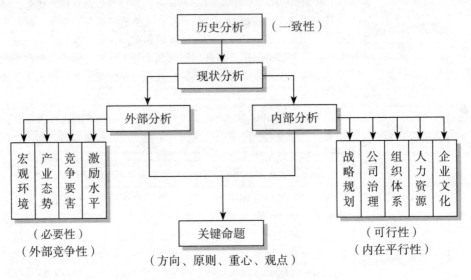

图3-1 尽职调查的分析项目

----- 【范本】▶▶▶ ---

股权激励项目尽调清单（有限公司）

_____有限公司股权激励项目

法律尽职调查清单

工作期间			
小组成员		项目对接负责人	
工作事项	有限公司股权激励项目 法律尽职调查（初步）		

声明	如对公司的信息了解不足，往往会导致股权激励方案的不公平，或者可执行性不强，或者因为违反法律规定而无效。因此，为了给公司设计一个合适的、能达到激励效果的方案，在方案设计之初由专业律师对公司进行尽职调查是十分必要的，尽职调查的客观性与整体性将影响到后期的方案客观性和整体性。 公司需要正确认识尽职调查的重要程度。			
特别声明	律师当严守客户秘密。			
序号	**项目**	**已提供**	**未提供**	**无资料**
一、公司设立及变更的有关文件				
1.1	请提供由公司注册地主管工商行政管理局出具的盖有"工商档案查询专用章"的《公司注册登记资料查询单》/《公司变更登记情况查询单》以及盖有"工商档案查询专用章"的公司及其控股子公司、参股公司、分公司（如有）全套工商档案文件			
1.2	请提供由公司注册地主管工商行政管理局出具的盖有"工商档案查询专用章"的《公司注册登记资料查询单》/《公司变更登记情况查询单》以及盖有"工商档案查询专用章"的公司发起人、其他股东全套工商档案文件（如有）			
1.3	公司及其子公司历次工商变更登记、备案后核发的企业法人营业执照（包括自成立日起至今领取、换领的所有营业执照），公司现行有效的企业法人营业执照、税务登记证（国税、地税）、社会保险登记证、排污许可证等			
1.4	公司从事业务所必需的许可、批复、备案文件，包括但不限于：高新技术企业证书（如有）、质量体系认证、环境管理体系认证等及其他类似证照的正副本（以上证照如需年检，请提供年度经年检的相应证照）			
1.5	公司获得现行有效的主要资质证书，包括但不限于人力资源许可、劳务派遣许可、高新技术企业等文件			
二、公司治理				
2.1	公司的公司章程			
2.2	股东会议事规则 董事会议事规则			
2.3	公司规章制度，包括但不限于：行政管理制度、财务管理制度、奖惩管理制度等			
2.4	公司的组织架构及股权结构、主要股东与组织机构情况			

续表

序号	项目	已提供	未提供	无资料
2.5	请提供公司任命或聘请高级管理人员的文件（总经理、副总经理、财务总监、董事会秘书及公司章程规定的高级管理人员）			
2.6	公司的主要业务及经营情况			
2.7	公司未来3～5年的战略发展规划			
2.8	公司最近2年经审计的财务报告			
三、公司管理				
3.1	公司全体人员的构成情况及现有的薪酬政策、激励策略和薪酬水平（同行对比），包括但不限于管理人员与技术、业务骨干的职务、薪金、福利；其他关键人员的职务、薪酬、福利等			
3.2	公司现有的员工激励制度和绩效考核标准，实际运行的效果及存在的主要问题			
四、员工与劳动人事				
4.1	公司最新的《职工花名册》（含员工总数）、《劳动合同》（含固定期限、无固定期限）、《劳务合同》或者《劳务派遣协议》等样本各一份			
4.2	公司是否存在职工持股计划、信托以及是否与高管、核心技术人员签订股权激励协议等，如有，请提供相关文件			
4.3	公司的高级管理人员、核心技术人员的名单和简历以及与其前雇主及公司所订立的任何保密或竞业禁止协议资料			
4.4	公司任命高级管理人员的董事会决议以及该等人员在其他单位、公司的兼职情况			
4.5	公司的职工福利、奖金、激励机制、分红、鼓励性的抚恤金、退休、养老、失业、缴纳社会统筹或其他类似计划的文件			
4.6	公司有关职工住房津贴、分房政策、医疗保险、休假、解雇、残废、调动等的规定、计划或其他文件			
4.7	公司发生过的罢工或怠工事件报告，以及劳资纠纷，和因不公平劳工待遇、不实行公平竞争、年龄或其他歧视、工作环境安全、职工健康引起的诉讼和仲裁（如有）			
4.8	公司与其他职员签订的劳动合同及解雇和调动的标准合同样本			
4.9	与职工订立的集体劳动合同（如有）			

续表

序号	项目	已提供	未提供	无资料
4.10	与高级管理人员和有特别才能的职员所签署的服务协议、报酬协议或赔偿合同			
4.11	员工手册、员工规章和守则以及奖惩办法			
4.12	公司工会组织介绍及有关文件以及与工会签订的协议（如集体劳动合同）			
4.13	提供社会保险登记证，说明是否足额为职工缴纳社会保险费用（包括但不限于医疗保险，养老保险、生育保险、工伤保险等），是否存在欠缴情况			
五、决策文件				
5.1	启动股权激励的内部决策文件，包括但不限于本公司股东会或董事会决议、薪酬委员会决议、上级主管部门的文件，中央及地方相关的股权激励政策等			
六、其他事项				
6.1	公司初步设定的实行股权激励的范围、对象、基本情况、拟实现的战略目标及初步思路			
6.2	公司对股权激励的基本要求及针对性要求，例如：操作模式、实施期间、激励的提取条件、计划的终止条件等			
6.3	公司认为股权激励应关注的重点问题和可能的障碍			
6.4	制作激励方案所需要的其他资料			

3.2　设计股权激励方案

股权激励方案，是指通过企业员工获得公司股权的形式，使其享有一定的经济权利，使其能够以股东身份参与企业决策、分享利润、承担风险，从而使其尽心尽力地为公司的长期发展服务的一种激励方法，是公司发展必要的一项相对长期的核心制度安排。

起草方案是股权激励的重头戏。方案是股权激励的纲领文件，是股权激励的行动指导，就像一场音乐会的乐谱一样，是每一颗音符的出处和依据。

3.2.1　股权激励方案的内容

股权激励方案的内容应包含：股份分配、股份与资金来源、激励目的、激励模式、激励对象与考核、股份管理等。

3.2.2 股权激励方案设计原则

3.2.2.1 系统原则

股权激励与公司的整体战略和目前的激励体制应该是相配合的，共同组成一个企业管理的完整系统，激励体制是包括了固定工资、短期激励（奖金）、长期激励、福利养老、晋升系统、荣誉等各个方面。但股权激励本身又不仅是激励体制的一个子系统，而且也和公司的治理结构和资本运作这个系统相互交差，如果单从全面薪酬包括的角度来设计股权激励方案将会比较偏颇。所以要综合考虑股权激励和企业管理的内部各个模块的系统关系，考虑股权激励与薪酬、公司治理、战略等的衔接。同时，普若非也认为股权激励机制本身也是一个独特的小系统，其本身的运作理念和机制也非常成熟完善，在设计股权激励方案的时候，其内部各种构成因素之间也是互相联系、互为因果，牵一发而动全身，构成一个完整的系统。

3.2.2.2 平衡原则

股权激励本身是平衡之道在激励领域的应用，激励与负激励永远是一对矛盾。所以股权作为激励的核心手段，在其运作上一定要充分把握，平衡好长期和短期，竞争同盟与公司员工、战略投资者、前台部门和支持部门、老员工和新员工等各个平衡点，才能最终制定出符合企业实际的股权激励方案。

3.2.2.3 组合原则

股权激励是一个统称，具体还包括业绩股票、股票期权、股票增值权、限制性股票、延期支付计划等多种激励工具。这些激励工具的目的、激励作用和风险程度都是有所差异的。在许多优秀的国内外案例中，激励方案往往采用了两种或两种以上的激励工具的组合。这种做法的优点在于它集合了多种工具的特点，同时把股价的长期表现和不同财务业绩指标的中期表现与激励对象的个人收益相互衔接在一起，并可在一定程度上有效地调整获取报酬的风险。

3.2.3 股权激励方案设计的步骤

3.2.3.1 确定股权激励的目的

股权激励不但使员工与企业之间的雇佣关系转变为平等的合作关系，而且还会将员工的前途与公司的兴衰荣辱紧紧捆绑在一起，形成利益价值紧密相关的同盟，既调动了员工的工作热情和责任心，又为企业培养并留住更多优秀的人才。但是，要设计一个科学、适用的股权激励计划，并期望在实施中达到预期的目标，首先得明确股权激励的目的。目的不同，采取的行动方式也不同。只有确定了股权激励的目的，下一步才能据此选择合适的股权激励模式，进而决定最后的实施效果。

无论长短，上市企业仍是上市企业，都需要按照企业自身的情况和成长的需要确定激励的目的。

3.2.3.2 确定激励对象

人是被激励的主体，合理的激励对象的确定关乎方案设计的成败。凡是企业高管、焦点研发人员都可以成为激励对象的候选人。而且要按照法律条例选择被激励对象，例如：假如被激励对象是国有集体企业（母公司）高层，则按照《国有控股上市公司（境内）实施股权激励试行办法》，其只能介入一家部属子公司的股权激励。

3.2.3.3 确定激励的模式

无论长短，上市企业仍是上市企业，都需要按照激励的目标、地址、行业的情况，以及企业客观现实选择一条适合自身的激励模式（工具）。

企业的存在形式影响选择股权激励模式的范围，这里主要分为民营非上市企业、民营上市企业、非上市国有企业、上市国有企业四大类，其中最为灵活的是民营非上市企业，目前法规对该类企业股权激励没有明确规定，硬性约束很少，企业可以根据自己的需要自由选择股权激励模式。而上市企业的股权激励要受《上市公司股权激励管理办法》等规定的约束，选择范围受到相应限制。国有控股上市企业的股权激励要受到《国有控股上市公司（境内）实施股权激励试行办法》及《关于规范国有控股上市公司实施股权激励制度有关问题的通知》等政策的约束。

3.2.3.4 确定股权激励的额度

无论是非上市企业还是上市企业都需要确定激励额度。新《公司法》规定：经股东大会抉择，公司可以收购本公司股份，并将股份奖励给本公司职工；收购的本公司股份不得跨越本公司已刊行股份总额的5%；此外，《上市公司股权激励管理办法》第十二条规定：上市公司全部有效的股权激励计划所涉及的标的股票总数累计不得超过公司股本总额的10%；非经股东大会特别决议批准，任何一名激励对象通过，全部有效的股权激励计划获授的本公司股票累计不得超过公司股本总额的1%。一般分几次性将用于激励的股票授予完。

3.2.3.5 确定股权授予时机

许多人认为公司只有发展到很大规模时才需要股权激励，其实这是一种严重的错误认识。实际上，只要公司的发展水平受人才能力和心态的影响，只要人性中的趋利避害的本性不变，只要优秀人才有创业的梦想或更好的职业选择，只要公司的核心成员还有不是自己的父母或者子女的，只要公司工作监管存在盲区或难于量化的，公司要想凝聚人心发展得更好就有必要做股权激励。

3.2.3.6 确定激励股份和购股资金来源

激励股份来源的设计直接影响原有股东的权益、控制权及公司现金流压力等；行权资金来源的设计也直接影响激励对象行权的难易程度。资金来源是指激励对象在行权时用以购买股权的钱从哪里来。如果激励对象本来薪酬不高或者是上市公司激励额度大的情况下，若不能有效解决资金来源问题会导致激励对象无钱行权的严重后果。

3.2.3.7　确定实施股权激励的条件

如果公司业绩或激励对象达不到行权条件或未及时行权怎么办？通常未能满足行权条件当期的股权激励标的（股份）不得行权，该部分股份由公司注销或者按照原授予的价格予以回购。实践中，公司会以激励对象支付的成本价以及相应的利息予以回购，不会让激励对象因此而导致经济损失。

3.2.3.8　制定公司及激励对象发生异动的处理规则

例如，激励对象因辞职、公司裁员而离职，在情况发生之日，对激励对象已获准行权但尚未行使的股票期权终止行权，其未获准行权的期权作废。如果激励对象以个人名义花钱购买的股权，公司应该以原价回购。若激励对象因正常的岗位调动导致职务发生变更的，已获授的股权激励不作变更，继续有效。如果激励对象因职务变更成为不能持有公司股票或股票期权的人员（如降级、成为上市公司的独立董事、监事），其尚未行权的激励股权终止行使，并由公司注销。

3.2.3.9　起草考核条件

激励对象获得股份激励，一般需要经过一定期间、满足一定条件才可以，这样才能达到对未来努力的激发，而不是对过去功绩的肯定。这就需要设定合理的考核条件。

考核条件必须是明确和落地的，形成量化的指标，员工对将来是不是可以获得激励股份，有稳定清晰的界定，不需要依据任何公司的主观判断或决定；考核条件必须是适中的，避免员工不需努力就能轻易获得，也不能遥不可及，让员工觉得压根没戏。

考核条件反映了公司股权激励的目的和价值观，决定了激励对象的努力方向。考核条件需要人力资源部门在董事会的框架下主导指定，之后由人力资源部门负责执行。考核条件一般可作为股权激励方案的附件。

相关链接

股权激励计划考核指标

在进行股权激励计划考核时，对公司业绩的考核是最为直接的一项。其常用指标及范例可以通过下述来仔细分析。

公司业绩考核的常用指标如下。

（一）净利润增长率

净利润是指利润总额减去所得税后的余额，是当年实现的可供股东分配的净收益，也称为税后利润。净利润的多寡取决于两个因素：一是利润总额，二是所得税。企业所得税等于当期应纳税所得额乘以企业所得税税率。我国现行的企业所得税税率为25%，符合国家政策规定条件的企业可享受企业所得税优惠，如高科技企业所得税税率为15%。

净利润的计算公式为：

净利润＝利润总额（1-所得税率）

净利润增长率＝（当期净利润÷基期净利润）×100%-100%

或者净利润增长率＝（本年净利润增长额÷上年净利润）×100%

因为净利润是企业经营成果的最明显的指标，所以上市公司的股权激励方案一般都会单独选择净利润增长率或者把净利润增长率与其他财务指标一起作为激励对象业绩考核的指标。

（二）净资产收益率

净资产收益率又称股东权益收益率或者净值报酬率，是衡量上市公司盈利能力的重要指标；是净利润与平均股东权益的百分比，是公司税后利润除以净资产得到的百分比率。

净资产收益率指标有两种计算方法：一种是全面摊薄净资产收益率，另一种是加权平均净资产收益率。

公司全面摊薄净资产收益率的计算公式为：全面摊薄净资产收益率＝报告期净利润÷期末净资产

公司加权平均净资产收益率的计算公式为：加权平均净资产收益率＝净利润÷平均净资产×100%

其中，平均净资产＝（年初净资产+年末净资产）÷2

净资产收益率指标反映了股东权益的收益水平，是用以衡量公司运用净资产的效率。净资产收益率指标值越高，说明投资带来的收益越高；反之，说明投资带来的效益较低。

由于股权激励的目标就是要提高股东权益的收益水平，因此，净资产收益率是股权激励计划的合适的业绩考核指标，在已经实行股权激励的上市公司中，净资产收益率被采用作为股权激励业绩考核指标的次数仅次于净利润增长率。

（三）经济增加值（EVA）

经济增加值（Economic Value Added，简称EVA）是由美国学者Stewart提出，并由美国著名的思腾思特咨询公司（Stern Stewart & Co.）实施的一套以经济增加值概念为基础的财务管理与决策以及经理人激励报酬与绩效考核管理制度。

经济增加值是公司取得的超过全部资本成本的投资回报，即公司经营收益扣除所占用的全部资本的成本之后的数额，是对公司股东而言真正的利润。全部资本成本包括债务资本的成本和股本资本的成本。经济增加值是表示净营运利润与投资者股东用同样资本投资其他风险相近的有价证券的最低回报相比，超出或低于后者的数额。

经济增加值计算公式为：EVA＝NOPAT-WACC×TC。其中，NOPAT为经过调整后的税后营业净利润；WACC为企业资本结构中资本各个组成部分的以其市场价值为权重的加权平均资本成本；TC为企业资本投入，包括股东投入的股本总额、所有的计息负债及其他长期负债的总和。

全部资本成本是经济增加值概念最突出最重要的一个方面。在传统的会计条件下，收入、利润、投资收益率和净资产收益率等指标均忽视了权益资本的成本，不能体现出公司的全部资本成本，进而不能反映企业的真实盈利状况，不能得出公司股东实际财富的增减，是有严重缺陷的。对有些公司而言，即使会计报表显示为盈利，但是实际上是在损害股东利益，因为所得利润是小于全部资本成本的。例如，一些业绩不好的公司十分积极地盲目投资，其目的是为了使账面上的会计利润显示为盈利，但实际上这些投资得到的回报低于公司的全部资本成本，实际是损害了股东的利益。

从股东的角度看，会计上的净利润并非都是新创造的价值，净利润扣除财务资本所有者必要资本回报后的剩余额即经济增加值才是真正的新增财富。这部分剩余额才是扣除了经营者人力资本必要回报（固定工资）和股东财务资本所有者必要回报（资本必要报酬）后可供管理者和股东共同分配的收益来源。公司给予管理者的报酬如果超过了企业的经济增加值，就会损害股东的利益。

EVA真实地反映了企业为股东创造的新增价值，因此是衡量业绩、确定经理人报酬的正确标准。以EVA作为经营者的业绩评价指标并与薪酬挂钩，将EVA的一部分回报给经营者，可以使经营者与企业所有者的利益统一起来。在EVA奖励制度之下，管理人员为自身谋取更多利益的唯一途径就是为股东创造更大的财富。这种奖励没有上限，管理人员创造EVA越多，就可得到越多的奖励。同理，在EVA奖励制度下，管理人员得到的奖励越多，股东所得的财富也越多。

关于股权激励方案的设计细节具体参第四章的内容。

3.3 股权激励计划方案、配套制度文件的起草

股权激励计划方案、相关配套制度文件的起草在企业实施股权激励计划的过程中起着重要作用，企业实施股权激励计划的思路要落实在文件中。文件起草完成，股权激励计划方案经审议生效后，即会影响股东、公司与激励对象的利益关系。股权激励计划开始实施，而具体如何实施、激励对象如何考核、能否行权、何时行权、如何行权等都需要按照事前起草好的各种文件进行。

具体到各个企业中，企业应对自己公司的实际情况进行全面分析，考虑本企业规模大小、部门人员结构、业务发展现状与预期等因素，设计相应的股权激励方案。

3.3.1 股权激励计划方案及其配套制度文件的内容

具体而言，一套完整的股权激励计划方案及其配套制度文件，包括以下文件内容。

（1）公司股权激励计划方案。

（2）公司股权激励计划绩效考核办法。

（3）公司股权激励计划管理制度。

（4）股权激励授予协议书。

（5）激励对象承诺书。

（6）股权激励计划法律意见书。

（7）激励对象绩效考核结果报告书。

（8）激励对象行权/解锁申请书。

（9）激励对象行权/解锁批准书。

（10）股权激励证明范本。

（11）股权激励相关时间安排。

（12）股权激励股东大会决议。

（13）股权激励董事会决议。

（14）公司章程修改建议书。

（15）公司治理结构调查问卷。

（16）公司治理结构完善建议书。

（17）激励对象劳动合同完善建议书。

（18）激励对象同业竞争限制协议书。

（19）公司薪酬制度完善建议书。

（20）股权激励计划独立财务顾问意见书等。

3.3.2　写作要领说明

现就以上的部分制度文件内容展开说明。

3.3.2.1　公司股权激励计划管理制度

《管理制度》是公司董事会实施股权激励管理的依据，是公司董事会下属股权激励专门委员会行使职权，具体实施股权激励计划的依据，也是监事会实施监督的依据。《管理制度》包括以下内容。

（1）股权激励计划的管理机构设置。明确股东会、董事会、监事会以及股权激励专门机构在实施股权激励计划中的具体权限、职责划分。

（2）股权激励计划的基本模式与运作流程。主要是对股权激励计划的简要介绍。

（3）具体到每个年度的股权激励计划实施问题描述。

（4）股权激励计划实施细则的制定。包括股权激励计划实施过程中的众多细节问题。

（5）如果是上市公司的，还应对股权激励计划的信息披露问题予以明确规定。

------【范本】▶▶--

××有限公司股权激励管理办法

第一章　总则

第一条　公司制定股权激励管理办法的目的

（1）通过股权激励，让公司核心管理人员、核心专业人员最大限度地享受公司发展而带来的利益。

（2）通过股权激励，激励核心员工的积极性和创造性，使公司核心人员的利益与公司长期利益统一，创造企业与员工的共赢局面。

（3）通过股权激励，保留公司的核心员工，吸引优秀人才加盟。

（4）通过股权激励，提升公司业绩，约束管理者短期行为。

第二条　本办法仅适用于××有限公司的正式员工。

第三条　本公司现阶段仅采用非上市公司股权激励，采用的激励方法包括以下方法。

（1）超额利润激励。公司年度计划利润目标完成以外的部分，按一定比例拿出用于激励员工。

（2）分红股激励。公司对激励对象让出部分股份的分红权。只有分红权，没有所有权、表决权、转让权和继承权。

（3）限制性股权激励。激励对象只有在达到公司预先确定的条件后才授予的股份。

第四条　本办法仅适用于公司未上市前的股权激励。公司上市后将被新的股权激励制度取代。

第二章　职责

第五条　公司薪酬绩效管理委员会职责

（1）负责对股权激励进行可行性分析。

（2）起草《股权激励管理办法》。

（3）执行《股权激励管理办法》。

第六条　公司董事会职责

（1）提出《股权激励管理办法》的需求。

（2）审核《股权激励管理办法》，并报股东会审议。

（3）对于《股权激励管理办法》具有最终解释权。

（4）审核公司员工授予股份和限制性股份的资格。

（5）负责审核《股权激励管理办法》的变更。

第七条　公司股东会主要履行以下职责

（1）审批公司《股权激励管理办法》及其变更内容。

（2）废除、终止《股权激励管理办法》。

（3）公司监事负责对公司《股权激励管理办法》的实施进行监督。

第八条　人事行政部负责执行相关激励政策及进行测算报批。财务部负责激励发放和相关税务调节。

第九条　激励对象有权选择是否接受股权激励，并签署相关协议书。

第三章　激励类型、标准与规则

第十条　超额利润激励来源与当年度公司利润超过年初计划目标的部分，每年度公司将超额利润的一定比例提出，用于激励公司骨干员工。

（1）超额利润提取比例。各分子公司提取本公司超额利润的35%用于本公司编制内内部骨干员工激励。总公司依据超额利润总额提取15%用于总公司骨干员工的激励和全公司内部评选的优秀骨干的特别激励。

（2）超额利润激励对象提名。各分子公司由公司总经理提名并提报初步分配计划，说明骨干员工激励原因及权重依据。总公司由常务副总裁提名并报董事长审核。

（3）原则上各公司总经理享受本公司超额利润提取额的40%。

第十一条　分红股是指公司现有股东对激励对象让出部分股份的分红权。激励对象只有分红权，没有所有权、表决权、转让权和继承权。

（1）分红股激励指公司根据每年业绩水平，在完成公司既定业绩目标的情况下，从每年净利润中提取一定比例的专项激励基金，按照个人岗位分配系数和绩效考核系数，以长期激励形式奖励给公司的高管人员和业务技术骨干。

（2）实施分红股激励的原则

① 对中高层管理人员的激励应与公司的经营业绩挂钩。

② 按劳分配与按生产要素分配相结合。

③ 短期利益与长期利益相结合。

④ 坚持先考核后兑现。

（3）分红股激励制度的激励对象是公司的核心人才，包括下列类型的人员。

① 各分子公司总经理、财务经理。

② 总公司总监级及以上人员、总公司财务经理、财务主管。

③ 少数业务或技术骨干。

实际享受分红股激励的人员名单和权重分配表由各分子公司总经理拟定并在年初与年度工作计划和目标同步呈报总部人事行政部汇总，报董事会批准后执行。

（4）公司以年度净利润作为业绩考核指标。在符合以下条件之一时启动分红股激励。

① 年度净利润增长率不低于10%（含10%）。

② 年度利润目标达成率不低于70%。

（5）公司业绩目标实现的，开始实施当年度的分红股激励，向激励对象授予分红股激励基金。业绩目标未能实现的，不得授予分红股激励基金。

（6）当出现如下情况时，由董事会审议决定，可对公司业绩目标做出相应调整以剔除下述因素对利润的影响。

① 会计政策及会计处理办法发生重大变更。

② 国家税收政策直接导致公司的税收发生重大变化。

③ 国家经济环境、经济政策、行业政策等的重大变化直接对公司产品的市场和价格产生重大影响。

④ 战争、自然灾害等不可抗拒因素影响公司正常经营。

⑤ 发生管理人员职责范围外的其他不可控制风险。

（7）分红股激励计提系数如下表所示。

分红股激励计提系数

目标达成率（a）	分子公司提取分红股比例	总公司提取分红股比例	加权系数
a≥100%			1.0
100%＞a≥90%			0.8
90%＞a≥80%	10%	5%	0.65
80%＞a≥70%			0.5
70%＞a			0

（8）当出现激励对象离职、被辞退等无法继续在职时，在职分红股自动取消。当年度的未分配分红取消。

（9）与职务岗位挂靠的分红股，自员工任职日起自动享受，不足一年的，分配时按任职月数提取对应分红。若员工离岗在职的，其原有岗位分红股自动取消，当年度的未分配分红到分配时按在岗月数提取对应分红。

第十二条　限制性股权激励指公司与激励对象预先约定，激励对象达成一定目标后，可获得一定额度的内部认购公司股份额度，在公司实现上市时，按约定价格兑现激励对象所享有的公司股份。

（1）限制性股权的行权期由公司与激励对象约定，行权前提条件为预定目标达成。行权周期一般分为3年，每年目标经考评通过的，可以按30%、30%、40%的比例分年行权。

（2）激励对象行权后获得的股份若不想长期持有，公司可以回购其股份，价格根据现净资产的比例支付或协商谈判。在公司上市后，激励对象希望长期持有的，经董事会同意，可为其注册，成为公司的正式股东，享有股东的一切权利。

（3）限制性股权政策有效期截止公司正式上市，在公司上市后，由新的激励政策取代，公司不得再行向任何激励对象授予限制性股权。但上市前授出的限制性股权依然有效。

（4）限制性股票的授予价格由企业与激励对象签订协议时约定。

（5）限制性股票来源有以下三种形式。

①股份赠予。原始股东向股权激励对象无偿转让一部分公司股份，激励对象需缴纳所得税。

②股份出让。出让的价格一般以企业注册资本或企业净资产的账面价值确定。

③采取增资的方式。公司授予股权激励对象以相对优惠的价格参与公司增资的权利。

（6）公司授予的限制性股票所涉及的标的股票总量（不包括已经作废的限制性股票）及公司其他有效的股权激励计划（如有）累计涉及的公司标的股票总量，不得超过公司股本总额的10%。若在本计划有效期内发生资本公积转增股本、派发股票红利、股份拆细或缩股、配股、向老股东定向增发新股等事宜，限制性股票总数将做相应的调整。

（7）非经股东大会特别批准，任何一名激励对象通过本计划及公司其他有效的股权激励计划（如有）累计获得的股份总量，不得超过公司股本总额的1%。

（8）各期授予的限制性股票均包括禁售期1年和解锁期2年。解锁期内，若达到本计划规定的限制性股票的解锁条件，激励对象在三个解锁日依次可申请解锁股票上限为该期计划获授股票数量的30%、35%与35%，实际可解锁数量应与激励对象上一年度绩效评价结果挂钩。若未达到限制性股票解锁条件，激励对象当年不得申请解锁。未解锁的限制性股票，公司将在每个解锁日之后以激励对象参与本计划时购买限制性股票的价格统一回购并注销。

①公司正式上市之日起1年，为限制性股票禁售期。禁售期内，激励对象依本计划获授的限制性股票（及就该等股票分配的股票红利）将被锁定不得转让。

②禁售期满次日起的2年为限制性股票解锁期。本计划设三个解锁日，依次为禁售期满的次日及该日的第一个、第二个半年日（遇节假日顺延为其后的首个交易日）。

（9）任何持有上市公司5%以上有表决权的股份的主要股东及原始股东，未经股东大会批准，不得参加限制性股权激励计划。

（10）若公司已上市，当员工行权时，公司股价低于行权价时，员工可选择以下两种行权模式。

①以市场价购入约定数量股票。

②以约定总价格购入当前股价下的对应数量股票。

（11）持有限制性股权的员工在约定行权期内未行权的，视为自动放弃本期权利，公司不做补偿。

（12）公司不得为激励对象行权提供贷款以及其他任何形式的财务资助，包括为其贷款提供担保。

（13）公司上市前，持有限制性股权的员工离职的，其已行权的限制性股份由公司回购，价格根据当时净资产的比例支付，未行权部分自动取消，公司不做任何形式的补偿。

（14）公司上市后，持有限制性股权的员工离职的，其已行权的部分，在约定寄售期和解锁期内未解锁的，依据当时市场股价由公司回购。已解锁的由离职员工自行交易处理，但公司享有优先回购权。

（15）由于股份出售或转让产生的相关税费由员工个人承担。

（16）针对股权激励计划实行后，需待一定服务年限或者达到规定业绩条件（以下简称等待期）方可行权的，公司等待期内会计上计算确认的相关成本费用，不得在对应年度计算缴纳企业所得税时扣除。在股权激励计划可行权后，公司方可根据该股票实际行权时的公允价格与当年激励对象实际行权支付价格的差额及数量，计算确定作为当年公司工资薪金支出，依照税法规定进行税前扣除。

（17）激励对象违反本办法、《公司章程》或国家有关法律、法规及行政规章以及规范性文件，出售按照本办法所获得的股票，其收益归公司所有，由公司董事会负责执行。

第四章　其他条款

第十三条　以上激励办法均不得影响公司根据发展需要做出注册资本调整、合并、分立、企业解散或破产、资产出售或购买、业务转让或吸收以及公司其他合法行为。

第十四条　公司与员工签署相关激励协议不构成公司对员工聘用期限和聘用关系的任何承诺，公司对员工的聘用关系仍按劳动合同的有关约定执行。

第十五条　双方发生争议，本《股权激励管理办法》已涉及的内容按约定解决，本《股权激励管理办法》未涉及的部分，按照公司相关规章制度及双方所签协议的有关规定解决。均未涉及的部分，按照相关法律和公平合理原则解决。

第十六条　员工违反本《股权激励管理办法》的有关约定、违反公司关于股权激励权的规章制度或者国家法律政策而要求公司停止《股权激励计划》的，公司有权视具体情况通知员工终止与员工的股权协议而不需承担任何责任。员工在协议书规定的有效期内的任何时候，均可通知公司终止股权协议，但不得附任何条件。若因此给公司造成损失，员工应承担赔偿损失的责任。

第十七条　激励对象在任期内丧失劳动能力、行为能力或死亡时，薪酬管理委员会在《股权激励计划参与者名册》上作相应记录，激励对象可分配的激励基金可立即兑现，激励对象的代理人、监护人或其继承人按国家有关法律、法规的相关条款处理。

第十八条　激励对象在被激励期间，有下列情形之一的，公司将无条件、无任何补偿取消与其签订的任何类型的激励协议，并取消其全部未结算或行权的激励额度。给公司造成严重损失的，公司保留追究其法律责任的权利。

（1）因严重失职、渎职或因此被判定任何刑事责任的。

（2）违反国家有关法律法规、公司章程规定的。

（3）公司有足够的证据证明受激励对象在任职期间，由于受贿索贿、贪污盗窃、泄露公司经营和技术秘密、严重渎职、损害公司声誉等行为，给公司造成损失的。

第五章　附则

第十九条　股东大会授权董事会制定本细则。本办法由董事会负责解释。

第二十条　本细则自股东大会审议通过之日起生效。

第二十一条　本细则的条款及条件如有任何重大变更、完善、终止和取消，均应经公司股东大会同意。

第二十二条　出现下列情况之一时，董事会可以决议方式终止《股权激励管理办法》，并向股东大会报备。

（1）出现法律、法规规定的必须终止的情况。

（2）股东会通过决议停止实施股权激励办法。

（3）因经营亏损导致停产、破产或解散等重大经营困境。

（4）本细则未尽事宜，按照国家有关法律和公平、合理、有效原则解决。

3.3.2.2　股权激励授予协议

《计划方案》的效力主要是面向公司全体职工、公司股东、独立第三方，具有对外公示的效力。而《授予协议》的效力，一般限于协议各方，是协议各方权利义务的具体约定。《授予协议》包括如表3-5所示内容。

表3-5　股权激励授予协议的内容说明

序号	项目	内容说明
1	协议主体	一般而言，协议主体是公司与激励对象。在非上市公司股东出让激励股份的情况下，协议主体为公司股东与激励对象
2	激励对象的获授资格	激励对象取得获授资格的考核依据、岗位依据等
3	股权激励标的的授予	授予激励对象的股权激励标的的具体数量、相应的授予凭证等
4	股权激励标的权利的实现与程序	不同的股权激励计划类型，激励标的各不相同，激励标的的实现与程序的内容也各不相同。例如：业绩奖励型股权激励计划，公司需要按照方案提取奖励基金总额，然后把奖励基金分配给具体激励对象予以购买股票，并持有一定期限。认股权类型股权激励计划，激励对象获得的是认购一定数量公司股份的权利，需要达到约定条件后，在行权期内按时行权
5	股权激励授予协议与劳动合同之间的关系	一般而言，激励对象的聘用期限，应按照激励对象与公司之间签订的劳动合同确定
6	公司与激励对象的承诺	是以承诺的形式，明确了双方关于股权激励的权利。激励对象一般要做出关于申报资料真实、遵守公司规章制度、服务年限、依法纳税等承诺。公司主要是承诺不得随意变更股权激励协议的内容、要履行依法给付的义务等
7	协议的终止、违约责任与争议解决	应结合股权激励计划方案的相关内容起草本条款内容

-----【范本】▸▸▸--

上市公司股权激励协议书（限制性股权）

甲方（激励对象）：

身份证号码：

住所：

乙方：

身份证号码：

住所： 鉴于：

××公司系统股份有限公司（以下简称"××公司"）系一家依据中华人民共和国法律设立并有效存续的股份有限公司，其股票在全国中小企业股份转让系统（以下简称"股转系统"）挂牌交易，股票代码为××××××。

甲方为××公司的员工，截至＿＿＿＿＿年2月1日，在××公司工作年限为＿＿＿年＿＿＿个月。因××公司制定了相关股权激励计划，甲方可根据××公司激励计划获得××公司持股平台××共创盈投资管理中心（有限合伙）（以下简称"持股平台"）的部分出资份额作为限制性股权。

乙方为持股平台的有限/普通合伙人，持有持股平台＿＿＿＿%的出资份额。

双方在平等、自愿、诚信的基础上，经友好协商，依据《中华人民共和国公司法》《中华人民共和国证券法》《中华人民共和国合同法》等相关法律、行政法规以及中国证监会相关规定，就甲方从乙方处受让部分出资份额（即限制性股权）的相关事宜，达成如下协议。

第一条 授予对象资格

（1）甲方须在××公司及其子公司全职工作、已与××公司及其子公司签署劳动合同并在××公司领取薪酬。

（2）甲方需经××公司的董事会按照《××公司系统股份有限公司＿＿＿＿＿年股权激励计划（草案）》（以下简称《激励计划》）的规定进行核查，经核查合格后甲方才具有获得授予限制性股票的资格。

第二条 限制性股权的授予

（1）限制性股权的来源为持股平台的出资份额，激励对象可通过持有持股平台的出资份额而间接持有××公司的相应部分股份。甲方经××公司的董事会确认为适合激励对象后，有权按照××公司《激励计划》的规定和××公司董事会的相关决议从乙方处以受让出资份额的方式一次性获授限制性股权。

（2）根据××公司的《激励计划》及董事会相关决议，甲方有权获得乙方所持有的＿＿＿＿%的出资份额（对应的××公司的股票为＿＿＿＿股），甲方通过受让乙方所持有的出资份额从而获授限制性股权。

（3）在甲方按照本协议足额支付认购限制性股权价款，并与××公司重新签订新的《劳动合同》《知识产权保护和保密合同》及《竞业禁止协议》后，乙方将协助持股平台办理甲方获授的限制性股权的过户等登记手续。

第三条 限制性股权的有效期、授权日、锁定期、解锁期和禁售期

（1）限制性股权的有效期

本协议中限制性股权的有效期为四年，自限制性股权授予之日起至所有限制性股权解锁或回购完毕之日止。

（2）本协议项下的限制性股权的授权日在《激励计划》经××公司股东大会审

议通过以及履行监管层要求的其他法定程序后由××公司董事会确定。

授予日不得为下列区间日。

① 定期报告公布前15日内，因特殊原因推迟定期报告公告日期的，自原预约公告日前15日起算。

② 重大交易或重大事项决定过程中至该事项公告后2个交易日。

③ 其他可能影响股价的重大事件发生之日起至公告后2个交易日。

上述"重大交易""重大事项"及"可能影响股价的重大事件"为××公司依据全国中小企业股份转让系统的相关规定应当披露的交易或其他重大事项。

（3）限制性股权自授予日起12个月内为锁定期。甲方根据本协议获授的限制性股票在锁定期内不得转让或偿还债务。甲方因获授的尚未解锁的限制性股票而取得的资本公积转增股本同时进行锁定。除前述约定外，甲方因获授的尚未解锁的限制性股权而取得的其他法定及约定权利则不予锁定。

在解锁期内，由××公司确定甲方的解锁条件是否成就，解锁条件成就的，限制性股权自解锁日开始解锁；未满足解锁条件的，按照《激励计划》的规定回购注销。解锁安排如下表所示。

解锁安排表

解锁安排	解锁期	解锁比例
第一次解锁	自授予日起12个月后的首个交易日起至授予日起17个月内的最后一个交易当日止	30%
第二次解锁	自授予日起24个月后的首个交易日起至授予日起29个月内的最后一个交易当日止	30%
第三次解锁	自授予日起36个月后的首个交易日起至授予日起48个月内的最后一个交易当日止	40%

（4）禁售期。除甲方持有的未解锁限制性股权处于禁售期外，鉴于甲方通过限制性股权间接持有了××公司的股票并享有相应权益，同时，可通过持股平台实现××公司股票的转让并获取相关收益，因此，限制性股权也应按照××公司股票的限售规定进行限售，根据《公司法》《证券法》等相关法律、法规、规范性文件以及股转系统的相关规定和××公司的公司章程，具体规定如下。

① 甲方为××公司董事、监事和高级管理人员的，其在任职期间每年转让的份额不得超过其通过持股平台间接持有××公司股份总数的25%。在离职后半年内，不得通过持股平台间接转让其所持有的××公司股份。但因符合本协议第八条、第九条规定所导致的回购情形则不受此限制。

② 甲方为××公司董事、监事和高级管理人员的，通过持股平台将其持有的××公司股票在买入后6个月内卖出，或者在卖出后6个月内又买入，由此所得收益归××公司所有，××公司董事会将收回其所得收益。但因符合本协议第八条、第九条规定所导致的回购情形则不受此限制。

③ 在本协议有效期内,如果《公司法》《证券法》等相关法律、法规、规范性文件以及股转系统的相关规定和××公司《公司章程》对公司董事和高级管理人员持有股份转让的有关规定发生了变化,则甲方应当在转让时遵守修改后的《公司法》《证券法》等相关法律、法规、规范性文件和××公司《公司章程》的规定。

第四条　授予价格

本次限制性股权的授予价格为:主要依据××公司上一年度(＿＿＿＿年)经审计的账面净资产/股份总数确认每股授予价格,并出于计算方便的考虑,最终确定为＿＿＿＿元/股。

甲方应自本协议书签署并生效之日起10个日历日内将认购限制性股权的资金足额、一次性支付至乙方如下账户。

户 名:＿＿＿＿＿＿＿＿＿＿＿＿＿＿＿＿＿＿＿＿＿＿＿＿

开户行:＿＿＿＿＿＿＿＿＿＿＿＿＿＿＿＿＿＿＿＿＿＿＿＿

账 号:＿＿＿＿＿＿＿＿＿＿＿＿＿＿＿＿＿＿＿＿＿＿＿＿

第五条　限制性股权的授予

同时满足下列条件时,甲方可获授限制性股权,反之,若授予条件未达成,则不能获授限制性股权。

1.××公司未发生如下任一情形

(1)最近一个会计年度财务会计报告被注册会计师出具否定意见或者无法表示意见的审计报告。

(2)最近一年内因重大违法违规行为被监管机构予以行政处罚或实施自律监管措施。

(3)监管机构认定的其他情形。

2.甲方未发生如下任一情形

(1)最近三年内被监管机构公开谴责或宣布为不适当人选的。

(2)最近三年内因重大违法违规行为被监管机构予以行政处罚或实施自律监管措施的。

(3)具有《公司法》规定的不得担任公司董事、监事、高级管理人员情形的。

(4)被处以严重警告级别(含)以上的公司人事惩戒措施,或者公司董事会认定其他严重违反公司有关规定的。

第六条　限制性股权的解锁

解锁期内,同时满足下列条件时,甲方已获授的限制性股权才能解锁。

1.××公司未发生如下任一情形

(1)最近一个会计年度财务会计报告被注册会计师出具否定意见或者无法表示意见的审计报告。

(2)最近一年内因重大违法违规行为被监管机构予以行政处罚或实施自律监管措施。

(3)监管机构认定的其他情形。

2.甲方未发生如下任一情形

（1）最近三年内被监管机构公开谴责或宣布为不适当人选的。

（2）最近三年内因重大违法违规行为被监管机构予以行政处罚或实施自律监管措施的。

（3）具有《公司法》规定的不得担任××公司董事、监事、高级管理人员情形的。

（4）被处以严重警告级别（含）以上的公司人事惩戒措施，或者××公司董事会认定其他严重违反××公司有关规定的。

（5）甲方违反竞业禁止义务，甲方的竞业禁止义务为：①甲方及其任何亲属不得在外经营或参与经营与××公司相同或具有竞争性关系的产品或服务，相关实体不以任何方式从或拟从××公司聘用、招引、招诱、雇佣××公司人员。②甲方及其任何亲属不得在与××公司有竞争行为的同行或同类企业、事业单位、社会团体内提供服务（包括兼职及任何形式的服务、支持等），担任股东、合伙人、董事、监事、经理、顾问、代理人及相关高级管理人员和高级技术人员等职。

（6）出现导致其限制性股权推迟解锁或丧失解锁资格的情形。

3.××公司须达成以下业绩目标

业绩目标

解锁安排	业绩考核目标
第一个解锁期	以公司_____年营业收入为基数，_____年度营业收入增长率不低于5%
第二个解锁期	以公司_____年营业收入为基数，_____年度营业收入增长率不低于5%
第三个解锁期	以公司_____年营业收入为基数，_____年度营业收入增长率不低于5%

若限制性股权的各项解锁条件达成，甲方持有的限制性股权按照本协议约定比例逐年解锁；反之，若解锁条件未达成，则应按照本协议相关约定，由相关主体以授予价格加上同期贷款基准利率计算的利息回购限制性股权（按日计算，下同）。

第七条　各方的权利与义务

1.甲方的权利与义务

（1）甲方应当按××公司任职岗位的要求，勤勉尽责、恪守职业道德，为××公司的发展做出应有贡献。

（2）甲方应当按照本协议规定锁定其获授的激励股权。

（3）甲方的资金来源为甲方自筹资金。

（4）甲方所获授的限制性股权，经持股平台登记机构登记过户后便享有该等出资份额的所有权、收益权、管理权。但锁定期内甲方间接获得的××公司相应股票取得的资本公积转增股份同时锁定，不得在二级市场出售或以其他方式转让，该等股份锁定期的截止日期与限制性股权相同。

（5）××公司进行现金分红时，甲方间接应取得的现金分红在代扣代缴个人所得税后按照《中华人民共和国合伙企业法》及《合伙协议》的规定分配给个人。

（6）甲方获授的限制性股权在解锁后、股权期权在行权后不得向××公司员工以外的第三人随意转让、赠予，甲方须行使已解锁限制性股权和已行权股权期权的转让权时，应按如下优先顺序以相应的××公司股票市值转让已解锁/已行权激励股权。

① 向持股平台普通合伙人_____及其指定的第三人转让，具体程序为甲方应在行使转让权时向该主体发出明确的书面转让要约，该要约的内容应包括但不限于拟转让的股权数量、价格或价格区间及价格确定方法、拟转让的时间要求等，甲方应给予相关主体至少不少于7个工作日的回复时间。

② 向持股平台除上述普通合伙人_____以外的其他有限/普通合伙人进行转让，具体程序为甲方应在行使转让权时向该主体发出明确的书面转让要约，该要约的内容应包括但不限于拟转让的股权数量、价格或价格区间及价格确定方法、拟转让的时间要求等，甲方应给予相关主体至少不少于7个工作日的回复时间。

③ 如甲方通过上述第①项、第②项所述方式均无法实现激励股权转让的，则甲方有权通过持股平台要求出售其所持有的激励股权所对应换算的××公司股票，持股平台在甲方的书面指示下出售相关××公司股票后，应及时将收益通过减资的方式支付给该甲方，具体操作程序应根据持股平台合伙协议及相关文件进行。

（7）甲方应严格遵守××公司《激励计划》及其他与本次限制性股权相关的计划、方案、决议等各项规定，并切实履行和承担《激励计划》及其他与本次限制性股权相关的计划、方案、决议中规定的甲方义务和责任。

（8）甲方因本协议获得的收益，应按国家税收法规交纳个人所得税及其他税费。

（9）甲方在××公司任职期间或/和离职后，至少不得从事以下行为：①甲方及其任何亲属不得在外经营或参与经营与××公司相同或具有竞争性关系的产品或服务，相关实体不以任何方式从或拟从××公司聘用、招引、招诱、雇佣××公司人员。②甲方及其任何亲属不得在与××公司有竞争行为的同行或同类企业、事业单位、社会团体内提供服务（包括兼职及任何形式的服务、支持等），担任股东、合伙人、董事、监事、经理、顾问、代理人及相关高级管理人员和高级技术人员等职。

（10）法律、法规规定的其他相关权利义务。

2.乙方的权利与义务

（1）乙方应当按照××公司的《激励计划》及董事会的相关决议要求，按照本协议约定转让相关持股平台出资份额。

（2）乙方在因本协议获得的收益，应按国家税收法规交纳个人所得税及其他税费。

（3）法律、法规规定的其他相关权利义务。

第八条　××公司及甲方发生异动的处理

1.××公司出现下列情形之一时，本协议即行终止

（1）××公司控制权发生变更。

（2）××公司出现合并、分立、破产、解散等情形。

（3）最近一个会计年度财务会计报告被注册会计师出具否定意见或者无法表示意见的审计报告。

（4）最近一年内因重大违法违规行为被监管机构予以行政处罚。

（5）××公司首发上市并公开发行（IPO）和/或借壳上市（下称"公司上市"）时。

（6）××公司股东大会决议提前终止本协议。

（7）中国证监会认定的其他情形。

当××公司出现上述除第（5）项外的情形时，甲方已获授但尚未解锁的限制性股权不得解锁。对未解锁部分限制性股权应按照本协议由持股平台特定主体以授予价格加上同期贷款基准利率计算的利息进行回购。当××公司出现上述第（5）项情形时，甲方已获授但尚未解锁的限制性股权全部解锁。

2.甲方个人情况发生变化

（1）甲方发生职务变更

① 甲方发生职务变更，但仍在××公司任职的，其获授的限制性股权仍然按照本协议规定的程序进行授予、锁定和解锁。

② 甲方因组织调动担任其他不能持有××公司激励股权的职务的，则其获授的限制性股权仍然按照本协议规定的程序进行授予、锁定和解锁，已解锁的激励股权不做处理，未解锁部分限制性股权由持股平台特定主体按本协议规定以授予价格加上同期贷款基准利率计算的利息进行回购。

③ 甲方因为触犯法律、违反职业道德、泄露××公司机密、违反竞业禁止约定、因失职或渎职等行为损害××公司利益或声誉而导致职务变更的，或因前列原因导致××公司解除与甲方劳动关系的，则已解锁激励股权不做处理，未解锁激励股权作废，对未解锁部分的限制性股权由持股平台特定主体按本协议规定以授予价格进行回购，如果该授予价格高于回购发生时相应折算的××公司净资产或相应××公司股票价值的，以孰低者为最终回购价格。

（2）甲方主动离职。甲方主动辞职的，已解锁激励股权不做处理，未解锁激励股权作废，对未解锁部分的限制性股权由持股平台特定主体按本协议规定以授予价格进行回购。

（3）甲方被动离职。甲方若因××公司裁员等原因被动离职且不存在绩效不合格、过失、违法违纪等行为的，已解锁激励股权不做处理，未解锁激励股权作废。对未解锁部分的限制性股权由持股平台特定主体按本协议规定以与激励股权相应的××公司股票的市值进行回购。

（4）甲方退休。甲方退休的，已解锁激励股权不做处理，未解锁激励股权作废。对未解锁部分的限制性股权由持股平台特定主体按本协议规定以与激励股权相应的××公司股票的市值进行回购。

（5）甲方丧失劳动能力而离职

① 甲方因工受伤、丧失劳动能力而离职的，已解锁激励股权不做处理，未解锁激励股权作废。对未解锁部分的限制性股权由持股平台特定主体按本协议规定以与激励股权相应的××公司股票的市值进行回购。

② 甲方非因工受伤、丧失劳动能力而离职的，已解锁激励股权不做处理，未解锁激励股权作废，对未解锁部分的限制性股权由持股平台特定主体按本协议规定以授予价格加上同期贷款基准利率计算的利息进行回购。

（6）甲方死亡。甲方死亡的，已解锁激励股权由法定继承人继承，未解锁激励股权作废，对未解锁部分的限制性股权由持股平台特定主体按本协议规定以授予价格加上同期贷款基准利率计算的利息进行回购，回购金额由法定继承人继承。甲方因工死亡的，××公司董事会可以根据个人贡献程度决定追加现金补偿。

（7）甲方所在子公司发生控制权变更。甲方在××公司控股子公司任职的，若××公司失去对该子公司控制权，且甲方仍留在未控股的子公司任职的，已解锁激励股权不做处理，未解锁激励股权作废。对未解锁部分的限制性股权由持股平台特定主体按本协议规定以与激励股权相应的××公司股票的市值进行回购。

3.其他情况

若本协议授予的限制性股权满足规定的解锁条件，但解锁时××公司股价较草案公告时下跌幅度较大，继续实施当期激励计划丧失了预期的激励效果，为了消除业绩达标但公司股价下跌带来的负面影响，则××公司董事会可以决定终止该期激励计划，所有甲方考核当年可解锁的激励股权均不得解锁，对前述激励股权由持股平台特定主体按本协议规定以授予价格加上同期贷款基准利率计算的利息进行回购。

其他未说明的情况由××公司董事会认定，并确定其处理方式。

第九条　激励股权的回购原则

（1）按本协议规定应由持股平台特定主体回购激励股权的，若授权日后××公司发生送红股、公积金转增股本或配股等改变激励对象获授之激励股权数量的情况，应当按照调整后的数量对激励对象获授的激励股权进行回购；根据本协议需对回购价格、回购数量进行调整的，由××公司董事会制定具体调整方案，董事会根据所制定的调整方案调整回购数量或回购价格后，应及时公告。因其他原因需要调整激励股权回购数量或回购价格的，应经董事会做出决议并经股东大会审议批准。

（2）按本协议规定出现须由持股平台特定主体回购激励股权的，特定主体按如下优先顺序确定。

① 由持股平台普通合伙人_____或其指定的第三人进行回购。

② 由持股平台除上述普通合伙人_____以外的其他有限合伙人进行回购。

③ 如以上途径均无法实现回购，则由持股平台出售相关激励股权所对应换算的××公司股票后，以减少持股平台出资总额的方式回收注销有关激励股权。

第十条　其他问题

（1）甲方承诺了解××公司有效实施的与限制性股权有关的各项制度、计划、方案、协议和决议（以下简称"规章制度"，包括但不限于《激励计划》），甲方将遵守上述规章制度；并且，本协议书生效后，××公司根据实际情况和监管部门的要求就激励股权制定或/和更新的各项规章制度，甲方均予以确认并遵照执行。

（2）甲方承诺，在股权激励过程中所提供的资料真实、有效，并对其承担全部法律责任。

第十一条 协议的终止

（1）甲方违反本协议的有关约定，违反《激励计划》，违反与本次股权激励相关的规章制度，或者违反有关的法规、规章及规范性文件的，乙方有权根据××公司的指示单方面终止本协议而无须承担任何责任。

（2）当出现《激励计划》、与本次股权激励相关的规章制度规定的本次股权激励终止的情形时，乙方有权立即单方面终止本协议而无须承担任何责任。

第十二条 争议的解决

本协议未尽事宜，按照《激励计划》或与本次股权激励相关的规章制度的有关规定执行。前述文件中均未涉及的部分，按照国家有关法规、规章、规范性文件和公平合理的原则解决。

各方对于本协议执行过程中发生的争议应协商解决；协商未果的，可以向××公司所在地的人民法院提起诉讼。

第十三条 生效

本协议一式三份，甲、乙两方各执一份，××公司留存一份，各份具有同等法律效力，协议自以下条件全部成就之日起生效。

（1）本协议经甲乙两方签署。

（2）甲乙双方重新签署新的《劳动合同》《知识产权保护和保密合同》及《竞业禁止协议》。

（3）本次股权激励经××公司董事会审议通过，股东大会批准通过。

（4）××公司本次股权激励计划经有权主管部门的批准（如有）。

前述各项条件的最晚成就日为本协议生效日。

签署和确认：

甲方：（签字）　　　　　　　　　　乙方：（签字）

_____年____月____日　　　　　　_____年____月____日

【范本】▶▶▶

非上市公司股权激励协议书（限制性股权）

甲方　　　　　　　　　　　　　乙方

名称：××市××有限公司　　　　×××

法人：×××　　　　　　　　　　身份证号码：××××××××

地址：××市××工业区××栋　　　身份证地址：×××××××××

电话：×××－××××××××　　　现住址：××××××××××

传真：×××－××××××××　　　联系电话：×××××××××

根据《合同法》和《××股份有限公司股权激励制度》的有关规定，本着自愿、公平、平等互利、诚实信用的原则，甲乙双方就以下有关事项达成如下协议。

1.本协议书的前提条件

（1）乙方在＿＿＿＿年＿＿月＿＿日前的职位为甲方公司总经理之职。

（2）在＿＿＿＿年1月1日至＿＿＿＿年12月31日期间，乙方的职位为甲方公司×××总经理之职。若不能同时满足以上2个条款，则本协议失效。

2.限制性股份的考核与授予

（1）由甲方的薪酬委员会按照《×××公司××××年度股权激励计划》中的要求对乙方进行考核，并根据考核结果授予乙方相应的限制性股份数量。

（2）如果乙方考核合格，甲方在考核结束后30天内发出《限制性股份确认通知书》。

（3）乙方在接到《限制性股份确认通知书》后30天内，按照《限制性股份确认通知书》规定支付定金。逾期不支付，视为乙方放弃《股权确认通知书》中通知的限制性股份。

3.限制性股份的权利与限制

（1）本协议的限制性股份的锁定期为5年，期间为＿＿＿＿年1月1日至＿＿＿＿年12月31日。

（2）乙方持有的限制性股份在锁定期间享有与注册股相同的分红权益。

（3）乙方持有限制性股份锁定期间不得转让、出售、交换、记账、质押、偿还债务。

（4）当甲方发生送红股、转增股份、配股和向新老股东增发新股等影响甲方股本的行为时，乙方所持有的限制股根据《××股份有限公司股权激励制度》进行相应调整。

（5）若在锁定期内公司上市，公司将提前通知乙方行权，将乙方的限制性股份转为公司注册股。行权价格以《限制性股份确认通知书》中规定或董事会规定为准。

4.本协议书的终止

（1）在本合同有效期内，凡发生下列事由（包括但不限于），自情况核实之日起即丧失激励资格、考核资格、取消剩余分红，情节严重的，公司依法追究其赔偿责任并有权给予行政处分，行政处分包括但不限于停止参与公司一切激励计划、取消职位资格甚至除名。构成犯罪的，移送司法机关追究刑事责任。

①因不能胜任工作岗位、违背职业道德、失职渎职等行为严重损害公司利益或声誉而导致的降职。

② 公司有足够的证据证明乙方在任职期间，由于受贿索贿、贪污盗窃、泄漏公司经营和技术秘密、损害公司声誉等行为，给公司造成损失的。

③ 开设相同或相近的业务公司。

④ 自行离职或被公司辞退。

⑤ 伤残、丧失行为能力、死亡。

⑥ 违反公司章程、公司管理制度、保密制度等其他行为。

⑦ 违反国家法律法规并被刑事处罚的其他行为。

（2）在拥有限制性股份锁定期间，无论何种原因离开公司的，甲方将无条件收回乙方的限制性股份。

5.行权

（1）行权期。本协议中的限制性股份的行权期为_____年1月15日至_____年1月31日。

（2）行权价格以《限制性股份确认通知书》中规定为准。

（3）行权权利选择

① 乙方若不想长期持有，公司可以回购其股份，价格根据现净资产的比例支付或协商谈判。

② 乙方希望长期持有，则甲方为其注册，成为公司的正式股东，享有股东的一切权利。

6.退出机制

（1）在公司上市及风投进入前，若持股人退股：若公司亏损，被激励对象需按比例弥补亏损部分；若公司盈利，公司原价收回。

（2）若风投进入公司后，持股人退股，公司按原价的150%收回。

（3）如上市后持股人退股，由持股人进入股市进行交易。

7.其他事项

（1）甲乙双方根据相关税务法律的有关规定承担与本协议相关的纳税义务。

（2）本协议是公司内部管理行为。甲乙双方签订协议并不意味着乙方同时获得公司对其持续雇佣的任何承诺。乙方与本公司的劳动关系，依照《劳动法》以及与公司签订的劳动合同办理。

（3）乙方未经甲方许可，不能擅自将本协议的有关内容透露给其他人员。如有该现象发生，甲方有权废止本协议并收回所授予的股份。

8.争议与法律纠纷的处理

（1）甲乙双方发生争议时。《××有限公司股权激励管理制度》已涉及的内容，按《××有限公司股权激励管理制度》及相关规章制度的有关规定解决。

《××有限公司股权激励管理制度》未涉及的部分，按照甲方《股权激励计划》及相关规章解决。

公司制度未涉及的部分，按照相关法律和公平合理原则解决。

（2）乙方违反《××有限公司股权激励管理制度》的有关约定，违反甲方关于激励计划中的规章制度或者国家法律政策，甲方有权视具体情况通知乙方，终止与乙方的激励协议而不需承担任何责任。乙方在协议书规定的有效期内的任何时候，均可通知甲方终止股权协议，但不得附任何条件。若因此给甲方造成损失，乙方应承担赔偿损失的责任。

（3）甲乙双方因履行本协议或与本协议有关的所有纠纷应首先以友好协商方式解决，如双方无法通过协商解决的，任何一方可将争议提交甲方所在地人民法院解决。

9.本协议经甲乙双方签字盖章后生效。本协议一式两份，双方各执一份，两份具有同等法律效力。

甲方盖章：法人代表签字：　　　　　　乙方签字：

日期：_____年___月___日　　　　日期：_____年___月___日

【范本】▶▶▶

业绩股票激励协议书

甲方：（公司）　　　　　　　　　　乙方：（激励对象）

法定代表人：　　　　　　　　　　　身份证号：

根据《××公司业绩股权激励方案》和《××公司业绩股权激励实施细则》的有关规定，按照甲方股东大会（董事会）的有关决议，就甲方赠予乙方业绩股票订立如下协议。

一、资格

乙方自_____年___月___日起在甲方服务，现担任_____一职，属于公司（高级管理人员/中层管理干部/业务技术骨干/特殊人才），经甲方薪酬委员会按照甲方《××公司业绩股权激励方案》和《××公司业绩股权激励实施细则》的有关规定进行评定，确认乙方具有被赠予业绩股权的资格。

二、业绩股权的赠予

在本协议签署后____个工作日内，甲方赠予乙方公司股权，并颁发《××公司赠予业绩股权证书》。

三、行权

（1）乙方持有的业绩股票自赠予之日起锁定两年后进入行权期。

（2）乙方在三年行权期中，第一年行权____%，第二年行权____%，第三年行权____%。乙方可在行权期结束前，把每一行权期的可行权数量依次向后叠加，但必须在第三年即第三次行权时行权完毕。

（3）甲方原则上提倡到期按时行权而不叠加。

（4）乙方自可以行权日到下一行权日，除了在《××公司业绩股票激励方案》

中规定的每年1月1日至年度报告公告日；每年4月1日至一季度报告公告日；每年7月1日至中期报告公告日；每年10月1日至三季度报告公司日；公司分红、转增、配股或增发时的公告日至股权登记日；重大信息披露前后五个交易日，其余日期都可以作为乙方的行权变现日。

（5）行权价为行权当日股票价的平均。

（6）当甲方发生送股、转增、配股、增发新股等影响公司总股本数量的情况时，乙方所持有的业绩股票所对应的业绩股票数量按比例作相应的调整，但涉及配股、增发需要认购的，其认购款由公司封顶预留基金中列支，不足时乙方自行支付。

（7）乙方需行权时，必须在行权日前5天内将业绩股票行权申请书和个人有效身份证复印件交给××公司董事会薪酬委员会，并由薪酬委员会统计核准后进行行权。

（8）乙方作为受益人，接受董事会薪酬委员会的通知，领取业绩股票行权变现所得。

四、乙方持有的业绩股票依法享有股东权利。

五、乙方持有的业绩股票不得以任何形式转让、出售、交换、计账、抵押、担保、偿还债务等，甲方可以根据实际情况，部分或全部取消从事上述行为的业绩股票获得人以后年度业绩股票赠予资格或延长其行权期。

六、业绩股票的赠予、行权变现的终止或冻结

（1）当乙方因个人原因被辞退、解雇、离职时；当乙方严重失职、渎职、被判定刑事责任时；当乙方由于索贿、受贿、泄漏甲方技术秘密（包括在正常离职后的约定时期）、损害甲方声誉等行为给甲方造成损失时，甲方均有权通过董事会薪酬委员会按照《××公司业绩股票激励方案》和《××公司业绩股票激励实施细则》的有关规定，决定乙方以后年度业绩股票赠予的取消和行权变现的终止、冻结。

（2）当甲方发生合并、分立、购并、减资等情况时，甲方有权根据具体的情况决定乙方持有的业绩股票提前加速行权变现、终止或冻结。

七、甲方出现以下情况时，乙方持有的业绩股票未行权变现部分必须终止行权并冻结。

（1）因经营亏损导致停牌、破产或解散的；

（2）出现重大违法、违规行为；

（3）股东大会作出特别决议的。

八、乙方指定××为乙方的继承人，继承人情况如下。

性别：

身份证号码：

通信地址：

电话：

说明事项：

九、聘用关系

甲方与乙方签署本合同不构成甲方对乙方聘用关系的承诺，甲方对乙方的聘用

关系仍按照双方劳动合同的有关约定执行。

十、承诺

（1）甲方对于赠予乙方的业绩股票行权变现将遵守承诺，除非出现《××公司业绩股票激励方案》和《××公司业绩股票激励实施细则》中规定的情况，不得无故终止乙方行使变现的权利和冻结乙方所持有的业绩股票，不得终止本合同。

（2）甲方有义务向乙方提供有关本次业绩股票激励计划的实施情况、实施细则和管理办法。乙方必须了解甲方关于本次业绩股票激励计划的有关规定。

（3）乙方承诺：在本合同及业绩股票激励计划实施中所提供的资料均真实有效，并对其承担全部法律责任。

（4）乙方承诺：依法承担业绩股票激励计划实施中的纳税义务。

十一、声明

甲方本次业绩股票激励计划如果得不到股东大会审议通过，或受到有关证券监管部门的强力干预，或者在实施的过程中遇到有关法律、政策等的变化，导致甲方无法履行本协议的，甲方不负任何责任。

十二、合同的终止

乙方违反本合同的有关规定，违反甲方关于业绩股票激励的规章制度或者国家有关的法律和政策，甲方有权视具体情况通知乙方终止本合同而不需承担任何责任。

十三、争议的解决

合同中有约定的按照约定进行解决，本合同未约定的按照甲方关于本次业绩股票激励计划中的相关规章制度的有关规定进行解决。均未涉及的部分，按照国家有关法律和公平合理的原则解决。

甲、乙双方对于本合同执行过程中发生的争议应协商解决；协商未果的，可以向有管辖权的人民法院提起诉讼。

十四、其他

本合同经过双方协商后可以增加补充协议，补充协议的内容为本合同的一部分，具有同等的法律效力。

本合同生效后，甲方根据实际情况和管理部门的要求，对本次业绩股票激励计划所制定的新的规章制度适用于本合同，乙方应该遵照执行。

本合同有效期自＿＿＿＿年＿＿月＿＿日始至＿＿＿＿年＿＿月＿＿日止。

本合同一式两份，甲、乙双方各执一份，具有同等法律效力，合同自双方签字盖章之日起生效。

甲方：（盖章）   乙方：（签字）

法人代表：（签字）

签订日期：＿＿＿＿年＿＿月＿＿日

3.3.2.3 《激励对象承诺书》

一般而言，企业会要求激励对象签署承诺书。《承诺书》包括以下内容。

（1）遵守国家法律、法规的要求。

（2）遵从股权激励计划的规则，以及制定的各项规章制度。

（3）接受董事会及其薪酬委员会下达的绩效考核指标和绩效考核办法。

（4）接受董事会及其薪酬委员会按照《考核办法》对激励对象进行考核，并接受考核结果。

（5）接受根据绩效考核结果确定的，激励对象有权实现的股权激励标的数量。

（6）按照股权激励计划方案确定的行权方式、行权时间。

（7）承诺在公司的服务年限等。

------【范本】▶▶▶--

股权激励承诺书

××市×××有限公司：

　　本人：＿＿＿＿＿＿，身份证号：＿＿＿＿＿＿＿＿＿＿＿＿，联系电话：＿＿＿＿＿＿＿＿，

联系地址：＿＿＿＿＿＿＿＿＿＿＿＿＿＿＿＿＿＿＿＿，

　　现签署劳动合同与就职单位：＿＿＿＿＿＿＿＿＿＿＿＿＿＿＿＿＿＿＿＿＿

　　紧急联系人：＿＿＿＿＿＿，紧急联系人联系方式：＿＿＿＿＿＿＿＿＿＿＿＿＿。

　　为了寻求与公司共同发展，为公司的发展贡献自己的力量，本人自愿参与公司推行的股权激励计划。于此，本人郑重作出如下承诺并保证。

　　（1）本人作为公司正式员工，必须遵守国家法律、法规与公司制度，同时愿意接受本次激励计划的有关规定。

　　（2）承诺绝对不发生直接或间接拥有管理、经营、控制与本公司所从事业务相类似或相竞争业务的行为。

　　（3）保证有关投入公司的资产（包括技术等无形资产）不存在任何类型或性质的抵押、质押、债务或其他形式的第三方权利。

　　（4）保证不存在任何未经披露的与任何第三方合作投资情形，也未为投资之目的充当任何第三方受托人或代理人。

　　（5）如果本人行权中及行权后公司正筹划上市，为确保公司上市后的持续经营，本人保证任职至公司上市且公司上市后的3年内不离职，并保证在离职后3年内不从事与本人在公司工作期间完全相同的业务经营活动，无论何时也不泄露原任职期间掌握的公司商业秘密。

　　（6）本人同意在上述要求时限内除不可抗力外的任何原因在公司离职，未行权的激励计划自动终止，并将直接或间接已持有的公司股权全部以不高于取得价格的条件返还。

（7）如有违反国家法律法规或公司制度行为被公司开除，本人承诺放弃公司给予的所有分红权激励所产生的一切收益，如果已经持有公司股权，则将本人直接或间接持有的公司全部股权无条件返还。

（8）任职期间，本人保证维护公司正当权益，如存在职务侵占、受贿、从事与本公司（包括分支机构）经营范围相同的经营活动、泄露商业秘密的行为的，本人愿意支付十倍于实际损失的违约金，同时愿意接受公司对于本人的行政处罚甚至开除处理。

（9）本人保证在上述承诺期内所持激励权利不存在出售、转让、对外担保、质押或设置其他第三方权利等行为，否则，本人愿意由公司无条件无偿收回。

（10）本人保证不向第三方透露公司对本人激励的任何情况。

以上表述为本人真实意愿的体现。

承诺人：_____年____月____日

3.3.2.4　股权激励计划法律意见书

《法律意见书》是上市公司实施股权激励计划申请证监会备案和股东大会审议时，必备的一份法律文件。对于非上市公司，如果其股东人数比较多，一般也需要律师出具法律意见书。《法律意见书》的组织结构在形式上与其他专项法律意见书一致，一般由首部、主文和结尾组成。如图3-2所示。

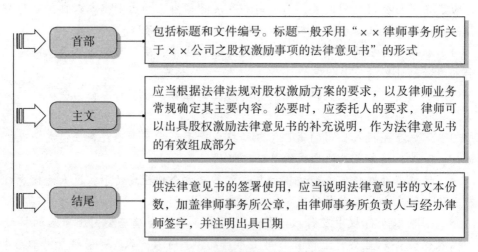

首部	包括标题和文件编号。标题一般采用"××律师事务所关于××公司之股权激励事项的法律意见书"的形式
主文	应当根据法律法规对股权激励方案的要求，以及律师业务常规确定其主要内容。必要时，应委托人的要求，律师可以出具股权激励法律意见书的补充说明，作为法律意见书的有效组成部分
结尾	供法律意见书的签署使用，应当说明法律意见书的文本份数，加盖律师事务所公章，由律师事务所负责人与经办律师签字，并注明出具日期

图3-2　《法律意见书》的组织结构

专业律师起草《法律意见书》时，应注意以下问题。

（1）应对拟实施股权激励的企业进行法律尽职调查，并核实、查证股权激励方案内容。

（2）专业律师对股权激励方案出具法律意见的，应当依法对相关法律问题发表明确的结论性意见。如对于企业的特殊问题专业律师虽已勤勉尽责，但仍然不能做出明确判断，或者已经明确向企业表示不同观点的，应当发表保留意见。

（3）对股权激励方案出具的法律意见书，应当符合法律、法规的规定和要求。出具法律意见书时，应当注意适用法律、法规的准确性，正确处理法律法规的效力和冲突问题，使用司法解释或法理以及规范性政策文件作为依据时应当作出适当说明。

（4）应当在法律意见书中声明：非经律师事务所及签字律师同意，不得将法律意见书用于股权激励事项以外的其他目的或用途。

（5）上市公司聘请的专业律师对股权激励计划出具法律意见书，至少对以下事项发表专业意见。

① 股权激励计划是否符合《上市公司股权激励管理办法》的规定。

② 股权激励计划是否已经履行了法定程序。

③ 上市公司是否已经履行了信息披露义务。

④ 股权激励计划是否存在明显损害上市公司及全体股东利益和违反有关法律、法规的情形。

⑤ 其他应当说明的事项。

专业律师对股权激励方案出具的法律意见书，作为上市公司申请实施股权激励计划所必备的法律文件之一，随其他申报材料一起上报证监会及其他有关政府部门，专业律师及其所属律师事务所应对法律意见书的合法性和有效性依法承担相应责任。

3.3.3 非上市企业与上市企业股权激励方案设计不同之处

非上市企业与上市企业在股权激励方案设计方面，有些共有的要素和共同的方案流程，可是按照这二者在受监管方面、激励模式等方面也有着较多的不同之处。

3.3.3.1 监管律例不同

上市企业作为公家公司，不仅其财政状况公开化，其激励方案受相关律例的监管也较为严酷，有新《公司法》《上市公司股权激励管理办法》，假如是国有控股公司，还受到《国有控股上市企业（境内/外）实施股权激励试行办法》的监督和管制，其激励方案（计划）较为透明。而非上市企业的股权激励方案以新《公司法》为主，其他方面律例不多。

3.3.3.2 激励模式不同

上市企业受到相关律例的规定，其激励形式以期权、限制性股票和股票增值权为主。而非上市企业的股权激励模式，不局限于上述形式的限制，还包括分红权、虚拟股票、账面价值增值权、业绩股票、股份期权、储蓄介入股票等。

3.3.3.3 股票额度不同

上市公司股票定价与非上市公司股票定价有着不同，上市企业因为相关律例规定得清清楚楚、市场化和透明度较高，因而垄断性能较强。非上市企业股权激励中的股票定价，则往往由内部股东大会决定，透明度较低，定价垄断性能较弱，需要聘请专业机构协作完成，通常参照每股净资产，进行平价、折扣或溢价出售。

3.3.3.4　业绩方针设置不同

无论是限制性股票还是业绩股票，一般都在激励计划的授予或者解锁方面附带必然的业绩目标，再按照这些业绩目标的达成来决定被激励对象是否有权被授予或有权行权。在业绩目标前提设置方面有着较多的不同。上市企业一般被激励对象的业绩目标设置多以EVA（经济增添值）、净资产收益率、每股收益率等为主，而非上市公司一般激励授予前提相对比较简单直接，以营业收进和利润率为主。

3.4　实施股权激励

实施股权激励的流程如图3-3所示。

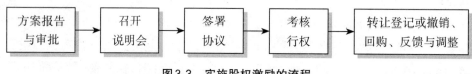

图3-3　实施股权激励的流程

3.4.1　方案报告与审批

股权激励方案及考核条件起草完毕，还需要股东会或董事会决议通过。之所以由股东会通过，是因为涉及实际股份变更的激励方案中，需要进行增资或原股东出让部分股份，将来激励对象会成为新股东加入股东会，并且将办理公司章程的修改，办理工商变更登记，依据《公司法》的要求，没有股东会的决议是无法完成的。在不涉及实际股份变更的激励方案中，比如虚拟股票制下，则不需要股东层面的决议，只需要公司管理层面的最高决策者通过即可。

3.4.2　召开说明会

股权激励方案决议通过后，最好安排一次方案说明会，且说明会最好由外部顾问进行。说明会的目的在于：股权激励中，股东或公司一般都出让了较大利益给激励对象，但激励对象不一定能完全理解。对大多数人来讲，股权激励是陌生的，每个基本概念都需要仔细解释，因此，说明会可以让激励对象清晰了解他可以获得的利益，真正起到激励效果；说明会对行权条件和考核要求进行说明，可以增加激励对象的信心，对获得股份具有更为清晰的预期；说明会可以让激励对象明白最终获得股权的条件是什么，指引他的努力方向，达到跟公司预期同步。

而由外部顾问进行说明，一是可以解释得更为专业清晰，二是身份较为中立，公司或股东让利的部分可以讲得更为客观可信。

3.4.3 签署协议

股权激励合同由公司与激励对象之间签订，应该包含股权激励方案的核心内容，约定公司与激励对象的权利和义务。约定的重要内容要尽量做到具体、明确、完整，以免产生歧义埋下纷争的种子。

股权激励实际上是激励方和激励对象达成的一种一定条件下利益让渡的协议安排，激励的方案内容要与每位激励对象形成书面约定才会产生最终约束力。有了协议，激励对象才会放心在满足条件后自己确实可以获得好处，同时在激励对象离职、违纪等情况下公司才有依据收回股份，以及在引入新投资者、进行新的激励时不会形成僵局。

公司可以举行隆重的股权授权仪式，以调动气氛，增加激励对象的信心和荣誉感。

公司应提前和激励对象沟通在举行仪式时签署合同的安排，事先准备好合同文本，如果合同有两页以上，公司应该在合同上加盖骑缝章，激励对象一定要用签字笔自己亲笔签字并写上签订日期。另外公司还应安排专业摄影师全程录像，记录这值得庆贺的精彩瞬间，也见证一下激励对象签字时的英姿。

3.4.4 考核行权

签署协议后，接下来会进入或长或短、或一次或几次的考核期。考核期结束，依据事前确定的考核指标和方案进行考核，确定激励对象是否有条件行权，有条件的，进行行权，无条件的，进行说明。

3.4.5 转让登记或撤销、回购

在实际取得股权的激励中，股权激励的最后结果，就是激励对象获得股份，办理登记，变为真正的股东。之后如有离职、违纪、死亡等特定情形出现，未行权的部分撤销，已行权的部分回购，回购之后重新办理股权登记，恢复到未行权以前的股份状态。

3.4.6 反馈与调整

股权激励不是一旦定下来就确定不变的东西，而是随着外部环境、国家政策、公司发展等不断调整的长期过程。调整的内容包括以下方面。

（1）对激励模式的调整。

（2）对持股方式的调整。

（3）对持股对象的调整。

（4）对持股数量的调整。

（5）对入股价格的调整。

（6）对考核期的调整。

（7）对资金来源的调整。

（8）对持股条件的调整。

3.5 股权激励的管理

3.5.1 公司内部治理结构的完善

企业实行股权激励，也意味着企业逐步由内部管理向公众治理转型、过渡，因而，在公司治理结构的设计方面，企业就需要不断完善。

在现代法人治理结构中，董事会是法人治理的核心，对于股东而言，董事会是受托者，接受股东的委托，实现股东对资产增值、保值的要求；对于经理层而言，董事会是委托者，授权经理人开展高速经营活动并对实施情况进行监督和控制，以实现经营目标。

基于董事会在法人治理结构中的核心地位，我们可以说董事会治理水平是整个公司法人治理结构水平的缩影，如果公司的董事会治理出现了问题，轻则影响公司经营效益，重则使公司陷入万劫不复之地。

在我国，基于董事会为核心的相应结构而设计的公司治理结构，有如下几点。

（1）股东大会。股东大会是公司的最高权力机关，它由全体股东组成，对公司重大事项进行决策，有权选任和解除董事，并对公司的经营管理有广泛的决定权。

（2）董事会。董事会是由董事组成的，对内掌管公司事务，对外代表公司的经营决策机构。董事会由股东大会选举，对股东大会负责。

（3）监事会。监事会是由股东大会选举的监事会以及由公司职工民主选举的监事组成的，也称公司监察委员会，是股份公司法定的必备监督机关，是在股东大会领导下，与董事会并列设置，对董事会和总经理行政管理系统行使监督权力的内部组织。

（4）薪酬委员会。薪酬委员会一般为公司董事会的常设专门委员会，由4～6名董事会任命的董事委员（大多数为独立董事）组成，通过薪酬委员会会议行使职权。薪酬委员会履行的主要职能有：评估经理绩效；制定和监督经理薪酬计划；制订员工退休金、利润分享等收益计划。

3.5.2 股权激励日常管理规范

一个股权激励计划好不好，能否发挥作用，除了取决于计划的精心设计外，更重要的是计划的实施。股权激励计划能否很好地激励员工，同时又能有效约束激励对象，达到预期效果，关键在于股权激励计划的管理是否到位。股权激励的日常管理可以以制度的形式加以规范。

3.5.3 股权激励信息的披露

（1）股东大会通知中的信息披露。
（2）授予时的信息披露。
（3）行权时的信息披露。
（4）年会中的信息披露。
（5）临时公告中的信息披露。

第四章　股权激励方案十大要素

股权激励的成功与否，受到很多要素的影响，每个要素对股权激励来说，都是不可或缺的。如果要真正使股权激励达到理想效果，在设计股权激励方案时必须要具备图4-1所示十大要素。

图4-1　股权激励方案十大要素

这十大关键要素的确立实际上是在充分考虑企业的自身状况的基础上，结合企业的行业属性、所处发展阶段、企业对股权激励的要求等多方面因素权衡的基础之上锤炼出来的股权激励的关键要素。任何一家企业，只要把握了这些要素，股权激励基本就成功了一半。

4.1　定目的

4.1.1　股权激励的目的

为什么要进行股权激励？在企业发展的不同阶段，股权激励的目的不同。一般来说，股权激励的目的和意义有以下几个。

4.1.1.1　提高业绩

对于员工来说，股权激励既是动力，又是压力，它可以促使员工对企业更加尽职尽责，使员工个人利益与公司利益休戚与共，自觉提高工作水平和效率，并减少短视行为，以提高业绩并形成良性循环。

4.1.1.2 降低成本压力

现金流和人才对企业发展来说至关重要，而几乎所有企业在初创期和发展期都面临着现金流和人才的巨大压力，导致企业无法给员工提供有竞争力的现金报酬，而解决这一问题的有效方法就是股权激励，通过持股经营和股份奖励，可以相应降低员工的现金报酬，从而降低创业成本。

4.1.1.3 回报老员工

老员工为企业开疆拓土，是企业发展的推动者和见证者，他们为企业的发展付出了大量的心血和精力，当企业"蛋糕"做大后，理应对他们进行回报。

4.1.1.4 吸引并留住人才

传统的薪酬模式已经越来越不能满足现代企业和人才的需求，而股权激励被实践证明是吸引和留住人才的最有效的手段，通过股权激励可以使员工和企业利益共享、风险共担，充分发挥员工的主观能动性。

4.1.2 如何确定股权激励的目的

股权激励的目的要明确，不应是赶潮流与模仿，目前有较多中小企业主认为股权激励能够有效激励员工，把自己企业没有做大做强的原因归集到没有做股权激励，草率地实施股权激励，反而达不到效果，因此中小企业主必须搞清公司做股权激励的目的是什么。

不同性质、不同规模的企业，或者同一企业处于不同的发展阶段，他们实施股权激励计划的目的是不一样的：有些企业为了吸引和留住对企业整体业绩和持续发展有直接影响的管理骨干和核心技术人员；有些企业是为了调动员工的工作积极性和潜力，为公司创造更大的价值；有些是为了回报老员工，使他们甘为人梯、扶持新人成长，有些或者是以上几个目的的综合。

具体到企业，应明确实施股权激励计划的目的，这是企业制订股权激励计划的第一要素，也是最重要的一步。明确了目的也就知道了激励计划所要达到的效果，接下来才能够据此选择合适的激励模式，确定相应的激励对象和实施程序。明确实施股权激励计划的目的，很有必要对公司及高管做充分的调研，其中包括高管的深度访谈、关键核心员工调研访谈、其他利益者的调研访谈，必要时借助于无记名的线上调研问卷。

在确定股权激励目的时要遵循图4-2所示原则。

原则一　为公司战略与业务发展服务

股权激励的核心在于激励未来，其激励的模式与方法要服务于公司发展战略，并且根据具体业务制定合适的激励模式及对应的考核方式

原则二　以公司业绩增长为前提

业绩的增长是激励的前提，但业绩不一定是净利润的增长为单一目标，可能会侧重合同订单的签署、销售额的增长，或者其他指标如用户的增长等

原则三　业绩导向为主同时兼顾稳定和吸引人才

关键核心人才是公司的核心竞争力，通过股权激励一方面需要激励人才，并且需要稳定人才及吸引外部人才的加盟。以股权激励方式的中长期激励，有助于培养公司人才的当家作主的企业文化，并且对于留住人才起到非常重要作用（跳槽及离职具有较大的机会成本）

原则四　激励与约束并重

做任何事情都要考虑周全，股权激励在注重激励的同时也是对激励对象的约束，拟激励对象签署股权激励协议后，可获得未来预期收益，也同时承担了公司业绩及个人业绩考核承诺及离职惩罚性约定的约束

原则五　激励实现梯度与差异化

这包括两个方面，一是公司做股权激励不是一次性做完就ok，也是通过这个激励制度持续地激励公司现有人员和未来引进人员，股权激励在公司层面最好通过多批次去实施，让后面的人有机会参与，进而提高激励性。二是针对激励的个人激励数量和规模应该根据岗位和业绩贡献大小拉开差距，而不是很多企业老板认为不好平衡这些老员工的分配就平均分配，在数量和规模的平均分配反而是最大的不公平，会挫败有贡献和能力的核心人才。正是因为分配的不公平导致很多企业股权激励做完后有不少核心高管的离职，正所谓应了"患不寡而患不均"古话

原则六　考虑与资本市场对接

股权核心价值在于其股权增值和兑现，公司的股权在进入资本市场后基本能实现较大的增值，我们设计股权激励方案需要充分考虑与资本市场对接，如成熟企业在IPO前股权激励需要重点考虑股权激励模式及股份支付的影响等

图4-2　确定股权激励目的的原则

【案例】▶▶▶

某企业的股权激励目的

本次股权激励的目的：

通过调研沟通、诊断分析，我们认为，××企业股权激励的主要目的有以下几个。

1 凝聚企业的核心初创人员，以"主人翁"的老板心态经营管理部门、门店，合伙将企业做大

2 吸引和保留优秀人才，鼓励经营经理者、核心骨干员工同心同德为公司长期服务，并共享企业发展的红利

3 有效地将公司利益、经营者个人利益结合起来，确保公司发展战略和经营目标的实现

4.2 定股权激励模式

股权激励的模式很多，我们在第2章已经介绍过股权激励模式，在此不多述。

4.2.1 影响激励模式确定的因素

股权激励的模式和工具在选择的时候需要根据企业内外部环境条件和所要激励的对象不同，结合各种激励模式的作用机理，充分关注股权激励中存在的问题，初步选择适合企业实际、有效的几种激励方法，以备筛选。具体到某家企业，应在详细研讨的基础上，综合考虑（但不局限）如下几种因素，选择激励模式。

（1）企业的性质。上市公司或非上市公司；股份公司或有限责任公司。

（2）激励对象。如果激励对象是经营者和高级管理者，可能期股、业绩股票和股票期权比较合适；如果激励对象是管理骨干和技术骨干等重要员工，可能选用限制性股票和业绩股票比较合适；如果激励对象是销售人员，业绩股票和延期支付是比较适合的方式。

（3）原有股东的意愿。

（4）公司未来的发展潜力。

（5）激励成本。

（6）激励和约束的平衡。

（7）未来资本运作需求。

如图4-3所示，可以总公司层面和子公司或事业部层面实施不同的激励方式。

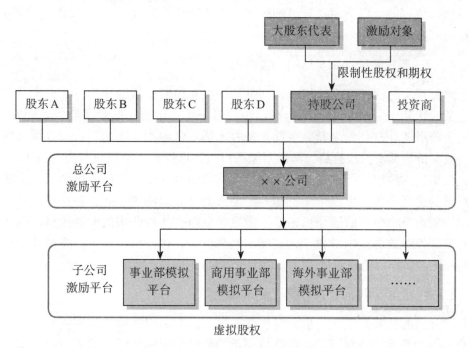

图4-3　总公司层面和子公司或事业部层面不同的激励方式

4.2.2　上市公司激励模式的选择因素

上市公司究竟采取哪种股权激励模式，取决于以下因素。

4.2.2.1　上市公司的财务现状

对于业绩奖励型限制性股票激励模式，上市公司需要每年提取奖励基金购买上市公司的股票以用于奖励给激励对象，在这种模式下，上市公司应当有相当的现金储备与未来可预期的充足的现金流，否则的话，实施业绩奖励型限制性股票股权激励模式将会给上市公司带来较大的现金支出压力，从而影响公司的运行。而采用公司定向增发取得激励标的的股票期权模式和折扣购股型股票期权模式，则会由于激励对象需要支付一定现金购买公司股票因而会带来上市公司资本金的增加，对公司的实际现金流量基本没有什么影响。

4.2.2.2　激励对象的范围

激励对象的不同，可供选择的股权激励的类型也不相同。在中外合资的上市公司以及一些跨国经营的上市公司中，具有外国国籍的高管不在少数，为了达到激励的公平性，这些具有外国国籍的高管也必须纳入股权激励计划的范围之内。但是，因为在中国的证券市场上，具有外国国籍的人员还不允许开设证券账户以持有上市公司的股票，所以无法采取股票期权的模式或者限制性股票的模式，因为这两种股权激励模式的实施都要求激励对象实际持有上市公司的股票，所以在这种情形下，上市公司应当采取股票增值权的上市公司股权激励模式，因为股票增值权的模式不需要激励对象实际持有上市公司的股票。

4.2.2.3　股权激励计划奖惩的力度考虑

上市公司实施股权激励计划，尤其是第一次实施股权激励计划，有很大一部分的考虑是奖励上市公司的创业元老，在这种情形下，上市公司适合实施股票期权计划，因为在实施股票期权计划之初，激励对象并不需要任何现金支出。在行权期限内，如果公司股票价格低于行权价格，激励对象可以放弃行权而不会带给激励对象任何损失，所以，股票期权的模式可以说是一种有奖无罚的激励模式；如果上市公司为了增加对激励对象的惩罚力度，可以采用折扣购股型限制性股票激励模式，在这种情形下，如果在解锁期内上市公司的股票价格低于激励对象以折扣价购买的股票价格，那么就会给持有限制性股票的激励对象带来实际的经济损失，在这种情形下，激励计划对激励对象的经济惩罚作用比较明显。

4.2.2.4　上市公司的公共形象

上市公司的公共形象往往也会对选择哪种形式的股权激励模式有影响。在上市公司已经有负面新闻的情况下，一定要慎用折扣购股型限制性股票的股权激励模式，因为在这种激励模式下，激励对象一般是在现有股票价格折扣50%的情形下购买的，而广大投资者是现价购买的公司股票，因而容易使投资者产生股权激励计划不公平，是一种利益输送的恶劣印象，尤其是当股权激励计划的解锁条件规定不严格的情况下，公司可以考虑采取股票期权模式的股权激励计划，在股票期权的模式下，激励对象的行权价格与股票现价相差无几，激励对象的收入来自未来股价与现在股价之间的价差收益，对广大投资者而言，股价上升其也会跟着受益，这是可以接受的，不会对公司负面的公共形象雪上加霜。

4.2.3　非上市公司的股权激励模式的选择

非上市公司的股权激励因为没有专门的法规予以规定，因此其设计和实施比较灵活，只要不违反公司法、合同法、劳动合同法等相关法律法规而且能达到企业的战略目的都可以实施。非上市公司在选择股权激励模式时，应主要考虑以下几个因素。

4.2.3.1　激励对象的人数

对于有限责任公司类型的非上市公司来说，如果预计的激励对象超过50人，那么因为公司法对有限责任公司有股东人数不超过50人的规定，公司则不适合采用认股权类型或者其他需要激励对象实际持有公司股份的股权激励计划，而应当采用利润分红型虚拟股权激励，或者账面价值增值权型虚拟股权激励，或者其他类型的虚拟股权激励。

对于股份有限公司类型的非上市公司来说，如果其预计的股权激励激励对象的人数超过200人，那么同样是因为公司法对股份有限公司股东人数不得超过200人的规定，此种情况下股份有限公司则可以采用各种类型的激励对象不需实际持股的虚拟股权激励，而不便采用实股性质的股权激励计划模式。

4.2.3.2　对现有股东的控制权的影响

如果非上市公司现有多个股东，而且各个股东之间的股权安排比较微妙，如果引入新的股权激励对象股东会导致原有股东之间股权设置的平衡，而且各股东不愿打破这种设置，那么，这种情况下，也需要采用虚拟股权性质的股权激励计划，而不是实股性质的股权激励计划。

例如，某有限责任公司，现有股东有甲乙丙三人，其中甲持有公司67%的出资额，乙丙合计持有公司33%的出资额，在这种情况下，即使是股东甲因为实施股权激励计划而出让了1%的股份，也会导致其失去对公司的绝对控股权，因此，在这种情况下，如果控股股东不想失去其对公司的控股权，最好是实施虚拟股权激励。

4.2.3.3　公司现有的经营状况和财务状况

如果企业本身财务困难，而且企业处于亏损状态，在这种情形下，员工往往对现有的工资和福利待遇更为看重，而不太指望未来的股份收益，在这种情形下，企业应实施具有福利补充性质的股权激励计划，例如岗位分红权，即在员工获得岗位分红股份的情形下不需要员工支付现金，这样在员工原来收入的基础上增加了其每年可得岗位股份分红收入，易于为员工所接受。在公司经营亏损的情况下不适合实施需要员工出资购买的股权激励计划，因为员工对公司前景有担忧，因此很难接受这种股权激励计划。如果企业的经济效益较好，发展很有前景，在这种情况下，即使实施需要员工出资购买的股权激励计划，以此增加公司的资本金，员工也很容易接受。

4.2.4　企业不同发展阶段的激励模式

一般而言，企业的发展分为初创期、发展期、成熟期和衰退期四个阶段。每一阶段企业的战略规划不一样，也会导致股权激励模式的选择以及股权激励计划激励对象的选择和范围。

4.2.4.1　初创期企业

企业初创期，缺的就是人才。这个时候最核心的是稳定优秀人才，让大家看到未来发展希望。这个时候可以运用核心合伙人参与利润分红方式（也叫干股）。创业型企业最开始需要人才，这个时候运用这种方式吸纳核心人才是一个好方法。创立伊始，公司几个核心合伙人有的以出资方式、有的以能力入股，当然对于股份的规定尤为重要。运用利润分红的干股形式，一方面吸引能人，另一方面稳定核心团队。比如技术偏重型公司可以以技术入股方式，这种股份一般是内部协议形式，以技术入股方式，这种股份没有投票权、表决权，只是享有一种分红性质。实际上，越来越多的科技型公司都在采用类似的股权分配方法。在初创期，公司对于怀揣技术的人员求贤若渴，老总们会通过各种方式招聘技术人员加盟。但出于对公司发展方向的考虑，他们是绝对不愿意出让经营权的——于是就有了这种"只分红，不参与经营的干股"。这种股份形式，主要用来凝聚团队，只要公司整体向好，员工的积极性是可以被充分调动的。就好比是一架前行的战车，在这个战车上，所有的员工需要"绑在一起"努力奋斗，而利润分红则是将团队绑在一起的"利益链条"。

4.2.4.2 发展期企业

发展期企业一般是指公司稍具规模、存在间接管理的公司。老板自己一个人看不过来了，需要设置一些职能部门，公司形成由上至下的管理方式。这个过程中，企业的员工激励显得尤为重要。因为随着间接管理越来越多，公司整体运营效率是不断下降的，各个部门之间的互相推诿、权责不分等现象逐级加大。为了抓起公司的整体运营效率，稳定中坚力量，股权激励是越来越多企业的选择。这个过程中，企业需分不同的发展形势来做股权激励。

4.2.4.3 成熟阶段企业

企业迈入成熟期后，有了稳定的客户群和营收，但是市场增长缓慢，竞争日趋激烈，生产能力过剩，价格战成为主要的竞争手段，降低成本成为企业的重点工作。在这种情况下，企业实施股权激励首先要达到的目标是稳定企业的现有管理人员和骨干人员，此时实施股权激励还要考虑到不能给企业带来太大的资金成本负担。为了达到上述目的，企业适合采用认股权的股权激励模式，限制性期股以及延期支付性质的股权激励。这几种模式都有利于企业将奖励性质的薪酬予以延期支付，可以使股权激励计划达到"金手铐"的留住人才的效果。

4.2.4.4 衰退时期企业

当企业进入衰退期后，销售明显下降，生产能力严重过剩，利润大幅度下降甚至持续亏损。在这种险恶的环境下，不论绩效好坏都面临着人员流失的局面。在这种情形下，企业应考虑到今后可能进行的裁员问题，但是企业要保留在关键岗位的关键人员，在这种情况下，企业适合实施岗位分红权的股权激励模式。

【案例】▶▶▶

华为股票激励模式的变迁

华为公司内部股权计划始于1990年，即华为成立三年之时，至今已实施了4次大型的股权激励计划。

1.创业期股票激励

创业期的华为一方面由于市场拓展和规模扩大需要大量资金，另一方面为了打压竞争者需要大量科研投入，加上当时民营企业的性质，出现了融资困难。因此，华为优先选择内部融资。内部融资不需要支付利息，存在较低的财务困境风险，不需要向外部股东支付较高的回报率，同时可以激发员工努力工作。

1990年，华为第一次提出内部融资、员工持股的概念。当时参股的价格为每股10元，以税后利润的15%作为股权分红。那时，华为员工的薪酬由工资、奖金和股票分红组成，这三部分数量几乎相当。其中股票是在员工进入公司一年以后，依据员工的职位、季度绩效、任职资格状况等因素进行派发，一般用员工的年度奖金购买。如果新员工的年度奖金不够派发的股票额，公司帮助员工获得银行贷款购买股权。

华为采取这种方式融资，一方面减少了公司现金流风险，另一方面增强了员工的归属感，稳住了创业团队。也就是在这个阶段，华为完成了"农村包围城市"的战略任务，1995年销售收益达到15亿元人民币，1998年将市场拓展到中国主要城市，2000年在瑞典首都斯德哥尔摩设立研发中心，海外市场销售额达到1亿美元。

2. 网络经济泡沫时期的股权激励

2000年网络经济泡沫时期，IT业受到毁灭性影响，融资出现空前困难。2001年底，由于受到网络经济泡沫的影响，华为迎来发展历史上的第一个冬天，此时华为开始实行名为"虚拟受限股"的期权改革。

虚拟股票是指公司授予激励对象一种虚拟的股票，激励对象可以据此享受一定数量的分红权和股价升值权，但是没有所有权，没有表决权，不能转让和出售，在离开企业时自动失效。虚拟股票的发行维护了华为公司管理层对企业的控制能力，不至于导致一系列的管理问题。

华为公司还实施了以下一系列新的股权激励政策。

（1）新员工不再派发长期不变一元一股的股票。

（2）老员工的股票也逐渐转化为期股。

（3）以后员工从期权中获得收益的大头不再是固定的分红，而是期股所对应的公司净资产的增值部分。

期权比股票的方式更为合理，华为规定根据公司的评价体系，员工获得一定额度的期权，期权的行使期限为4年，每年兑现额度为1/4，即假设某人在2001年获得100万股，当年股价为1元/每股，其在2002年后逐年可选择以下四种方式行使期权。

① 兑现差价（假设2002年股价上升为2元，则可获利25万元）。

② 以1元/每股的价格购买股票。

③ 留滞以后兑现。

④ 放弃（即什么都不做）。

从固定股票分红向"虚拟受限股"的改革是华为激励机制从"普惠"原则向

"重点激励"的转变。下调应届毕业生底薪，拉开员工之间的收入差距即是此种转变的反映。

3.非典时期的自愿降薪运动

2003年，尚未挺过泡沫经济的华为又遭受SRAS的重创，出口市场受到影响，同时和思科之间存在的产权官司直接影响华为的全球市场。华为内部以运动的形式号召公司中层以上员工自愿提交"降薪申请"，同时进一步实施管理层收购，稳住员工队伍，共同渡过难关。

2003年的这次配股与华为以前每年例行的配股方式有以下三个明显差别。

一是：配股额度很大，平均接近员工已有股票的总和。

二是：兑现方式不同，往年积累的配股即使不离开公司也可以选择每年按一定比例兑现，一般员工每年兑现的比例最大不超过个人总股本的1/4，对于持股股份较多的核心员工每年可以兑现的比例则不超过1/10。

三是：股权向核心层倾斜，即骨干员工获得配股额度大大超过普通员工。

此次配股规定了一个3年的锁定期，3年内不允许兑现，如果员工在3年之内离开公司的话则所配的股票无效。华为同时也为员工购买虚拟股权采取了一些配套的措施：员工本人只需要拿出所需资金的15%，其余部分由公司出面，以银行贷款的方式解决。自此改革之后，华为实现了销售业绩和净利润的突飞猛涨。

4.新一轮经济危机时期的激励措施

2008年，由于美国次贷危机引发的全球经济危机给世界经济发展造成重大损失。

面对本次经济危机的冲击和经济形势的恶化，华为又推出新一轮的股权激励措施。2008年12月，华为推出"配股"公告，此次配股的股票价格为每股4.04元，年利率逾6%，涉及范围几乎包括了所有在华为工作时间一年以上的员工。

由于这次配股属于"饱和配股"，即不同工作级别匹配不同的持股量，比如级别为13级的员工，持股上限为2万股，14级为5万股。大部分在华为总部的老员工，由于持股已达到其级别持股量的上限，并没有参与这次配股。之前有业内人士估计，华为的内部股在2006年时约有20亿股。

按照上述规模预计，此次的配股规模在16亿～17亿股，因此是对华为内部员工持股结构的一次大规模改造。这次的配股方式与以往类似，如果员工没有足够的资金实力直接用现金向公司购买股票，华为以公司名义向银行提供担保，帮助员工购买公司股份。

华为公司的股权激励历程说明，股权激励可以将员工的人力资本与企业的未来发展紧密联系起来，形成一个良性的循环体系。员工获得股权，参与公司分红，实现公司发展和员工个人财富的增值，同时与股权激励同步的内部融资，可以增加公司的资本比例，缓冲公司现金流紧张的局面。

【案例】▶▶▶

某公司股权激励模式

通过对贵公司的了解，我们认为，贵公司目前处于企业的初创期发展阶段；核心骨干团队组建时间较短，并且成熟度较差；目前公司原有薪酬体系与股权激励的匹配度一般；再基于贵公司治理层面的考量，本次股权激励计划将选用以下股权模式。

1.分红股股票

分红股是指股东不必实际出资，就能占有公司一定比例股份份额的股份，俗称"干股"。

本次股权激励以贵公司控股的门店作为激励平台，设置分红股。激励对象依照《股权激励计划协议书》规定，满足条件即可获取分红股。

激励对象通过持有分红股，并未取得法律意义上的公司股东资格，不享有《中华人民共和国公司法》所规定的查阅权、利润分配权、投票权、资产收益权、参与重大决策权、选择管理者权等股东权益，但享有《股权激励计划协议书》所规定的权益，取得同公司共同成长的资格，并根据本制度以"虚拟分红"的方式获得奖金。

2.虚拟股股票

虚拟股是指公司授予激励对象一种虚拟的股票，激励对象可以据此享受一定数量的分红权和股价升值收益，但没有所有权，没有表决权，不能转让和出售，在离开企业时自动失效。

本次股权激励以贵公司作为激励平台，设置虚拟股。激励对象依照公司《股权激励计划协议书》规定，满足条件即可获取虚拟股。

激励对象通过持有虚拟股，并未取得法律意义上的公司股东资格，不享有《中华人民共和国公司法》所规定的查阅权、利润分配权、投票权、资产收益权、参与重大决策权、选择管理者权等股东权益，但享有公司《股权激励计划协议书》所规定的权益，取得同公司共同成长的资格，并根据本制度以"虚拟分红"的方式获得奖金。

4.3　定激励计划中的时间

定时间就是确定激励计划中的时间安排，包括：股权授予日、有效期、等待期、可行权日及禁售期等。通常，股权授予日与获授股权首次可以行权日之间的间隔不得少于1年，并且需要分期行权。

如果选择股票期权作为激励工具，建议行权期原则上不得少于2年，行权有效期不得低于3年，有效期内匀速行权。如果公司有上市计划还要注意考核期限的设置不要与上市计划有冲突，在上市前都要将期权计划结束。

企业应该根据法律规定、激励中的约束及管理的需要，制定相应的时间表。

4.3.1 股权激励计划的有效期

股权激励计划的有效期是指股权激励计划从经过股东大会或者中国证券监督管理委员会审批生效，直至该激励计划涉及的最后一批激励标的股份（股票）行权或者解锁完毕、股权激励计划终止的期间。

在企业涉及股权激励计划的有效期时，要考虑到以下因素。

4.3.1.1 有效期设置应当与企业阶段性项目或者阶段性目标完成所需要的时限相一致

如果企业设计的阶段性战略目标计划的年限是5年，那么，股权激励计划的有效期可以设置为5年或者6年，这种设置可以使公司判断激励对象的努力是否达到了阶段战略目标要求，这个股权激励计划也就更与公司的发展策略紧密相关。假如股权激励计划的有效期为4年或者3年，那么，企业就会在不知激励对象能否最终完成阶段性战略目标的前提下把股权激励标的行权完毕，这显然不利于企业阶段性战略目标计划的完成。

4.3.1.2 股权激励计划的有效期设置应当遵守法律的强制性规定

上市公司股权激励计划的有效期，目前法律规定最短不得低于1年，从授权日开始计算不得超过10年。对于非上市公司而言，法律没有对其有效期进行强制性规定，因此股权激励计划的有效期应根据企业的实际情况确定，一般会在3年至8年之内。

4.3.1.3 股权激励计划的有效期设置应当不超过激励对象劳动合同的有效期

股权激励计划得以有效实施的前提是激励对象应当为企业所聘任的员工，而劳动合同一般都是有有效期的，股权激励计划的有效期应该不超过大多数激励对象的劳动合同的有效期，以避免激励对象劳动合同期限已满，而仍处于激励计划的有效期内的情形。对于少数激励对象的劳动合同期限剩余有效期太短的，企业应及时根据股权激励计划的有效期设置对其予以延长。

4.3.2 股权激励计划的授权日（授予日）

股权激励计划的授权日是激励对象实际获得授权（股票期权、限制性股票或者虚拟股权）的日期，是股权激励的实施方履行股权激励计划而为激励对象所接受的重要时点，在决定等待期、行权期以及股权激励计划的失效期时，一般是以股权激励计划的授权日为起算点，而不是以股权激励计划的生效日为起算点。

股权激励计划的生效日一般是指非上市公司股东大会审议通过之日，或者上市公司报中国证监会备案且中国证监会无异议，公司股东大会审议通过之日。而授权日是在股东大会通过后再召开董事会由企业董事会制定的一个具体日期，可见，授权日应当在生效日之后。对上市公司而言，自公司股东大会审议通过股权激励计划之日起30日内，公司应该按相关规定召开董事会对激励对象进行授权，并完成登记、公告等相关程序。因此，授权日应在生效日之后的30日内确定。

4.3.2.1　上市公司

对于上市公司而言，授权日必须是交易日，且不能是下列日期。

（1）上市公司定期报告公布前30日。

（2）重大交易或重大事项决定过程中至该事项公告后2个交易日。

（3）其他可能影响股价的重大事件发生之日起至公告后2个交易日。

4.3.2.2　非上市公司

对于非上市公司而言，不存在交易日与非交易日的区别，在分批集中对股权激励对象集中授权的前提下，授权日的确定应考虑以下因素。

（1）授权日应当是工作日，在非工作日授权会引起不必要的麻烦。

（2）授权日与企业考核日期相适应，最好在考核日期之后或者之前。

（3）授权日与企业战略目标的起始日相一致，这样会使企业的战略目标与股权激励计划在时间的安排上相对应。

4.3.2.3　滚动性地授予股权激励标的情况

在对具体激励对象滚动性地授予股权激励标的的前提下，可以防止激励对象到期一次性套现获利出局，同时又可以使得股权激励对象不时地获得股权激励的收益，从而形成有效的股权激励机制。在此种激励模式下，具体授权日的确定可以参考图4-4所示日期。

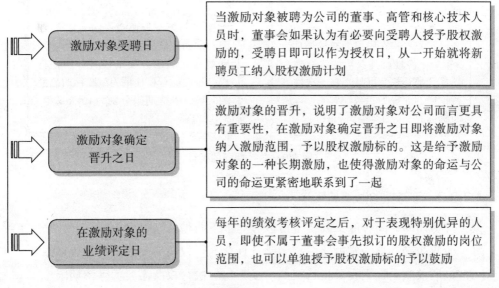

图4-4

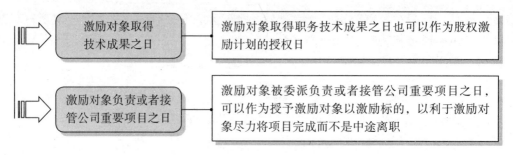

图4-4 滚动性地授予股权激励标的情况下的授权日

4.3.3 股权激励计划的等待期

股权激励计划的等待期是指激励对象获得股权激励标的之后，需要等待一段时间，达到一系列事前约定的约束条件，才可以实际获得对激励股份或者激励标的的完全处分权。这一段等待的时限就叫做股权激励计划的等待期。

股权激励计划需要确定的等待期限，分为两个方面：一个是等待期限的类型，另一个是等待期限的时间长度。

4.3.3.1 等待期限的类型

股权激励计划有两种等待期限的类型，如图4-5所示。

一次性等待期限	分次等待期限
如果股权激励计划授予激励对象在一次性的等待期满后，可以行使全部权利，那么就是一次性等待期限。例如，某一股票期权计划约定激励对象有权在股票期权授予日起3年后一次性就其获得的股权激励总额全部行权。可见，在一次性等待期限的前提下，激励对象可以就激励标的一次性地全部行权	如果股权激励计划授予激励对象分批行权、分次获得激励标的的完全处分权，那么在这种情况下设置的股权激励计划的等待期限就是分次等待期限。例如，某一股票期权计划约定激励对象在满足行权条件时分四批行权，每次的行权比例为激励标的的总额的25%，等待期限分别为1年、2年、3年和4年

图4-5 等待期限的类型

4.3.3.2 等待期的时间长度

关于等待期的时间长度，其实也可以分为以下两种。

（1）股权激励计划约定的该股权激励计划全部行权所需要的最长等待期限。

（2）该股权激励计划在分批行权的前提下每一次行权所需要的等待期限。

股权激励计划的等待期的时间长度并不是随意设定的，也不是单纯的耗费时间的延期支付，而是要求激励对象在这段时间内达到约定的业绩目标。因此，股权激励计划等待期的长短实际上与激励对象为完成业绩目标所需要的时间是密切相关的。一般而言，最长等待期限一般应该和公司阶段性战略目标的完成时间相一致，而最短的和分批行权所间隔的股权激励计划的等待期，一般不低于1年。对于上市公司股权激励计划的等待期而言，股票期权激励计划的等待期是指股票期权授权日与首次可以行权日之间的间隔，等待期不得短于1年。

4.3.3.3　等待期的起算

等待期的起算一般是以股权激励计划的授权日为起算点，例如，苏宁电器在其2010年股票期权股权激励计划中对等待期有下述规定：

第一个行权期可行权股票期权的等待期为授权日起的12个月；

第二个行权期可行权股票期权的等待期为授权日起的24个月；

第三个行权期可行权股票期权的等待期为授权日起的36个月；

第四个行权期可行权股票期权的等待期为授权日起的48个月。

4.3.4　股权激励计划的可行权日与行权窗口期

股权激励计划的可行权日是指等待期满次日起至股权激励计划有效期满当日止的可以行权的期间。

4.3.4.1　上市公司

对于上市公司而言，可行权日是等待期满次日起至股权激励计划有效期满当日止的期间之日，公司定期报告公布后第2个交易日起至下一次定期报告公布前10个交易日内的所有交易日，但不得在下列期间内行权。

（1）业绩预告、业绩快报公告前10日至公告后2个交易日内。

（2）重大交易或重大事项决定过程中至该事项公告后2个交易日。

（3）其他可能影响股价的重大事件发生之日起至公告后2个交易日。

4.3.4.2　非上市公司

从理论上而言，非上市公司可行权日也是指等待期满次日起至股权激励计划有效期满当日止的可以行权的期间内的所有日期，但是鉴于非上市公司的激励对象获得股权均需要到工商登记部门予以注册，如果激励对象不能在一段时间集中行权则会导致办理工商股权登记特别烦琐。公司可以在可行权日期内专门设立一小段时间为每年的行权窗口期，例如每年12月份为行权窗口期，激励对象获得行权权利后应该在行权窗口期内统一行权，以避免不必要的麻烦。

一般而言，激励兑现必须在股权激励计划有效期内行权完毕。有效期过后，已授出但尚未行权的激励标的不得行权，未行权的该部分激励标的由公司按规定注销或者予以回购。

4.3.5 股权激励计划的禁售期

4.3.5.1 何谓禁售期

禁售期又称强制持有期，是指激励对象在行权后必须在一定时期内持有该激励标的，不得转让、出售。禁售期主要是为了防止激励对象以损害公司利益为代价抛售激励标的进行短期套利行为。

4.3.5.2 设计股权激励计划方案的禁售期应考虑的因素

在设计股权激励计划方案的禁售期时，一般应考虑以下因素。

（1）禁售期的规定应该符合法律法规对激励对象禁售的相关规定。激励对象转让其持有的激励标的，应当符合《公司法》《证券法》《证券交易所股票上市规则》、法律法规和规范性文件的规定。

① 对于上市公司而言，激励对象为公司董事、其他高级管理人员，每年转让其所持有的公司股票不得超过其所持有的公司股票总数的25%；在离任信息申报之日6个月内，不得转让其所持有的全部公司股票；在离任信息申报之日起6个月后的12个月内通过证券交易所挂牌交易出售股票数量占其所持有的本公司股票总数的比例不得超过50%。

② 对于非上市公司而言，除非公司章程有限制性规定，激励对象可以自由转让其所有的股票。

（2）公司战略目标实现的需要。如果公司的战略目标的实现需要较长的时间，例如8年到10年，那么，对激励对象的禁售期可以予以延长，以免激励对象进行套利出售后离开公司。在这种情况下，对于激励对象的延长禁售期的具体规定应该体现在以下四个文件中。

①《股权激励计划方案》。

②《激励对象的承诺书》。

③《公司章程》。

④《员工的劳动合同》。

（3）禁售期限的合理性。激励对象的禁售期如果得到了合法的延长，这种延长应当尊重员工的意见，注重其内在合理性，以避免激励对象对计划的不予认可或者认为不公平。因为禁售期后的绩效如出现较大的波动，可能会损害激励对象的利益，使员工原本可以实现的利益落空。

【案例】▶▶▶

某公司关于股权激励计划中的时间安排

某公司关于股权激励计划中的时间安排如下。

有效期：本计划的有效期为4年，自股东大会审议通过本计划之日起算，本计划的存续期届满后自行终止，也可经股东大会审议批准或根据相关法律法规的规定提前终止或延长。

授权日：在本计划报公司股东大会审议通过，且满足授予条件成立后的30日内由公司董事会确定授予日并对激励对象进行授予，并完成登记、公告等相关程序。

等待期：等待期为授权日到首次可以行权日之间的间隔，本次股权激励计划激励对象获授的股票期权等待期根据公司上市时间确定，在等待期内不可以行权。

窗口期：本计划设3个行权窗口期，分别为自公司股票上市之日起第13个月、第25个月、第37个月，在符合行权条件的前提下，公司受理行权申请。

锁定期：本计划授予的限制性股票自公司股票上市流通之日起24个月内分两期解锁，即上市满12个月时解锁50%，届满24个月时解锁50%。

禁售期：激励对象为公司董事、高级管理人员的，其在任职期间每年转让的股份不得超过其所持有本公司股份总数的25%；在离职后半年内，不得转让其所持有的本公司股份；申报离任六个月后的十二个月内通过证券交易所挂牌出售本公司股份占其所持公司股份总数比例不得超过50%。

4.4　定来源

股票来源和资金来源是股权激励时必须考虑的基础问题。

4.4.1　上市公司的股票来源和资金来源

4.4.1.1　股票来源

关于股权激励标的的来源，《上市公司股权激励管理办法》（试行）规定：拟实行股权激励计划的上市公司，可以根据本公司实际情况，通过图4-6所示方式解决标的股票来源。

图4-6　股票的来源方式

在目前的上市公司实行股票期权的股权激励实践中，较多使用的方法是向激励对象定向增发股份，这种方式不需要增加公司的现金支出压力，而且行权后公司的资本金还会有一定程度的增加，这是上市公司采取此种方式解决标的股票来源的主要原因。

根据《股权激励有关事项备忘录2》的规定，上市公司股东不得直接向激励对象赠予（或转让）股份。股东拟提供股份的，应当先将股份赠予（或转让）上市公司，并视为上市公司以零价格（或特定价格）向这部分股东定向回购股份。然后，按照经证监会备案无异议的股权激励计划，由上市公司将股份授予激励对象。上市公司对回购股份的授予应符合《公司法》第143条的规定，即必须在一年内将回购股份授予激励对象。

上市公司如无特殊原因，原则上不得预留股份。确有需要预留股份的，预留比例不得超过本次股权激励计划拟授予权益数量的10%。

4.4.1.2 资金来源

（1）股票期权或者折价购股型限制性股票的股权激励模式。如果上市公司采用的股票期权或者折价购股型限制性股票的股权激励模式，在这两种模式中，股权激励的标的是增量，是上市公司进行定向增发后取得的股权激励标的股票。在此种情况下，激励对象必须自己筹集购股资金，根据相关法规规定，上市公司不得为激励对象筹集购股资金提供资助或者为激励对象的借款提供担保。同时，在定向增发的模式下，上市公司提取的激励基金也不得用于资助激励对象购买限制性股票或者行使股票期权。

（2）折扣购股型限制性股票的股权激励模式。如果上市公司采用的是折扣购股型限制性股票的股权激励模式，即股权激励的标的股票是存量，根据《股权激励有关事项备忘录1》的规定，上市公司在符合现行法律法规、会计准则，并遵守公司章程及相关议事规程的条件下可以提取激励基金，用于从二级市场上回购本公司股票用于股权激励。根据《公司法》规定，公司回购的股份总额不得超过本公司已发行股份总额的5%；用于收购的资金应当从公司的税后利润中支出：所收购的股份应当在一年内转让给职工。

4.4.2 非上市公司股权激励的股票来源和资金来源

4.4.2.1 股票来源

对于非上市有限责任公司而言，其不能通过回购公司的股份来用于股权激励。因此只能有以下两种途径取得股权。如图4-7所示。

原有股东转让部分股权

在存在多人股东的情况下，以此种方式获得股权来源涉及所有原有股东按持股比例转让还是只由控股股东转让的问题，对此，各公司应根据自己公司的实际情况予以确定

增资扩股

公司经过股东大会2/3以上持股股东决议同意后，采用增资扩股的方式进行股权激励，行权后公司进行注册资本的变更，这种方式可以扩大注册资本金的规模，是较好地解决股权激励标的来源的方式

图4-7 非上市公司股权激励的股票来源

对于非上市股份有限公司而言，其除了可以采用原有股东转让以及增资扩股取得股权激励的标的股份之外，其还可以通过回购本公司股份的方式取得奖励给本公司职工的激励股份。但是因为要进行股权激励而收购本公司股份的，应当经过股东大会的决议。根据《公司法》规定，公司回购的股份总额不得超过本公司已发行股份总额的5%。

4.4.2.2　资金来源

非上市公司激励对象取得股权激励标的因没有法律的强制性规定，所以其资金来源有多种途径，一般而言，激励对象购买股权激励激励标的的资金来源有图4-8所示几种。

激励对象自筹资金

在非上市公司按注册资本金或者每股净资产的一定优惠折扣授予激励对象激励标的股份时，一般要求激励对象自筹资金购买公司股份，因为公司已经在授予其激励标的股份时已经进行了一定的折让

从激励对象的工资或者奖金中扣除

在很多情形下，激励对象不愿掏腰包购股，公司可以考虑从其工资或者奖金中扣除一部分，作为购买股权激励激励标的的资金，当然，在公司采取这种方式实施股权激励计划时，要取得激励对象的同意

公司或者股东借款给激励对象或者为激励对象的借款提供担保

在非上市公司中，法律并不限制公司或者股东借款给激励对象或者为激励对象的借款提供担保，以便于激励对象购买股份，所以也可以采取这种方式作为激励对象筹集资金的方式

图4-8　非上市公司激励对象购买股权的资金来源

4.5　定对象

股权激励方案设计过程中，企业和员工最为关心的问题是：哪些员工能够被激励?

4.5.1　股权激励对象的范围

股权激励的对象应是在公司具有战略价值的核心人才，核心人才是指拥有关键技术或拥有关键资源或支撑企业核心能力或掌握核心业务的人员。公司在激励对象选择

层面需要把握宁缺毋滥的原则，对少数重点关键人才进行激励。

公司核心人才一般包括高管、技术类核心人才、营销类人才等，如图4-9所示，应根据公司行业属性和公司具体岗位重要性做具体化区分。

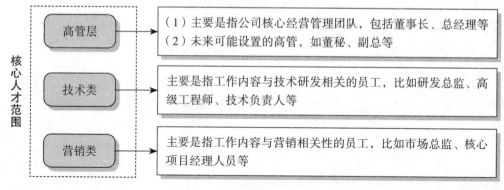

图4-9　公司核心人才的范围

4.5.2　股权激励对象确定的原则

公司在推行股权激励计划中，应遵循以下三项原则来确定激励对象。

4.5.2.1　价值原则

这里的"价值"是指激励对象对公司的价值，既包括过去的价值，也包括未来的价值，并且后者所占权重更大一些。价值原则是由股权激励目的决定的。以下是某企业确定的股权激励目的。

（1）进一步完善公司治理结构，建立、健全公司长效激励机制。

（2）吸引和留住优秀人才，建立和完善股东与核心骨干员工之间的利益共享机制。

（3）为有潜力、有志向的年轻员工提供更好的发展机会和更大的发展空间，逐步实现奋发向上、人才辈出的景象。

（4）有效地将股东利益、公司利益和经营者个人利益结合在一起，激励与约束并重，提升企业"软实力"，促进愿景目标的实现，并给公司、股东、核心骨干员工带来更高效、更持久的回报。

可以看出，企业推进股权激励的目的，不仅仅是授予激励对象更高的回报。给予激励对象更高回报的目的是进一步调动他们的积极性，激发他们的潜能，从而创造更好的业绩，给公司、股东带来更高、更持久的价值，从而实现激励对象、企业、股东三方的价值共赢。

要真正评估激励对象的价值，可以从两个角度入手：一是业绩考评，这是对结果进行评估，以结果为导向，这是一种很有说服力的价值评估办法。二是岗位评估，这是对岗位价值的评估。岗位评估是对企业各个岗位的相对价值进行衡量的过程。在岗位评估过程中，首先，应根据预先确定的评估标准，对评估要素进行赋值；其次，以评估要素对岗位进行评定、估值；最后，得出各岗位价值。在下一节，我们会讲解岗位评估的常见方法，即岗位评估排序法和岗位评估因素评分法。

4.5.2.2 划分标准的刚性原则

鉴于价值评估难以做到精确，在实际操作过程中，实施股权激励的企业往往需要确定多个刚性标准来对人员进行划分。那么，这个标准怎么来定就涉及大家的切身利益问题，我们认为较常出现的问题是标准有二义性，不够明确，从不同的角度有不同的理解。比如，"认同公司价值观"就是一个必要的但不刚性的标准，我们难以获得全面的例证来说明激励对象都认同公司价值观，更难获得例证来证明其他人不认同公司价值观，并且不认同公司价值观几乎是一个很严重的"政治性"问题。再如，"担任团队负责人"也是一个带有二义性的标准，总经理是团队负责人，部门经理也是，项目经理在项目存续期间也是。那么极端的情况是，项目经理A由于项目刚结束不符合这个标准，而项目经理B由于项目还在存续期间就符合这个标准。如果项目经理A在能力、贡献方面都超过项目经理B，则会导致项目经理A不服气，甚至受伤害，认为公司制定的规则不公平。

在实践中，有一些标准是刚性的，只要标准确定下来，可否划入激励对象范围便一目了然。比如，司龄3年（含）以上，离退休返聘人员不是激励对象，公司现有股东不是激励对象等，这些都是刚性标准，不会有二义性。如果公司能够建立明确的职位体系和任职资格体系，也可将标准确定为职级多少级及以上人员。

4.5.2.3 未来人员规划原则

公司推行的股权激励计划往往不是一次性的，不是说赶上了就有、没赶上就没有。一般来说，股东应同时考虑当下和未来3～5年的激励计划。在确立激励对象时，也要有前瞻性，应依据公司经营发展规划，明确未来3～5年的人员规划，并为未来人员规划中可能新进的激励对象预留激励股份。比如，假如未来3～5年公司营业收入翻一倍，人员增长500人，将新设"战略发展中心"和"投融资中心"，预计新增符合现有激励对象标准的人员将有20人。那么现在就应做好这20人进入激励对象范围的准备，并为这20人预留必要的激励股份。

上市公司中也有类似的规定，比如"上市公司在推出股权激励计划时，可以设置预留权益，预留比例不得超过本次股权激励计划拟授予权益数量的20%"。不过由于上市公司的特殊性，要求"上市公司应当在股权激励计划经股东大会审议通过后12个月内明确预留权益的授予对象；超过12个月未明确激励对象的，预留权益失效"。而非上市公司在这一方面的规定就非常灵活，在推进股权激励计划时，就可以考虑更长期的人员需求，也能更方便地追加激励对象和激励股份，再一次实施股权激励计划。

4.5.3 股权激励对象的评估

企业可以利用企业人才模型，从人员的岗位价值、人员的素质能力水平和人员对公司的历史贡献三个角度进行评价。其中岗位价值是评估最重要的因素，建议占比

50%，素质能力代表未来给公司做贡献的可能性，建议占比30%，历史贡献也需要考虑，不要让老员工心寒，也是给现在员工做出榜样，注重历史的贡献，建议占比20%。如图4-10所示。

岗位价值	素质能力	历史贡献
员工的一部分价值要通过其所处的岗位价值来体现，明确股权激励前提下岗位人员评价要素，评价岗位的价值，进而评价岗位上的员工价值	员工素质能力水平的高低，即表示他目前为公司创造的价值，也是对他未来发展潜力的预期	是对老员工成绩的肯定，同时也是起到为新员工树立典范的作用，让新员工看到，只要为公司发展做出贡献，就会得到公司发展带来的收益
50%	30%	20%

图4-10　股权激励对象的评估因素

具体到评估工具可用打分制进行数量化衡量，如表4-1所示。

表4-1　评估因素的评估标准

维度	序号	因素名称	因素权重	因素含义
岗位价值50%	1	战略影响	15%	岗位所能够影响到的战略层面和程度
	2	管理责任	15%	岗位在管理和监督方面承担的责任大小
	3	工作复杂性	10%	岗位工作中所面临问题的复杂性
	4	工作创造性	10%	岗位在解决问题时所需要的创造能力
素质能力30%	5	专业知识能力	10%	员工所具有的专业知识能力的广度和深度
	6	领导管理能力	10%	员工所具有的领导管理能力水平
	7	沟通影响能力	10%	员工所具有的沟通及影响他人能力水平
历史贡献20%	8	销售业绩贡献	7%	员工以往对销售业绩的贡献大小
	9	技术进步贡献	7%	员工以往对技术进步的贡献大小
	10	管理改进贡献	6%	员工以往对管理改进的贡献大小

拟定分数标准，人才价值分数得分高于该分数标准的人员可以进入股权激励计划，成为激励对象，如图4-11所示。

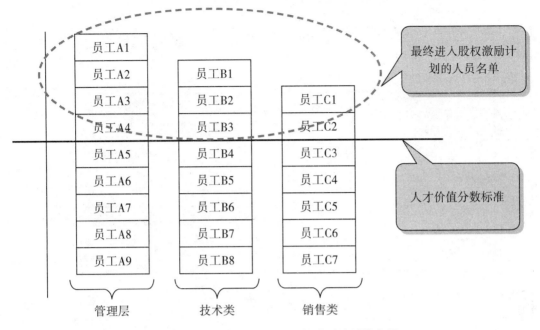

图4-11　以分数来确定进入股权激励计划的人员

4.5.4　不同行业股权激励对象的确定方法

4.5.4.1　家族企业的定人方法

家族企业股权激励的对象包括七种人，如图4-12所示。

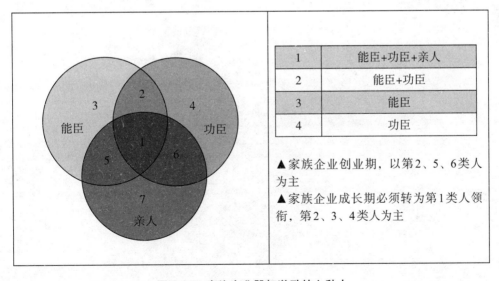

图4-12　家族企业股权激励的七种人

七种人中的区分：能臣，按照职务高低来划分；功臣，则靠感觉好坏来区分，亲人以血缘远近和创业贡献来区分。七种人股权激励的特征如表4-2所示。

表4-2　七种人股权激励的特征

	种类	措施
1	能臣＋功臣＋亲人	● 都有创业股，原则上不参与激励
2	能臣＋功臣	● 给期权，主要按职务，以能为主 ● 功劳很大，但功劳股不能大于能力股
3	能臣	● 能臣的使用决定了公司的长远发展，要大量吸引 ● 此类人很重要，按照职务给 ● 能臣要分类，如分成现在很有能力的能臣、潜力型的能臣等
4	功臣	● 功臣一般都是踏踏实实，文化水平不高 ● 主要是近期和现金激励，以福利、荣誉和安定为主 ● 要有功臣提升计划，把功臣变成能臣
5	能臣＋亲人	● 原则上是按照职务激励＋亲情补贴 ● 如果有可能，亲情股大于职务股
6	功臣＋亲人	● 原则上没有职务股，但有亲情股
7	亲人	● 没有职务股，但有亲情股

4.5.4.2　制造企业的定人方法

制造企业的定人方法如图4-13所示。

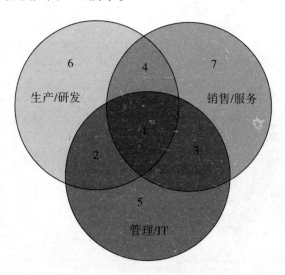

图4-13　制造企业的定人区分图

（1）1区（管理＋生产＋销售重合区）。管理、生产和销售重合区是股权激励的重点，包括：总经理、销售副总、管理副总、财务副总、技术副总、生产副总、市场副总、技术研发中心等。这部分工作不好用绩效考核的方式来实现，并且对公司的发展非常重要。

（2）2、3、4区为局部重合区。2区：管理＋生产重合区，如质检、生产统计等；3区：管理＋销售重合区，如客户管理、IT系统等；4区：生产＋销售重合区，如售后服务等。对于传统企业而言，重点和难点是判断2、3、4区域究竟应该用什么样的方式激励更有效率。

如果2、3、4区域的工作容易量化，用薪酬和绩效考核更有效率，就不需要做股权激励。如果2、3、4区域的工作不好量化，那么就需要用股权激励。

（3）5、6、7区非重合区。非重合区一般不需要股权激励。

5区（管理）：用薪酬和绩效解决，不需要股权激励；

6区（生产）：生产工人采用工资＋计件提成，不需要股权激励。

7区（销售）：公司的业务人员采用工资＋销售提成，不需要做股权激励。

4.5.4.3　高科技企业的定人方法

高科技企业是以人力资本、知识资本为核心资源的企业，具有高风险、高投入、高成长、经营灵活等特点，这些内在的特性决定了高科技企业较之其他类型的企业更适合推行股权激励机制。

因科技企业强调科研和创新，其持股对象除高管外，一般为科技人员，这些科技人员是科技企业的关键，因此科技人员是科技企业激励的重点。

由于科技人员的绩效一般需要通过较长时间才能显现，而当他们的科研成果出来后对整个公司的发展有重大影响，因此科技人员的激励一般采用期权的方式。

4.5.4.4　连锁企业的定人方法

连锁企业的股权激励分为总部管理人员和连锁店核心人员两部分。总部管理人员的定人方法可参考家族企业和制造企业的分类方法。

连锁企业的典型特征是单店的管理问题，针对不同的连锁行业应该有不同的股权激励政策。很多连锁企业的店长职位级别较低，薪资待遇也不高，是否将单店核心人员纳入股权激励的范围，主要是通过评价店长及其他核心对一个店的管理、销售的作用是多大。

【案例】▶▶▶

某企业股权激励的对象

1.股权激励对象的确定依据

股权激励对象的确定依据如下图所示。

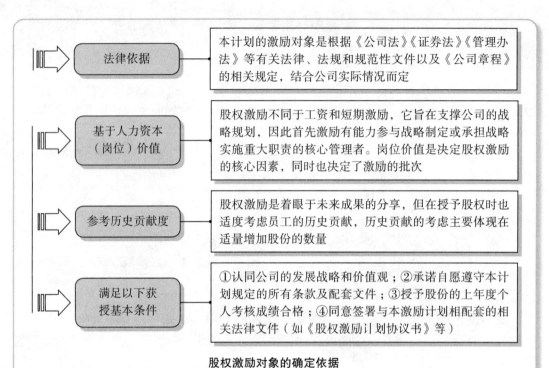

股权激励对象的确定依据

2.××公司股权激励的对象

通过岗位价值评估、以往个人创造价值评估结果的综合评价，我们认为，××公司本次股权激励的主要岗位为如下表所示

股权激励的主要岗位

序号	岗位	评估得分	任职人员
1	总经理	632.04	赵××
2	采购部经理	541.60	江××
3	直营部经理	439.08	罗××
4	渠道部经理	412.68	彭××
5	店长	359.00	公司正式店长
6	综合部主管	316.20	刘××
7	后勤部主管	309.12	张××
8	财务部主管	398.88	杨××

3.激励对象的核实

本计划经执行董事审议通过后，公司在内部公示激励对象的姓名和职务，公示期不少于10天。

经公司执行董事调整的激励对象名单，亦应在公司内部公示，公示期不少于10天。

企业一般可分为初创期、发展期、成熟期和衰退期4个阶段，而在企业发展的不同阶段，激励对象的重心也应有所不同。

4.6　定价格

股权是否需要花钱购买，这取决于股票的属性。一般来说，股票分为实股和虚拟股，实股、注册股是必须花钱购买的，而虚拟股是公司赠予的，不需要花钱购买。

如果需要花钱购买股票，股票用什么方式作价，价值如何？上市公司股权激励计划的行权价格有相应的股票价格进行参照，而非上市公司在制订股权激励计划时，其行权价格的确定没有相应的股票市场价格作为定价基础，通常采用的方法是对企业的价值进行专业的评估，以确定企业每股的内在价值，并以此作为股权行权价与出售价格的基础。

-----【范本】▶▶▶ --

某企业股票期权行权价格及其确定方法

一、行权价格

本次激励计划授予的股票期权（含预留股票期权）的行权价格为每股17.51元。

二、行权价格的确定方法

股票期权（含预留股票期权）的行权价格不低于股票票面金额，且不低于下列价格较高者。

（1）本激励计划公告前1个交易日公司股票交易均价（前1个交易日股票交易总额/前1个交易日股票交易总量），为每股17.51元。

（2）本激励计划公告前60个交易日的公司股票交易均价（前60个交易日股票交易总额/前60个交易日股票交易总量），为每股16.21元。

4.7　定数量

4.7.1　数量的内涵

这里的数量包括股权激励的总量和个量。企业的股本、薪酬规划、留存的股权数量、其他福利待遇都是影响激励总量的关键因素。一般来说，企业进行股权激励时，要保障原有股东对公司的控制权，并根据薪酬水平及留存股票的最高额度确定股权激励总量。而单个激励额度的确定，需要参照国家相关法律法规的要求，利用价值评估工具对激励对象的贡献进行评估，并平衡股权激励对象的收入结构，从而确定每个激励对象可以获得的股权激励数量。

特别提示

　　总量不是个量的简单加总，个量不是总量的简单分配，量的确定是个双向过程，关系股权激励效果与成败。

4.7.2　股权激励的总量确定

4.7.2.1　股权激励的总量确定方法

股权激励的总量确定方法有两种，如图4-14所示。

直接确定一个比例

根据企业自身特点、目前的估值水平、CEO的分享精神、同行竞争对手的激励水平等因素来确定股权激励的总量。根据业界通常的比例为10% ~ 30%，15%是个中间值

以员工总薪酬水平为基数来确定股权激励总量

具体为：股权激励总价值=年度总薪金支出 × 系数，其中系数可根据行业实践和企业自身情况来决定。采用股权激励总量与员工总体薪酬水平挂钩的方式，使企业在股权激励的应用上有较大的灵活性，同时又保证了激励总量与企业的发展同步扩大

图4-14　股权激励的总量确定方法

4.7.2.2　影响股权激励总量的确定因素

股权激励总量的确定需要考虑以下因素。

（1）总量确定与大股东控制力的关系；总量确定与公司引入战略投资人、上市的关系，要保证大股东对公司的控制权。

（2）企业规模大小。公司规模越大、发展阶段越高，持股比例越小，反之则持股比例越大。

（3）业绩目标的设立（需要多大的激励额度）。

（4）波动风险的预防（业绩好与不好）。

（5）总量需要部分考虑预留未来新进或新晋升员工。

特别提示

确定总量时要考虑动态股权激励。

（1）不要一次性分配确定。

（2）根据公司发展历史阶段、未来人才需求、行业变化情况来逐年分次释放股权。

（3）避免过度激励，过度稀释股权。

4.7.3　股权激励个量的确定

（1）激励的原则不仅考虑公司发展和行业特点，还需要考虑激励对象的中长期薪酬比例。如图4-15所示。

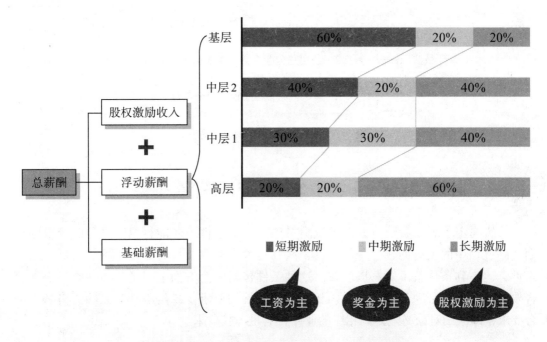

图4-15　股权激励要考虑激励对象的中长期薪酬比例

（2）股权激励个量的确定方法有三种，如图4-16所示。企业处于初创期，人数较少，建议直接判断法，简单明了；企业处于成熟期，人数较多，可以考虑用分配系数法，通过数据的测算有助于确保公平公正。

（3）个人股权激励数量的的确定，需要考虑未来预留的数量，并且充分考虑分批次给予。

（4）核心经营团队激励数量不少于激励总额的60%，第一责任人不少于激励总额的20%。

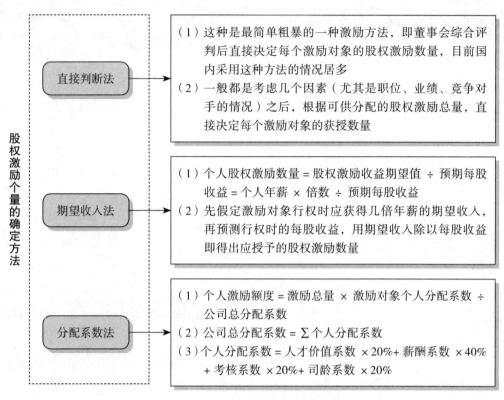

图4-16 股权激励个量的确定方法

4.8 定进入机制——授予条件、行权条件

虽然确定了股权激励对象，但激励对象在什么条件下才能行权？这是股权激励计划实施过程中的关键问题。一般来说，激励对象在获取股权时必须达到或满足一定的条件，达不到条件就不能获取股权。这种条件包括两个方面：一是公司的资格必须符合要求，即公司必须符合股权激励相关法律法规的要求；二是激励对象的资格必须符合要求，即激励对象必须达到相应的业绩，满足考核要求。

4.8.1 上市公司实施股权激励计划的授予条件与行权条件

4.8.1.1 上市公司实施股权激励计划的授予条件

（1）公司未发生下列任一情形即符合实施股权激励计划的法定主体资格要求。

① 最近一个会计年度的财务会计报告被注册会计师出具否定意见或者无法表示意见的审计报告。

② 最近1年内因重大违法违规行为被中国证监会予以行政处罚。

③ 中国证监会认定的不能实行股权激励计划的其他情形。

（2）激励对象未发生下列任一情形即符合实施股权激励计划的法定获授条件。

① 最近3年内被交易所公开谴责或宣布为不适当人选的。

② 最近3年内因重大违法违规行为被中国证监会予以行政处罚的。

③ 具有《公司法》规定的不得担任公司董事、监事、高级管理人员情形的。

股权激励计划的行权条件实际上是对股权激励计划所要达到的绩效的考核条件，这种绩效考核分为两类：一类是对激励对象的绩效考核；另一类是对公司的经营业绩考核。股权激励计划的行权条件，体现了公司股东即投资人的意志，是公司股东对授予股权激励标的后的预期回报要求；是所谓的股权激励的触发门槛；是因管理层的超凡努力为股东获得超额回报的标准。

4.8.1.2　上市公司股权激励计划的行权条件

对于上市公司而言，上市公司股权激励计划的行权条件中最基本的一条是激励对象和实施股权激励计划的上市公司在行权条件达成时，仍需要符合激励对象和实施股权激励计划的上市公司各自的获授条件。

激励对象要达到行权条件，除了要符合激励对象的获授条件以外，公司会一般要求激励对象在行权的上一年度根据《公司股权激励计划实施考核办法》绩效考核合格或者良好。上市公司实施股权激励计划的行权条件（考核业绩条件），根据《上市公司股权激励管理办法》规定，上市公司根据自身情况，可设定适合于本公司的绩效考核指标。绩效考核指标应包含财务指标和非财务指标。绩效考核指标如涉及会计利润，应采用按新会计准则计算、扣除非经常性损益后的净利润。

同时，股权激励成本应在经常性损益中列支。

4.8.2　非上市公司股权激励授予和行权条件

4.8.2.1　非上市公司实施股权激励计划的授予条件

非上市公司实施股权激励计划并没有法定的授予条件，所以公司可以灵活地决定是否要设置股权激励计划的授予条件。一般而言，不用对非上市公司设置授予资格主体条件，因为对于非上市公司而言，如果公司根本就不符合股权激励计划的授予条件，那么又如何实施股权激励计划？非上市公司虽然可以不设置对激励对象的授予条件，但是为了确保股权激励计划的公平性，在说明激励对象的范围内的同一岗位，为什么有的员工获得了激励计划授予资格，而有的员工却没有获得激励计划授予资格时，可以规定明确的授予条件，这样可以避免员工内部的猜忌。

同样，虽然上市公司对激励对象的获授资格有法定的约束条件，但是这些法定条件只是资格性的条件，无法说明为何此员工获得股权激励资格而彼员工没有获得股权激励资格。所以，公司需要制定比法定的约束条件更加严格的约束条件，以缩小股权激励计划的激励对象范围。

股权激励计划的行权条件，体现了公司股东即投资人的意志，是公司股东对授予股权激励标的后的预期回报要求；是所谓的股权激励的触发门槛；是因管理层的超凡努力为股东获得超额回报的标准。

4.8.2.2 非上市公司股权激励计划的行权条件

非上市公司股权激励计划的行权条件的规定比上市公司的规定更加灵活，但是其基本内容是一致的。例如，对激励对象行权条件的要求，一般也是要求激励对象在行权的上一年度根据《公司股权激励计划实施考核办法》绩效考核合格或者良好，对公司业绩考核条件，公司也是应该根据自身情况，设定适合本公司的绩效考核指标。

企业具体选取什么样的业绩考核指标取决于企业所处行业的特点、战略规划和达标难度等各方面的情况。一般而言，企业可以在下列三类业绩指标中选取适合自己公司情况的考核指标。

（1）反映股东回报和公司价值创造等综合性指标，如：净资产收益率（ROE）、经济增加值（EVA）、每股收益等。

（2）反映公司盈利能力及市场价值等成长性指标，如：净利润增长率、主营业务收入增长率、公司总市值增长率等。

（3）反映企业收益质量的指标，如：主营业务利润占利润总额比重，现金营运指数等。

【案例】▶▶▶

某企业股票期权的授予/行权的条件、行权安排

一、股票期权的授予条件

同时满足下列授予条件时，公司应向激励对象授予股票期权，反之，若下列任一授予条件未达成的，则不能向激励对象授予股票期权。

1.公司未发生以下任一情形

（1）最近一个会计年度财务会计报告被注册会计师出具否定意见或者无法表示意见的审计报告。

（2）最近一个会计年度财务报告内部控制被注册会计师出具否定意见或者无法表示意见的审计报告。

（3）上市后最近36个月内出现过未按法律法规、公司章程、公开承诺进行利润分配的情形。

（4）法律法规规定不得实行股权激励的。

（5）中国证监会认定的其他情形。

2.激励对象未发生以下任一情形

（1）最近12个月内被证券交易所认定为不适当人选。

（2）最近12个月内被中国证监会及其派出机构认定为不适当人选。

（3）最近12个月内因重大违法违规行为被中国证监会及其派出机构行政处罚或者采取市场禁入措施。

（4）具有《公司法》规定的不得担任公司董事、高级管理人员情形的。

（5）法律法规规定不得参与上市公司股权激励的。

（6）中国证监会认定的其他情形。

二、股票期权的行权条件

行权期内，同时满足下列条件时，激励对象获授的股票期权方可行权。

1.公司未发生以下任一情形

（1）最近一个会计年度财务会计报告被注册会计师出具否定意见或者无法表示意见的审计报告。

（2）最近一个会计年度财务报告内部控制被注册会计师出具否定意见或者无法表示意见的审计报告。

（3）上市后最近36个月内出现过未按法律法规、公司章程、公开承诺进行利润分配的情形。

（4）法律法规规定不得实行股权激励的。

（5）中国证监会认定的其他情形。

2.激励对象未发生以下任一情形

（1）最近12个月内被证券交易所认定为不适当人选。

（2）最近12个月内被中国证监会及其派出机构认定为不适当人选。

（3）最近12个月内因重大违法违规行为被中国证监会及其派出机构行政处罚或者采取市场禁入措施。

（4）具有《公司法》规定的不得担任公司董事、高级管理人员情形的。

（5）法律法规规定不得参与上市公司股权激励的。

（6）中国证监会认定的其他情形。

公司发生上述第1条规定情形之一的，所有激励对象根据本激励计划已获授但尚未行权的股票期权应当由公司注销；某一激励对象发生上述第2条规定情形之一的，该激励对象根据本激励计划已获授但尚未行权的股票期权应当由公司注销。

3.公司业绩考核指标

本激励计划在2018～2020年会计年度中，分年度对公司的业绩指标进行考核，以达到业绩考核目标作为激励对象当年度的行权条件之一。本激励计划业绩考核目标如下表所示。

公司业绩考核指标

行权期		业绩考核目标
首次授予的股票期权	第一个行权期	2018年净利润不低于3.8亿元
	第二个行权期	2019年净利润不低于4.5亿元
	第三个行权期	2020年净利润不低于5.5亿元
预留授予的股票期权	第一个行权期	2019年净利润不低于4.5亿元
	第二个行权期	2020年净利润不低于5.5亿元

注：上述各指标计算时使用的净利润为经审计的归属于母公司所有者的净利润。

公司未满足上述业绩考核目标的，所有激励对象对应考核当年所获授的股票期权由公司注销。

4.个人绩效考核要求

若根据公司《考核管理办法》，激励对象考核结果为B级（表现优良）及以上的可以行权，C、D、E级均不能行权。

个人业绩考核结果与股票期权行权的系数规定如下表所示。

个人业绩考核结果与股票期权行权的系数

考核结果	A级	B级	C级	D级	E级
行权系数	1	1	0	0	0

5.考核指标的科学性和合理性说明

公司股票期权考核指标分为两个层次，分别为公司层面业绩考核与个人层面绩效考核。

公司层面业绩指标体系为净利润，净利润指标反映公司经营情况及企业成长性。在综合考虑了行业发展状况、市场竞争情况以及公司未来的发展规划等相关因素的基础上，公司为本次股票期权激励计划设定了2018年、2019年及2020年净利润分别达到38 000万元、45 000万元及55 000万元的业绩考核目标。考核指标的设定有利于调动激励对象的积极性和创造性，确保公司未来发展战略和经营目标的实现，从而为股东带来更多回报。

除公司层面的业绩考核外，公司对个人还设置了绩效考核体系，能够对激励对象的工作绩效作出较为准确、全面的综合评价。公司将根据激励对象前一年度绩效考评结果，确定激励对象个人是否达到行权的条件。

综上，公司本次激励计划的考核体系具有全面性、综合性及可操作性，考核指标设定具有良好的科学性和合理性，同时对激励对象具有约束效果，能够达到本次激励计划的考核目的。

三、股票期权的行权安排

首次授予的股票期权自授予日起12个月后，满足行权条件的，激励对象可以分三期申请行权。具体行权安排如下表所示。

具体行权安排表

行权期	行权时间	可行权比例
首次授予股票期权的第一个行权期	自首次授予起满12个月后的首个交易日至授予日起24个月内的最后一个交易日止	40%
首次授予股票期权的第二个行权期	自首次授予起满24个月后的首个交易日至授予日起36个月内的最后一个交易日止	30%
首次授予股票期权的第三个行权期	自首次授予起满36个月后的首个交易日至授予日起48个月内的最后一个交易日止	30%

预留的股票期权自该部分股票期权授予日起12个月后，满足行权条件的，激励对象在行权期内按50%、50%的行权比例分两期行权。

预留的股票期权分两期行权

行权期	行权时间	可行权比例
预留股票期权的第一个行权期	自该部分股票授予日起满12个月后的首个交易日至授予日起24个月内的最后一个交易日止	50%
预留股票期权的第二个行权期	自该部分股票授予日起满24个月后的首个交易日至授予日起36个月内的最后一个交易日止	50%

在行权期内，若当期达到行权条件，激励对象可对相应比例的股票期权申请行权。未按期申请行权的部分不再行权并由公司注销；若行权期内任何一期未达到行权条件，则当期可行权的股票期权不得行权并由公司注销。

4.9　定股权激励的管理机制

股权激励计划的设计实施是一个系统的工程，在设计好上述的要素后，还应该制定出一系列相应的管理机制，来保证股权激励的有效实施，该管理机制主要包括如图4-17所示的内容。

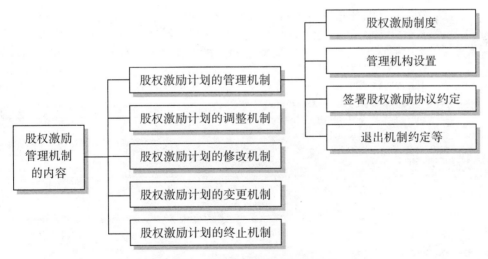

图4-17　股权激励管理机制的内容

4.9.1　股权激励计划的管理机制

股权激励计划的管理分为公司层面和政府层面：政府层面的管理以证监会等部门的相关制度为准；在公司层面，股权激励的决策机构是股东大会，日常的领导和管理由董事会负责，一般情况下，董事会下设薪酬委员会，负责股权激励计划的具体管理，股权激励工作的监督一般由监事会负责。

4.9.2 股权激励计划的调整机制

股权激励计划的调整，是指在公司授予激励对象股权激励标的之后至激励对象行权之日当日止的期间内，公司因为发生资本公积金转增股本、派送股票红利、股票拆细或缩股、配股等事项时，为维持激励对象的预期利益和保证股权激励计划的公平性，公司对激励对象获授的股权激励标的数量以及价格进行相应调整的行为。经过调整，激励对象实际可以获得的股权激励标的数量以及价格为调整后的股权激励标的的数量以及价格。

4.9.2.1 股权激励计划的调整情形

股权激励计划的调整包括以下两种情况。

（1）正常股份变动下的调整，如送股、配股、增发新股、换股、派发现金股息等。

（2）公司发生重大行为时的调整，如公司在生产经营中发生并购、控制权发生变化等情况。

4.9.2.2 股权激励标的数量的调整方法

股权激励标的数量的调整方法如图4-18所示。

 如公司进行资本公积金转增股本、派送股票红利、股票拆细事项

调整后的股权激励标的数量=调整前的股权激励标的数量×（1+每股的资本公积金转增股本、派送股票红利、股票拆细的比率）。其中，每股的资本公积金转增股本、派送股票红利、股票拆细的比率即为每股股票经转增、送股或拆细后增加的股票数量

 公司进行缩股事项

调整后的股权激励标的数量=调整前的股权激励标的数量×缩股比例（原1股公司股票缩为多少股公司股票）

 公司进行配股事项

调整后的股权激励标的数量=调整前的股权激励标的数量×配股股权登记日当日收盘价×（1+配股比例）÷（配股股权登记日当日收盘价+配股价格×配股比例），其中配股比例即为配股的股数与配股前公司总股本的比例

图4-18 股权激励标的数量的调整方法

4.9.2.3 股权激励标的行权价格的调整方法

股权激励标的行权价格的调整方法如图4-19所示。

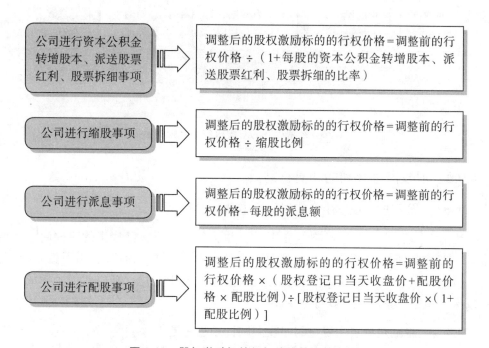

图4-19 股权激励标的行权价格的调整方法

4.9.2.4 股权激励计划调整的程序

一般而言，公司股东大会授权公司董事会依据股权激励计划所列明的上述资本公积金转增股本、派送股票红利、股票拆细或缩股、配股、派息等事项原因调整股权激励标的的数量和行权价格。因为这些事项所进行的调整以及调整的方法一般在股权激励计划草案中是事先设计好的，所以，遇到调整时一般公司只要通知激励对象即可。对上市公司而言，董事会调整股票期权数量和行权价格后，还应按照有关法规或主管机关的要求进行审批或备案并及时公告。

4.9.3 股票激励计划的修改机制

除了公司资本公积金转增股本、派送股票红利、股票拆细或缩股、配股、派息等原因调整股权激励标的的数量和行权价格外，因其他原因需要调整股权激励标的数量、行权价格或其他条款的，也应该认为是一种对原股权激励计划的修改。这种修改会严重影响激励对象以及股东的预期利益，所以在这种情况下的修改应该征得激励对象的同意，由公司董事会做出决议并经股东大会审议批准。

经常存在的对股权激励计划的修改有图4-20所示情形。

图4-20　经常存在的对股权激励计划的修改

4.9.4　股权激励计划的变更机制

4.9.4.1　公司控制权发生变化时股权激励计划的变更

一般而言，若公司发生控制权变更、合并、分立，所有已授出的股权激励标的不作变更，股权激励计划不作改变，激励对象不能加速行权。但若公司因控制权变更、合并、分立导致股权激励计划涉及的股权激励标的发生变化，则应对激励标的进行调整，以保证激励对象的预期收益不变。

4.9.4.2　激励对象发生变化时股权激励计划的变更

激励对象发生变化时股权激励计划的变更情形如图4-21所示。

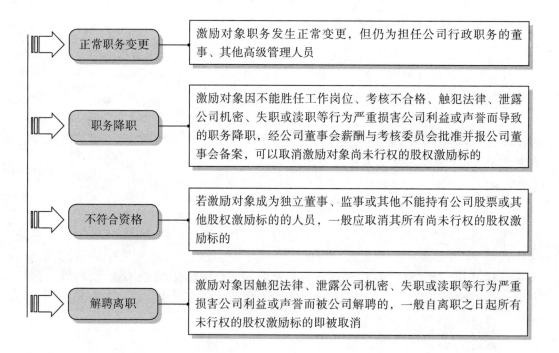

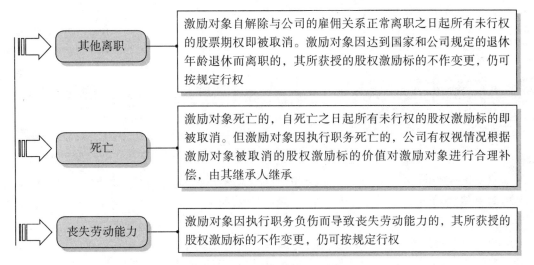

图 4-21　激励对象发生变化时股权激励计划的变更

4.9.5　股权激励计划的终止机制

4.9.5.1　因公司不够实施股权激励计划资格而终止

公司发生下列情形之一，应当终止实施股权激励计划，激励对象根据激励计划已获授权但尚未行使的股权激励标的应当终止行使，由公司收回后予以注销。

（1）最近一个会计年度财务会计报告被注册会计师出具否定意见或者无法表示意见的审计报告。

（2）最近一年内因重大违法违规行为被中国证监会予以行政处罚。

（3）中国证监会认定的不能实行股权激励计划的其他情形。

4.9.5.2　因激励对象不够获得股权激励标的资格而终止

在激励计划实施过程中，激励对象出现下列情形之一的，其已获授但尚未行使的股权激励标的应当终止行使，公司收回并注销其已被授予但尚未行权的全部股权激励标的。

（1）最近 3 年内被证券交易所公开谴责或宣布为不适当人选的。

（2）最近 3 年内因重大违法、违规行为被中国证监会予以行政处罚的。

（3）具有《公司法》规定的不得担任公司董事、监事、高级管理人员情形的。

4.9.5.3　因为其他原因而终止股权激励计划

董事会认为有必要时，可提请股东大会决议终止实施激励计划。股东大会决议通过之日起，激励对象已获准行权但尚未行权的股权激励标的终止行权并波注销，未获准行权的股权激励标的予以作废。在实践中，公司董事会会因为股权激励计划无法实施的前景而主动撤销股权激励计划，予以终止，以便在合适的时机进行新一轮的股权激励计划。

4.10 定退出机制

4.10.1 为什么要有退出机制

若没有退出机制，则公司员工离职后，公司无法回收激励股权，从而影响今后公司实施股权激励和公司的正常运营。

（1）当激励对象没有达到服务期要求，或者企业没有达到实现约定的业绩标准的时候，通过退出机制收回已经授出的激励股权，这样才不会违背实施股权激励的初衷。

（2）企业不断发展壮大，人员不断扩充，如果没有退出机制，很可能会面临无股激励的境地。通过退出机制收回离职人员手中的股权，可用于新进人员的激励以及原有人员的持续激励。

（3）非上市公司股权的流通性较弱，拟上市公司的上市之路也存在着很大的变数，不同情形下的退出机制的设计能够在很大程度上降低员工因股权流通性弱而承担的风险，从而提高其参与激励计划的积极性。

4.10.2 关于退出方式的约定

在股权激励中，关于退出方式的约定包括以下两个方面。

（1）员工非过错性退出（例如员工任职期满离职、因疾病无法工作等）。

（2）员工过错性退出（例如员工违反公司规章制度、违反股权激励协议约定等）。

对于员工非过错性退出，公司一般愿意以一定的价格回购；但对于过错性退出，公司大多希望以低于员工认购时的价格甚至是零元进行回购，并写入相应的股权激励协议文件中。

股权激励退出约定与劳动合同法的"冲突"

在股权激励中，若员工过错性退出，公司以低于员工购买股权时的价格，甚至0元回购股权，实际上等同于"没收"了员工的行权认购款，其性质类似于公司对员工的违约惩罚。这样约定从司法角度存在一定争议。

《劳动合同法》中仅规定了以下两种公司可以向员工主张违约金的情况。

（1）员工违反竞业限制约定。

（2）员工违反服务期约定。

除了上述两种情形外，公司不可随意向员工主张违约金。

法院审判观点：

（1）低于行权价回购激励股权违反《劳动合同法》的违约金规定，应属无效。在股权激励中，若员工过错性退出不符合上述关于两种违约情况，而公司要求以低于认购价或0元回购其激励股权的"惩罚性约定"，则法院判定其回购价格不符合《劳动合同法》规定情形，被认定为无效。

（2）股权激励的纠纷不属于劳动争议，公司有权低于行权价回购。在司法实践中，更多的法院对股权激励的纠纷不属于劳动争议范畴持肯定态度，认为股权激励是涉及《公司法》与《合同法》的复杂问题，不应单纯适用《劳动法》。

4.10.3　股权激励回收、回购的范围

4.10.3.1　已经行权的期权

已经行权的期权，是员工在达到公司业绩标准后以协议规定的价格购买的股权。对于做股权激励的公司来说，员工离职后仍持有公司股权，违背了其激励初衷，因此公司一般在股权激励协议中约定，员工正常离职后，公司有权按照约定的价格，对员工持有的股权进行回购。

4.10.3.2　已成熟未行权的期权

已经成熟的期权，是员工通过公司授予条件后所获得的行权资格。若在行权窗口期内，员工决定离职，这个时候员工仍有权选择是否行权，若员工选择行权，则按照协议的行权价格购买该部分股权后，公司再予以回购。若员工放弃行权，则该部分期权由公司回收。

4.10.3.3　未成熟期权

这部分期权仍归公司所有，员工没有达到行权条件，公司全部收回，放入公司期权池。

4.10.4　股权回购价格设置方案

正常情况下（员工在公司工作3年以上），常见的回购价格的设定有以下三种方案。

4.10.4.1　直接按照行权价格的一定倍数回购（常见为行权价1～3倍）

这种情况一般适用于公司刚起步阶段，其市场估值不确定性较大。直接约定一个固定的回购价格有利于加强激励对象对公司的认可及信任。

4.10.4.2　基于公司回购前最新一轮融资的估值的一定折扣作为回购价格

当公司发展进入较为稳定的中后期，其融资估值也将比较接近真实的市场公允价。此方案中建议的"按照一定折扣计算回购价格"的原因是：估值作为投资人对于公司未来价值的认可，与现阶段公司发展水平或有一定差距，若完全按照估值回购，可能对公司现金流造成压力。

4.10.4.3 基于公司回购前一年底的净资产评估计算的每股所得作为回购价格

适用于重资产传统企业。

特别提示

建议在设置回购价格时，公司应在条款中明确回购价格的计算标准，尽可能避免"一定比例""一定折扣"等模糊字样，以便激励双方在协议回购中达成一致，减少纠纷风险。

根据新公司法规定，公司股东就股权回购与公司达不成协议的，可以自股东会会议决议通过之日起90日内向人民法院提起诉讼。诉讼回购是在协议回购失败的前提下才可以提起，协议回购是诉讼回购的前置程序。

-----【范本】▶▶▶---------------------------------------

某非上市公司股权激励计划

特别说明：

（1）本股权激励计划依据《中华人民共和国公司法》及其他有关法律、行政法规，以及××有限公司（以下简称"公司"）《公司章程》制定。

（2）公司授予本次股权期权激励计划（以下简称"本计划"）限定的激励对象（以下简称"激励对象"）公司实际资产总额____%的股权期权，激励对象获得的股权期权拥有在本计划有效期内的可行权日按照预先确定的行权价格受让公司股权的权利。本激励计划的股权来源为公司原有股东有偿出让。

（3）公司用于本次股权期权激励计划所涉及的股权合计占公司实际资产总额的____%。

（4）本股权激励计划的激励对象为_____等岗位高级管理人员和其他核心员工。

（5）本计划的有效期为自股权期权第一次授权日起____年，公司将在该日后的____年度、____年度和____年度分别按公司实际资产总额的____%、____%、____%的比例向符合授予条件的激励对象授予股权；在本计划有效期内授予的股权期权，均设置行权限制期和行权有效期。行权限制期为2年，在行权限制期内不可以行权；行权有效期为3年，在行权有效期内采取匀速分批行权办法。超过行权有效期的，其权利自动失效，并不可追溯行使。在本股权激励计划规定的禁售期满后，激励对象获授的股权可以在公司股东间互相转让，或由公司以约定的价格回购。

（6）获授股权期权的激励对象在行权期内需满足的业绩考核条件如下。

2017年可行权的股权期权：2017年度净利润达到或超过_____万元。

2018年可行权的股权期权：2018年度净利润达到或超过_____万元。

2019年可行权的股权期权：2019年度净利润达到或超过_____万元。

（7）股权期权有效期内发生资本公积转增股本、分红、增资减资等事宜，股权期权数量、所涉及的标的股权总数及行权价格将做相应的调整。

（8）本股权激励计划已经_____年___月___日召开的公司____年第____次股东大会审议通过。

第一章 释义

除非另有说明，以下简称在下文中作如下释义。

（1）公司：指××有限责任公司。

（2）本计划：指××有限责任公司股权期权激励计划。

（3）股权期权、期权激励、期权：指××公司授予激励对象在未来一定期限内以预先确定的价格和条件受让××公司一定份额股权的权利。

（4）激励对象：指依照本股权激励计划有权获得标的股权的人员，包括公司_____等岗位高级管理人员和其他核心员工。

（5）股东会、董事会：指××公司股东会、董事会。

（6）标的股权：指根据本股权激励计划拟授予激励对象的××公司的股权。

（7）授权日：指公司向期权激励对象授予期权的日期。

（8）行权：指激励对象根据本激励计划，在规定的行权期内以预先确定的价格和条件受让公司股权的行为。

（9）可行权日：指激励对象可以行权的日期。

（10）行权价格：指××有限公司向激励对象授予期权时所确定的受让_____公司股权的价格。

（11）个人绩效考核合格：《××股权激励计划实施考核办法》

第二章 本股权激励计划的目的

××公司制定、实施本股权激励计划的主要目的是完善公司激励机制，进一步提高员工的积极性、创造性，促进公司业绩持续增长，在提升公司价值的同时为员工带来增值利益，实现员工与公司共同发展，具体表现如下。

（1）建立对公司核心员工的中长期激励约束机制，将激励对象利益与股东价值紧密联系起来，使激励对象的行为与公司的战略目标保持一致，促进公司可持续发展。

（2）通过本股权激励计划的引入，进一步完善公司的绩效考核体系和薪酬体系，吸引、保留和激励实现公司战略目标所需要的人才。

（3）树立员工与公司共同持续发展的理念和公司文化。

第三章 本股权激励计划的管理机构

（1）××公司股东大会作为公司的最高权力机构，负责审议批准本股权激励计划的实施、变更和终止。

（2）××公司董事会是本股权激励计划的执行管理机构，负责拟定本股权激励计划并提交股东会会议审议通过；公司董事会根据股东大会的授权办理本股权激励计划的相关事宜。

（3）××公司监事会是本股权激励计划的监督机构，负责核实激励对象名单，并对本股权激励计划的实施是否符合相关法律法规及《公司章程》进行监督。

第四章　本股权激励计划的激励对象

本股权激励计划的激励对象应为以下人员。

（1）同时满足以下条件的人员

① 为××公司的正式员工。

② 截至_____年____月____日，在××公司连续司龄满2年。

③ 为公司_____等岗位高级管理人员和其他核心员工。

（2）虽未满足上述全部条件，但公司股东会认为确有必要进行激励的其他人员。

（3）公司激励对象的资格认定权在公司股东会；激励对象名单须经公司股东会审批，并经公司监事会核实后生效。

第五章　标的股权的种类、来源、数量和分配

一、来源

本股权激励计划拟授予给激励对象的标的股权为××公司原股东出让股权。

二、数量

××公司向激励对象授予公司实际资产总额____%的股权。

三、分配

（1）本股权激励计划的具体分配情况如下表所示。

股权激励计划的具体分配表

姓名	职务	获授股权 （占公司实际资产比例）	占本计划授予股权 总量的比例
合计			

（2）××公司因公司引入战略投资者、增加注册资本、派发现金红利、资本公积金转增股权或其他原因需要调整标的股权数量、价格和分配的，公司股东会有权进行调整。

第六章　本股权激励计划的有效期、授权日、可行权日、禁售期

一、有效期

本股权激励计划的有效期为____年，自第一次授权日起计算。有效期内授予的股权期权，均设置行权限制期和行权有效期。

行权限制期为2年，行权有效期为3年。

二、授权日

（1）本计划有效期内的每年____月____日。

（2）××公司将在____年度、____年度和____年度分别按公司实际资产总额的____%、____%、____%比例向符合授予条件的激励对象授予标的股权。

三、可行权日

（1）各次授予的期权自其授权日2年后，满足行权条件的激励对象方可行权。

（2）本次授予的股权期权的行权规定。

在符合规定的行权条件下，激励对象自授权日起持有期权满2年后，可在3年内行权。在该次授予期权的3年行权有效期内，激励对象应采取匀速分批行权的原则来行权。行权有效期后，该次授予的期权的行使权利自动失效，不可追溯行使。

四、禁售期

（1）激励对象在获得所授股权之日起3年内，不得转让该股权。

（2）禁售期满，激励对象所持股权可以在公司股东间相互转让，也可以按照本计划约定，由公司回购。

第七章　股权的授予程序和行权条件程序

一、授予条件

激励对象获授标的股权必须同时满足如下条件。

（1）业绩考核条件。××年度净利润达到或超过_____万元。

（2）绩效考核条件。根据《××公司股份有限公司股权激励计划实施考核办法》，激励对象上一年度绩效考核合格。

二、授予价格

（1）公司授予激励对象标的股权的价格＝公司实际资产×获授股权占公司实际资产的比例。

（2）资金来源。公司授予激励对象标的股权所需资金的1/3由激励对象自行筹集，其余由公司发展基金划拨。

三、股权期权转让协议书

公司在标的股权授予前与激励对象签订《股权期权转让协议书》，约定双方的权利义务，激励对象未签署《股权期权转让协议书》或已签署《股权期权转让协议书》但未按照付款期限支付受让标的股权款的，视为该激励对象放弃参与本次授予。

四、授予股权期权的程序

（1）公司与激励对象签订《股权期权转让协议书》，约定双方的权利义务。

（2）公司于授权日向激励对象送达《股权期权授予通知书》一式两份。

（3）激励对象在3个工作日内签署《股权期权授予通知书》，并将一份送回公司。

（4）公司根据激励对象签署情况制作股权期权激励计划管理名册，记载激励对象姓名、获授股权期权的金额、授权日期、股权期权授予协议书编号等内容。

五、行权条件

激励对象对已获授权的股权期权将分____期行权，行权时必须满足以下条件。

（1）激励对象按照《××公司股权激励计划实施考核办法》考核合格。

（2）在股权期权激励计划期限内，行权期内的行权还需要达到下表所列财务指标条件方可实施。

股权期权激励行权指标

序号	项目	年	年	年
1	净利润			
2	销售收入			
3	销售毛利率			
4	净资产收益率			
5	销售货款回笼率			
6	销售费用率（三项费用）			

第八章 本股权激励计划的变更和终止

一、激励对象发生职务变更

（1）激励对象职务发生变更，仍在公司任职，其已经所获授的股权期权不作变更。

（2）激励对象职务发生变更，仍在公司任职，且变更后职务在本计划激励对象范围内，按变更后职务规定获授股权期权。

（3）激励对象职务发生变更，但仍在公司任职，但变更后职务不在本计划激励对象范围内，变更后不再享有获授股权期权的权利。

二、激励对象离职

指因各种原因导致激励对象不在公司任职的情况。

（1）激励对象与公司的聘用合同到期，公司不再与之续约的：其已行权的股权继续有效；已授予但尚未行权和尚未授予的股权期权不再授予，予以作废。

（2）有下列情形之一的，其已行权的股权继续有效，但需将该股权以_____价格（建议：购买时以实际出资为准略高。）转让给公司的其他股东，或公司根据新的激励计划新增的激励对象；或由公司以_____价格回购；已授予但尚未行权和未授予的标的股权不再行权和授予，予以作废。

① 激励对象与公司的聘用合同到期，本人不愿与公司续约的。

② 激励对象与公司的聘用合同未到期，激励对象因个人绩效等原因被辞退的。

③ 激励对象与公司的聘用合同未到期向公司提出辞职并经公司同意的。

（3）激励对象与公司的聘用合同未到期，因公司经营性原因等原因被辞退的：其已行权的股权继续有效，并可保留；但未经公司股东会一致同意，该股权不得转让给公司股东以外的他方；已授予但尚未行权的股权期权和尚未授予的股权期权不再授予，予以作废。

（4）激励对象与公司的聘用合同未到期，未经公司同意，擅自离职的：其已行权的股权无效，该激励对象需无条件将已获得的股权以1/3购买价格回售给公司其他股东，或由公司按该价格回购；已授予但尚未行权和未授予的标的股权不再解锁和授予，予以作废。

三、激励对象丧失劳动能力

（1）激励对象因公（工）丧失劳动能力的：其已行权的股权和已授予但尚未行权的股权继续有效；尚未授予的股权不再授予，予以作废。

（2）激励对象非因公（工）丧失劳动能力的：其已行权的股权继续有效；已授予但尚未行权的股权由公司董事会酌情处置；尚未授予的标的股权不再授予，予以作废。

四、激励对象退休

激励对象退休的，其已行权的股权和已授予但尚未行权的标的股权继续有效；尚未授予的标的股权不再授予，予以作废。

五、激励对象死亡

激励对象死亡的，其已行权的股权和已授予但尚未行权的股权继续有效；尚未授予的标的股权不再授予，予以作废。

六、特别条款

在任何情况下，激励对象发生触犯法律、违反职业道德、泄露公司机密、失职或渎职等行为严重损害公司利益或声誉的，公司董事会有权立即终止其所获授但尚未行权的股权，符合本计划规定情形的，按相应规定执行。

第九章 附则

（1）本股权激励计划由公司股东会负责解释。

（2）公司股东会根据本股权激励计划的规定对股权的数量和价格进行调整。

（3）本股权期权激励计划一旦生效，激励对象同意享有本股权激励计划下的权利，即可认为其同意接受本股权激励计划的约束并承担相应的义务。

----【范本】▶▶▶

利润分红型虚拟股权激励方案

为健全公司激励机制，增强公司管理层对实现公司持续、健康发展的责任感、使命感，开拓企业与员工的双赢局面，确保公司发展目标的实现，推行利润分红型虚拟股权激励制度。本方案经董事会审核，由公司股东大会批准后实施。

一、股权性质

本方案的虚拟股份是指公司现有股东授予被激励者一定数额虚拟的股份，被激励者不需出资，享受公司价值的增长，利益的获得由公司支付。被激励者没有表决权、转让权和继承权，只有分红权。被激励者离开公司将失去该股权；公司价值下降，股份无收益；绩效考评结果将影响股份的授予和生效。本方案仅适用于公司主体公开发行股票和上市之前；一旦公司股票能够公开发行股票和上市，将按照相关法律法规进行及时补充和调整。

二、目的意义

构建以价值创造为导向的公司文化，建立股东与员工之间的利益共享与约束机制；持续激发员工创新力创造力，保证公司长期稳健发展；为管理层留下"想象空间"，变短期利益为长期追求；吸引与保留优秀管理人才和骨干员工，提升凝聚力、战斗力；鼓励并奖励业务创新和变革精神，增强员工归属感与认同感。

三、股份总额

公司注册资本为500万元，虚拟股份总额设为注册资本额的15%，即75万股，首次分配总额为60万股，预留15万股用于储备或支付具备资格的新增员工、岗位职务升迁员工的股权激励。每轮融资结束后，相应调整股份总额和各岗位股份基数。

四、管理机构

公司成立监事会，成员5人，其中大股东2人、激励对象代表2人（由被激励对象选出）、普通员工1人。主要职责：①拟订、修改股权激励方案及相关配套规章制度；②拟订股权激励实施方案；③负责组织股权激励方案的日常管理，在方案执行过程中，监控方案的运行情况；④根据股权激励方案，决定激励对象相关权利的中止和取消等事宜；⑤向董事会报告股权激励方案的执行情况。监事会有权查验财务收支情况，确保激励对象能知晓公司财务状况。股权激励方案实施后，监事会负责公布公司每个季度的财务状况。

五、激励对象

本股权激励方案的激励对象为与公司签订正式劳动合同、工作满6个月的员工，重点激励中、高层管理人员以及业务、技术骨干和卓越贡献人员。激励对象年度参与分红的虚拟股权数为岗位股份基数乘以年度考核绩效系数。激励对象岗位名单和年度考核绩效系数确定标准见下面两表。

激励对象岗位名单（股份额以万为计数单位）

部门	岗位	数量	单个岗位股份基数	股份额合计
集团公司	总经理	1	6	6
集团公司	副总经理级	3	3	9
分公司/部门	经理	5	2	10
分公司/部门	副经理	5	1	5
分公司/部门	主管	10	0.8	8
分公司/部门	副主管	10	0.6	6
分公司/部门	业务技术骨干	20	0.3	6
分公司/部门	普通员工	100	0.1	10

年度考核绩效系数确定标准

绩效得分	绩效系数
≥ 100	绩效得分 ÷ 100 + 0.1
90 ~ 100（不含）	1
85 ~ 90（不含）	0.9
75 ~ 85（不含）	0.8
65 ~ 75（不含）	0.6
60 ~ 65（不含）	0.5
<60	0

激励对象年度参与分红的虚拟股权数＝岗位股份基数 × 年度考核绩效系数

六、激励实施

股权激励计划于××××年××月××日起执行。年度激励资金提取以公司净利润增长率和净资产收益率作为业绩考核指标，启动条件具体为：公司首年度净利润率超过30%；之后年度净利润增长率超过5%，净资产收益率超过12%。

七、分红计算

自实施日起，激励对象所享有的股份分红范围是该年度所实现的税后利润增长部分，扣除40%作为企业发展留存外，按激励对象所享受股份数量的百分比进行分红。图示如下：

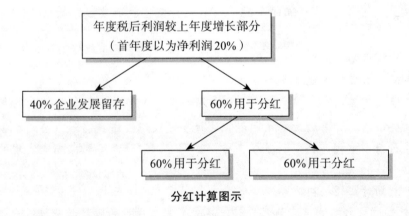

分红计算图示

虚拟股权每股现金价值＝当年参与分配的分红基金规模 ÷ 实际参与分红的虚拟股权总数

（1）激励对象在取得股份的两年内按下述办法兑现权益金额：激励对象在激励岗位上服务第一年，年终股份分红金额兑现60%，另外40%记入激励对象权益金额个人账户内，未兑现的权益按每年5%计算利息记入个人账户。激励对象在公司激励岗位服务第二年，年终股份分红金额兑现80%，20%记入激励对象权益金额账户，未兑现的权益按每年5%计算利息记入个人账户。

（2）激励对象在取得股份满两年后按下述办法兑现权益金额：当年的权益金额100%兑现。从第三年起，前两年服务期间内的个人账户历年累积的激励权益金额分两年兑现，每年兑现50%，未兑现的权益每年按5%计算利息记入个人账户。

（3）在激励岗位上工作满四年后，激励股份转化为实股，激励对象对激励股份拥有完整的股权，经公司监事会同意后，激励对象以双方协议价格购买股权，可进行股权转让、出售、继承等事项。

八、股权调整

（1）激励对象职务发生变更，按相应的职务岗位变动激励分红股份数量，已记入个人账户的权益金额不变。

（2）若激励对象不能胜任岗位要求，本人要求或公司调整至非激励岗位，按下列办法兑现股权激励权益。

① 在激励岗位上工作不满一年的，取消激励股份，不享有激励股份的年终分红。

② 在激励岗位上工作满一年不满四年的，取消激励股份，累积的个人股份分红金额按80%一次性兑现。

③ 在激励岗位上工作满四年的，只要激励对象还在公司工作，股权激励权益即为激励对象所有。

（3）员工离开公司时，按下述办法兑现股权激励分红额。

① 在激励岗位上工作不满一年的，取消激励股份，不享有激励股份的年终分红。

② 在激励岗位上工作满一年不满四年的，取消激励股份，累积的个人权益金额按50%一次性兑现。

③ 在激励岗位上工作满四年的，因激励对象已拥有实股，按第7（2）条每年兑现股份分红。

九、分红日期

次年6月30日前兑现上年度分红。

十、权利义务

（1）公司权利。若激励对象因触犯法律、违反职业道德、泄露公司机密、失职或渎职等行为严重损害公司利益或声誉，公司可以取消激励对象尚未实现的股权激励权益。

（2）激励对象的权利义务

① 激励对象自本方案实施之日起，享受本方案规定的股权激励权益。

② 激励对象应勤勉尽责、恪守职业道德，为公司的发展做出贡献。

③ 激励对象因本方案获得的收益，应按国家税法规定缴纳相关税费。

十一、附则

（1）本方案的修改、补充均须经公司股东会同意。

（2）本方案由公司总经理办公室负责解释，自公布之日起实施，实施此激励办法的激励对象不再享有年终奖。

【案例】▸▸▸

华为公司股权激励方案要素

一、公司组织形式

华为技术有限公司为有限责任公司（非上市公司）。目前股权结构：华为投资控股有限公司持股100%。华为投资控股有限公司目前股权结构：华为投资控股有限公司工会委员会持股98.7%，任正非持股1.3%。

二、激励模式

虚拟股票。激励对象有分红权及净资产增值收益权，但没有所有权、表决权，不能转让和出售虚拟股票。在其离开企业时，股票只能由华为控股公司工会回购。

三、激励对象

只有"奋斗者"才能参与股权激励，华为公司出台了许多具体措施去识别"奋斗者"。（具体识别标准未披露）

四、授予数量

华为公司采用"饱和配股制"，每个级别员工的配股达到上限后，就不再参与新的配股。员工最高职级是23级，工作三年的14级以上员工每年大约可获授数万股，较为资深的18级员工，最多可以获得40万股左右的配股。（具体数量计算方式，未予披露）

五、授予次数

激励对象只要达到业绩条件，每年可获准购买一定数量的虚拟股票，达到持股上限后，公司就不再授予虚拟股票。

六、授予价格

2001年后，公司按净资产值确定股价。华为公司的虚拟股体系没有公开市场的价格体系参照，华为公司采取的每股净资产价格，相关净资产的计算参照毕马威公司的审计报告。但具体的计算方式并不公开。2010年股票购买价格为5.42元。

七、回购价格

员工离开公司，华为投资控股有限公司工会委员会按当年的每股净资产价格购回。2012年回购价格为每股5.42元。

八、资金来源

工作三年的14级以上员工每年大约可获授数万股，以最近三年5.42元的购股价格计算，需要几十万元的购股资金。华为公司基本不提供员工购买股票的资金。

员工购买股票资金来源如下。

（1）银行贷款。华为员工以"个人助业"的名义获得的银行信贷，支付购股款。合同显示：贷款用途为"个人事业发展"，贷款期限三年，贷款利率为月利率

0.4575%，担保方式为个人薪酬收益权及账户质押。

（2）分红款。大多数华为员工在分红后，即将红利投入购买新的股票，因为股票收益增长的幅度要比工资增长的幅度高得多。

九、授予条件

相关报道未予披露披露华为公司授予激励对象虚拟股票的业绩条件。

十、分红业绩条件

相关报道未予披露激励对象享受分红的业绩条件。授予股票业绩条件与分红业绩条件之间的关系未予披露。

十一、分红次数

华为公司是否每年分红，未予披露。

十二、参加形式

员工签署合同交回公司保管，没有副本，没有持股凭证，每个员工有一个内部账号，可以查询自己的持股数量。华为员工与华为公司所签署《参股承诺书》。

十三、激励计划实施时间

虚拟股票模式已持续12年，目前尚未确定其终止时间。

十四、激励收益

激励收益共有以下两部分。

（1）分红。2010年每股分红2.98元，收益率超过50%。2011年，预计分红为每股1.46元。

（2）净资产增值收益。华为早期按1元/股出售虚拟股票，也按1元/股回购，净资产增值收益无从兑现。

目前改为按每股净资产确定股价，在华为投资控股有限公司工会委员会回购股票时一次性兑现净资产增值收益。

激励收益总量为2000年投资的华为股票，十年之后，所持股票价值增长超过15倍。

十五、参加激励人数

6.55万人。

十六、虚拟股票总规模

经过十年的连续增发已达98.61亿股。

十七、法律关系

虚股激励在员工与公司之间建立的是一种合同关系，而非股东与公司的关系。华为员工手中的股票与法律定义的股权不同，员工不是股东，只享有合同利益，而非股权。工会才是股东。

分析：

（1）华为公司的股权激励实际上是分享制，而不是股份制。任正非把原本属于股东的利润，按贡献大小让与数万员工分享，通过让员工分享公司利润，激励员工工作动力。

（2）华为公司的股权激励是员工激励与公司融资的结合。公司通过股权激励获得了大量资金，又由于华为公司的经济效率很高，员工的资金在公司可以获得很高收益。

（3）"让利益，留权力"。由于采用虚股激励，公司的实际控制权始终掌握在任正非等少数股东手中，员工分享利益，但不分享权力。华为公司仍然是依靠一位"明君"指引航向，公司发展战略和治理体系的改变仍靠他来掌控，他使华为公司获得了20多年高速发展。

第五章 股权激励中常见问题解答

5.1 股权激励计划如何约定在公司章程中

股权激励计划，实质上是现有股东为了长期利益而将自己的股份权利部分让与给核心员工以换取其超额努力的一种系统性的制度。

5.1.1 约定在章程中的必要性

为了保护现有股东的利益，防止让与额度过大而损害现有股东的利益，同时为了保护股权激励对象的利益，以便于其得到的激励能有效地履行实现，有必要在股权激励计划实施之初，将股权激励计划这一重要制度的设计与实施的相关授权问题予以合法化。这就有必要将相关股权激励制度的重要事项规定在公司章程中。

公司章程，是指公司依法制定的，规定公司股东会、董事会、监事会的权限以及经营管理制度等重大事项的基本文件。公司章程是公司组织和活动的基本准则，是公司的宪章。公司章程备案于公司注册所属的工商管理局，供公众查阅并具有对抗第三人的合法效力。

在设立公司之初，投资者往往是通过代理工商注册公司进行的公司注册，对如何设置公司章程的条款了解不多。这些工商注册公司为了节省注册时间，往往直接采用所属工商行政管理局提供的公司章程范本进行注册，没有对重要的条款进行设计，因此在实施股权激励计划之前有必要对公司章程进行相应的修改，以便使股权激励计划"师出有名"，取得合法的权源。

5.1.2 应写进章程中的内容

5.1.2.1 确定股权激励计划的合法权源和授权基础

因为股权激励计划直接关系到股东现有股权的稀释问题，所以股权激励不像一般管理工具。例如360度反馈绩效考核法的实施只需要董事会授权实施就行了，其实施必须得到股东会的表决批准。对于股东会表决通过所需比例，因为关系到各个股东的切身利益，应该通过代表2/3以上表决权的股东表决通过方可实施。

（1）关于股东会的权限条款。公司在公司章程关于股东会的权限条款中可增加以下内容。

公司股东会是股权激励计划的最高决策机构，应履行以下职责。

① 审批由公司董事会提交的股权激励计划。

② 审批公司股权激励计划的重大修改、中止和终止。

③ 对董事会办理有关股权激励计划相关事宜的授权。

④ 其他应由股东会决定的与股东权益相关的事项。

（2）关于股东会决议通过有效的条款。关于股东会决议通过有效的条款，企业可以修改为以下内容："股东会会议应对所议事项作出决议，决议应由代表____分之____以上表决权的股东表决通过。但股东会对公司增加或者减少注册资本、分立、合并、解散或者变更公司形式、修改公司章程、有关股权激励计划所作出的决议，应由代表三分之二以上表决权的股东表决通过。股东会应当对所议事项的决定作出会议记录，出席会议的股东应当在会议记录上签名。"

5.1.2.2　确定股权激励计划的执行机构

因为股权激励计划本身就是激励经理层的计划，因此不可能让经理办公室成为股权激励计划的执行机构。股权激励计划正确的执行机构应该是公司董事会。同理，既然因为股权激励计划在起草和实施过程中有很多细节的事项需要处理而成立股权激励工作小组或者股权激励工作委员会，那么因此而设立的处理股权激励具体事项的股权激励工作小组或者股权激励工作委员会自然应该对董事会负责，而不能对总经理负责。

因此，在公司章程关于董事会的权限的条款中宜增加如下内容。

公司董事会是股权激励计划的执行机构，在获得股东会授权后，由董事会履行授予的相关权利。董事会应履行以下职责。

① 负责起草、修改或者审批下属机构起草、修改的股权激励计划，报股东会审批。

② 审批拟订的股权激励计划实施方案，内容包括但不限于分配方案、计划参与人资格、授权日、行权时间、授予价格等。

③ 审议、批准股权激励计划相关配套规章制度。

④ 股东会授权董事会办理的有关股权激励计划相关事宜。

⑤ 其他应由董事会决定有股权激励计划相关的事项。

5.1.2.3　关于激励对象的持股利益——年度分红的规定

对于非上市公司而言，激励对象通过股权激励计划而得到公司的股份，但是，因为非上市公司的股份转让本身非常困难，在公司长期无法上市的情况下，对激励对象进行年度分红就非常重要，否则激励对象就会感到所持有的股份没有实际价值，因此股权激励计划也就达不到预期的激励效果。关于利润分配的规定，实际上公司章程的范本上一般只规定依法分配，但是实际上法律并没有规定公司的利润是否要分配以及如何分配，因此，在实践中导致公司的控股股东对每年的利润有很大的随意性，有时往往数年对利润也不进行分配。既然实行了股权激励计划，也就意味着股东应该具有利润分享的意识。

因此，企业应将每年度分配利润写进公司章程以保持股权激励计划的严肃性，保护激励对象股东的受益权。公司章程中关于利润分配的条款可修改为如下。

> "公司每年将可供股东分配的利润总额的百分之几按照各股东的持股比例进行分配，如《公司法》及法律、法规、国务院财政主管部门对公司利润分配有强制性规定的，按照相关规定进行分配。"

5.2　实施股权激励计划必须完善哪些人力资源管理制度

股权激励计划，也是作为公司员工的激励对象从公司获得收入的一种方式，从这个方面来说，股权激励计划也是核心员工薪酬收入的一部分，是一种长期的激励收入。股权激励计划提供的长期股份期权收入，加上年度奖金的中期收入和作为工资的月薪收入，员工的"薪酬包"就达到了短中长的有机组合，可以使员工在经营过程中兼顾公司的短期、中期和长远的利益。

从股权激励计划作为人力资源管理的一部分来说，如果要使股权激励计划有效地发挥作用，就需要公司的整个人力资源管理能够达到规范的基本要求。如果公司的整个人力资源管理不规范，比较混乱，那么股权激励计划就很难得到有效实施。因此，公司应建立起规范的人力资源管理制度。如果公司没有规范的人力资源管理制度，应及时地予以规范。

规范、完整的人力资源管理制度包括以下六大部分的内容。

5.2.1　人力资源规划

人力资源规划是一项系统的战略工程，它以企业战略目标为指导，通过核查企业现有人力资源情况，分析企业内外部环境条件，来预测企业对人员的未来需求，以及策划为满足人员需求而准备采取的策略。

人力资源规划分为战略计划和战术计划两个方面。人力资源的战略计划主要是根据企业内部的经营方向和经营目标，以及企业外部的社会和法律环境对人力资源的影响，来制定出一套长期的规划。企业人力资源的战术计划是根据企业未来面临的外部人力资源供求的预测，以及企业的发展对人力资源的需求量的预测，而制定的具体方案，包括招聘、配置、辞退、晋升、培训、工资福利政策等。

5.2.2　员工招聘与配置

员工招聘与配置包括两个方面，分别是员工招聘活动的实施和员工的合理配置。

5.2.2.1　员工招聘活动的实施

员工招聘活动的实施包括以下内容。

（1）选择招聘渠道。招聘渠道包括外部招聘和内部招聘两种。其中外部招聘渠道包括发布广告、借助中介、校园招聘、网络招聘；内部招聘渠道包括员工推荐熟人、内部布告、员工信息档案等。

（2）对应聘者进行初步筛选。其内容包括：笔试、筛选个人简历、筛选应聘申请表。

（3）对应聘者进行最后筛选，包括面试和正式录取。

5.2.2.2　员工的合理配置

（1）员工的合理配置应坚持以下三点原则。

① 正确识别原则。正确识别员工的才干是人员合理配置的前提。

② 能位对应原则。大材大用，小材小用，才能做到能位相对应，才能各尽其能，人尽其才，提高效率。

③ 才能互补原则。优化组合，取长补短，才能形成整体优势，实现公司目标的最优化。

（2）对员工进行合理配置有以下三种基本方法。

① 以人员为标准进行配置。公开、公平、公正地让每个员工凭自己的能力竞争上岗。

② 以岗位为标准进行配置。在配备各个岗位的生产（工作）人员时，应采取老、中、青三代结合的方式，充分发挥传、帮、带的作用。让每个岗位的年龄结构、知识结构、体能结构都符合优化配置原则。

③ 以人与事的总量相应为标准配置。在合理配置员工的过程中，要考虑人与事的数量关系是否对应，即有多少事要用多少人去做，不要产生人浮于事或者事浮于人的后果。

5.2.3　员工培训与开发

新进员工到岗，尽快地融入团队并达到所在岗位要求的关键，是做好新进员工培训工作。对于在岗的员工来说，为了适应市场形势的变化带来的公司战略的调整，需要不断调整和提高自己的技能。基于这两个方面，组织有效培训，以最大限度开发员工的潜能变得非常必要。就内容而言，培训工作有企业文化培训、规章制度培训、岗位技能培训以及管理技能开发培训。就培训的员工类型而言，包括新进人才培训计划、专业人才培训计划、部门主管培训计划以及一般人员培训计划等。

如何做好员工培训？培训工作必须做到具有针对性，要考虑不同受训者群体的具体需求。要有明确培训的流程，制订详细的培训计划并认真实施。

5.2.4　薪酬与福利

在市场经济中，激励的形式最多的是物质激励。尽管精神激励仍然需要，但在当今社会条件下，物质激励更为有效和普遍。薪酬集中体现了公司对员工的物质激励，而且是公司用来吸引、留住、激励公司所需要的人力资源的最重要的手段。一个有效的薪资福利体系必须达到对外部具有竞争力，与竞争对手相比待遇不低；对内部应保证岗位公平，保证员工感到得到了公平待遇。但是，岗位公平同时需要体现同岗位员工胜任能力的不同所导致的收入差距。

福利是薪酬体系的重要组成部分。高薪只是短期内人才资源市场供求关系的体现，而福利则反映了公司对员工的长期承诺，许多追求长期发展的员工，更认同福利待遇而非仅仅是高薪。福利分为两种：一种是法定福利，一种是企业在法定福利的基础上提供的补充福利。法定福利待遇主要指"五险一金"，"五险"指的是五种保险，包括养老保险、医疗保险、失业保险、工伤保险和生育保险；"一金"指的是住房公积金。其中养老保险、医疗保险和失业保险，这三种保险是由企业和个人共同缴纳保险费。工伤保险和生育保险费完全是由企业承担的，个人不需要缴纳。因为"五险一金"是公司的法定义务，企业为了留住核心员工，需要提供在"五险一金"之外的补充福利。

5.2.5　绩效管理

绩效考核是企业为了实现生产经营目的，运用特定的标准和指标，采取科学的方法，对承担生产经营过程及结果的各级管理人员完成指定任务的工作实绩和由此带来的诸多效果做出价值判断的过程。

一个有效的绩效管理体系主要包括以下六个方面的工作。

（1）根据绩效目标制订绩效计划，制定科学的考核指标、合理的考核标准。

（2）被考核者按照考核目标进行工作的过程管理。

（3）各级考核者观察并记录被考核者的工作表现及对其完成的工作业绩进行绩效考核。

（4）告知被考核者考核结果，对被考核者的优点与不足之处进行分析的绩效反馈。

（5）按照绩效考核结果对员工进行相对应的薪资福利支付或者采取奖惩措施。

绩效考核的应用关键在于与薪酬的结合上。员工考核成绩应作为其薪资调整、奖金发放、职务晋升或降职或辞退、人员培训等的重要依据。薪酬与绩效是两个密不可分的环节。良好的薪酬设计可以使员工提高绩效，公司一般将薪酬分解为固定工资和绩效工资两种，员工为了获得绩效工资必须达到绩效标准。同理，对员工进行绩效考核结果必须要表现在薪酬上，对员工进行奖赏或者惩罚，否则，绩效考核就会流于形式，毫无用处。

5.2.6　劳动关系管理

劳动关系是指劳动者与用人单位为实现劳动目的而发生的劳动力与生产资料相结合的社会关系。劳动关系的当事人一方为劳动者（劳动力的所有者和支出者），另一方为用人单位。劳动者加入某一用人单位，成为该单位的员工，按照单位的指示参加劳动，并遵守单位内部的劳动规章制度，接受用人单位的管理；而用人单位则必须按照劳动合同的约定给付其报酬，并提供法定和约定的福利待遇。

劳动关系管理包括劳动合同管理、劳动就业管理、公司内部规章制度管理、职工民主管理及工作时间和休息休假管理、劳动安全卫生和劳动保护管理、工资管理、劳动争议管理等内容。

劳动关系管理的基本原则是公司必须以国家劳动法律法规、双方签订的劳动合同以及公司规章制度这三个方面的规定为依据处理劳动关系。劳动关系管理达到在劳动关系开始之初，能够明确劳动者和用人单位的权利和义务；在劳动合同履行期内，能够按照劳动合同约定处理劳动者与用人单位之间的权利和义务关系；在劳动关系结束之时，能够按照劳动合同的约定解除劳动合同并支付给员工补偿金；在劳动关系出现矛盾或者出现争议之时，能够依法谈判，达成和解。

劳动关系管理的目的在于明确双方的权利和义务，为企业业务的开展提供稳定和谐的环境，并通过公司战略目标的达成最终实现企业和员工的共赢！

为了给股权激励的实施提供人力资源方面的内部管理支持环境，拟实施股权激励计划的企业应该按照上述六个方面的内容来完善企业的人力资源管理制度。

5.3　实施股权激励方案须完善哪些财务审计管理制度

股权激励方案中必须完善企业的财务审计管理制度。完善企业财务审计制度就非常必要。

5.3.1　完善财务审计管理制度的必要性

在员工只有固定的工资薪酬和福利的情况下，大部分员工对财务管理制度是不太关心的，因为其收入是固定的、可预期的，与公司财务关系不大。但是在企业引入股权激励计划之后，情况就发生变化了，因为激励对象——员工今后可能得到的股权激励金额和企业的财务数据包括并不限于净利润数额、净资产数额等直接相关。

实际上，在有些家族企业中或者个人控股的企业中，财务管理是如此混乱，以至于很难分清哪些是股东的财产哪些是公司的财产，股东从公司支取款项和从自己钱包里掏钱一样没有任何手续。在这种企业的财务环境下，根本很难建立起股权激励计划制度，因为员工对公司的财务管理没有信心，并会在私下抱怨其即使很努力工作，即使公司实际利润额很高，但是股东也不会将利润如实地反映在财务报表上以使员工得益。在这种极端的情况下，股东的首要任务是建立起员工对公司财务制度的信心，并应明确表明股东个人财产与公司的法人财产是严格分开的。

可见，财务管理制度对于股权激励计划的实施而言，是重要的企业内部制度前提，激励对象的合法利益如欲得到很好的保护，激励对象的合理预期如欲得到如期的实现，企业必须建立规范的、健全的财务管理制度，对于企业财务管理制度上存在的问题，必须及时予以完善。

除了上述股东财产与公司财产混在一起的极端情形外，由于种种原因，有些企业财务管理制度职能不断弱化，存在以下需要解决的问题。

（1）财务管理的规章制度没有得到正确的执行。财务人员处理财会问题不讲程序、流程、手续，财务纪律松弛，违规违纪现象突出，造成了清理不完的乱账。

（2）日常操作不规范。企业任意简化会计手续，滥用会计科目，账目不清，信息失真；不定期盘点财产物资和库存现金，不经常核对银行存款和债权债务，造成账簿记录与实物、款项不符。

（3）企业内部审计部门独立性较差，人员素质不高。这严重影响了内部审计的严肃性和规范性，往往使企业的审计流于形式，没有发挥应有的监督作用。

5.3.2 完善哪些财务审计管理制度

为了解决财务管理中出现的问题，企业有必要按照以下要求对财务管理制度予以健全和完善。

5.3.2.1 完善财务管理制度的规章文件

在制定企业内部财务管理制度时，应先考虑企业管理中现存的薄弱环节和可能发生风险的现实问题。企业应根据自身特点制定和完善适合企业的内部管理需要的制度文件。

5.3.2.2 完善企业财务制度的预算和授权批准控制制度

编制企业年度收支总预算，可以使企业在经营业务中确定明确的数字目标。在企业经营中处理每项经济业务，都必须有相应的授权批准程序，并按照有关规定的权限和程序执行，以保证每项经济业务的授权的合法性。

5.3.2.3 完善企业的内部审计制度

企业内部审计是企业内部控制系统中的一个重要环节，它通过对企业内部经济活动的监督与评价，帮助企业堵塞漏洞，增收节支，加强管理。完善内部审计制度要做到两个方面的内容：一是加强审计部门的独立性和权威性，可以将内部审计部门由董事会直接领导，这样可以避免经理层对设计部门的干涉。二是要提高内部审计部门人员的素质，确保审计结果的客观性和有效性。

5.4 如何确定全职任职股东退出机制

全职任职股东对于公司发展的影响远远大于非全职任职股东对公司的影响，所以在股权退出的约定机制里，全职的退出考核及条件要求比非全职任职的股东要更加的严苛。

5.4.1 锁定期内的股权退出

锁定期内的股权是锁定状态，则退出约定是最为严苛的，实操中基本上是约定：锁定期内，股权激励的"股东"股权不得转让、抵押、对外担保。同时不得以任何理由退出，否则自愿以壹元价格或者法律允许的最低价格将其股权转让给其他股东。上述的约定，是为了保证公司发展的稳定性。

5.4.2　锁定期后的退出

锁定期后的退出分为：主观善意的退出和主观恶意的退出，同时也要区分亏损状态下的退出和盈利情况下的退出，在盈利退出里分为：盈利但是未收回投资，盈利已经收回投资的情形。

在实操中具体约定分为：离职退出、降职退出、调任退出、开除退出、解雇退出、非因工伤亡的退出、因工伤亡的退出、因涉嫌触犯刑事法律，无法正常工作的退出，因个人负有较大债务，短期内无法清偿债务的股权退出。

综上所述，需要依据不同的情形区分股东对公司是贡献的还是非贡献的，贡献的则按照退出规则里适用于"金色降落伞"，非贡献的则适用于"紧箍咒"，总之就是通过退出机制的设计让股东能够为公司的发展尽到勤勉义务，让公司发展越来越好。

5.5　如何确定非全职股东（投资人）的退出

投资人即为当下流行的风险投资人，风险投资是一种循环性投资，其赖以生存的根本在于与高风险相对应的高度的资本周期流动，它通过不断进入和退出风险企业，实现资本价值的增值。

风险投资产生的意义在于扶持潜力企业成长，那么其自身有限的资产就必须具备一定的流动性，才能不断地孵化企业。所以其进入就要提前设计好退出机制。

最理性的退出机制如下。

（1）公司上市退出，则投资人可以通过股票二级市场套现退出。

（2）当公司无法上市时，投资人则可以通过协作公司通过被重组或者并购，找到一个财大气粗的"接盘侠"就可以选择退出，例如摩拜单车卖身给美团。

（3）以上两个都无法实现时，则可以选择公司管理层收购或者公司大股东强制回购退出。

（4）当第三个方式都很难实现退出的时候，最后选择的就是公司清算退出。

5.6　哪些员工根本不需要动用股权激励

图5-1所列员工根本不需要动用股权激励。

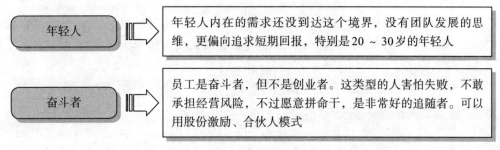

图5-1

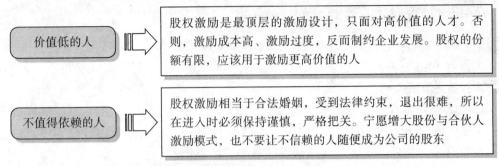

图5-1　根本不需要动用股权激励的员工

5.7　如何确定单个对象的激励额度

5.7.1　单个对象激励额度的确定步骤

如何确定单个激励对象的具体授予额度？在实际操作层面的操作方式可以依照如下步骤进行。

第一步，确定股权激励计划的激励总额度。

第二步，确定股权激励计划的激励对象范围、激励对象总数以及分配到各岗位的激励对象数以及岗位总额度。

股权激励计划的岗位总额度，一般是由董事会根据各个岗位拟授予的激励对象人数及其重要性予以确定的。有时也可以不根据工作岗位分配激励额度，而是根据员工的层级予以确定，可以将员工层级分为高级管理层、中级管理层、核心技术人员层、核心营销骨干层四个层级，根据各层级的重要性确定各层级的股权激励总额度。

第三步，确定各岗位上的激励对象的具体授予额度。

5.7.2　计算公式

单个对象激励额度的计算公式如下。

单个激励对象的激励额度=该岗位分配的激励总额度×个人分配系数÷岗位总分配系数

个人分配系数=个人工资系数×40%+个人不可替代性系数×60%

个人分配系数的计算元素构成除了可以是工资、不可替代性外，还可以是在公司的工作年限、利润贡献等，笔者为了易于读者看懂，仅将计算元素设计为工资和不可替代性，在实践中，各公司应该根据各公司的实际情况予以设计。

（1）获得激励对象个人工资系数。将该岗位的所有员工的平均月工资额设为工资系数1。如，设平均月工资5000元为工资系数1，如某员工月工资为2500元，则其个人工资系数为员工月工资÷平均月工资=2500÷5000=0.5，如某员工的月工资为10 000元，则该员工的个人工资系数为该员工月工资÷平均月工资=10 000÷5000=2。

（2）获得激励对象个人不可替代性系数。不可替代性是指在实现企业业绩目标的过程中，一个员工难以被别人所取代的程度。具体来讲，就是指该员工在多大程度上具有其他员工不具有的专门技术知识、专门技能、专门管理才能、素养及其他企业所需要的能力或品质等。员工的不可替代性系数越高，说明该员工越是不可替代。

将该岗位的员工的不可替代性的平均水平设为不可替代性系数1。如果一员工具有普通员工之外的技能或者特长，则酌情加分，反之则酌情扣分，不可替代性系数的取值范围在0.1～2之间。

（3）获得岗位总分配系数。岗位总分配系数为该岗位每个员工的个人分配系数相加后的总额。

（4）获得单个激励对象的激励额度。单个激励对象的激励额度计算公式为：单个激励对象的激励额度＝该岗位分配的激励总额度×个人分配系数÷岗位总分配系数

假如一企业客户服务岗位分配的总激励额度为6万股，共有3名员工，甲为其中的一名员工，如果设平均月工资5000元为工资系数1，其工资为7500元，则其个人工资分配系数为1.5，据考察，其不可替代系数为1.5；员工乙的月工资为5000元，则其个人工资分配系数为1，据考察，其不可替代系数为1；员工丙的月工资为2500元，则其个人工资分配系数为0.5，据考察，其不可替代系数为0.5。

可得：

甲的个人分配系数＝1.5×40%+1.5×60%=1.5

乙的个人分配系数＝1×40%+1×60%=1

丙的个人分配系数＝0.5×40%+0.5×60%=0.5

该岗位总的分配系数＝1.5+1+0.5=3

因此，甲的激励额度＝6万×1.5÷3=3万股

乙的激励额度＝6万×1÷3=2万股

丙的激励额度＝6万×0.5÷3=1万股

通过这种方式计算出来的员工具体分配的激励额度，与董事会仅仅根据主观认定随意确定各激励对象的激励额度相比，是比较科学、公平合理的，是能够使激励对象认为这是一个公平的股权激励计划的。

5.8　激励对象达不到激励要求时怎么办

一般而言，若激励对象或者公司业绩未能满足行权条件，则当期的股权激励标的不得行权，该部分股权激励标的由公司注销或者按照原授予的价格予以回购。若激励对象符合行权条件的同时公司业绩也达到了行权条件，但激励对象未在行权期内全部行权的，则未行权的该部分股权激励标的应由公司予以注销或者按照原授予的价格予以回购。

现在一般的实践是，即使股权激励对象达不到行权目标，公司一般也不愿给激励对象造成损失。

在限制性股票的前提下，一般公司会约定激励对象不能行权或者放弃行权的，公司会以激励对象支付的成本价以及相应的利息予以回购。这种做法主要是为了使股权激励计划能够顺利地实施而不至于导致拟激励对象的反对，因为激励对象一般不愿参加有可能给自己带来经济损失的股权激励计划。

5.9　如何新增激励员工

5.9.1　设计未来股权激励的计划

为建立长期有效的激励机制，公司在设计股权激励方案时，不只要考虑到当前需要激励哪些人及如何激励，还要设计好未来股权激励的计划，让股权激励变成一个开放的、长效的系统。

如果说当前的激励计划是激励公司的核心管理人员和骨干员工，那么未来激励的计划则是让更多的人努力成为公司的核心管理人员和骨干员工，从而用有限的公司股权激励到最广泛的群体。

同时，未来股权激励的计划也有助于公司吸引人才，在关键岗位上预留股份，有助于公司在核心人才的竞争中取得优势。

5.9.2　确定新增激励人员的标准

公司需要增加激励人员时，一般应由公司董事会根据事先确定的标准在可选范围内确定具体人员名单，报经各授予单位董事会批准。基本标准如下。

（1）公司中高层管理人员。

（2）公司未来发展亟须的人员。

（3）部分优秀基层代表。

（4）少数对公司发展有特殊贡献的非公司职工。

（5）其他特殊人才和有特殊贡献的人员。

（6）其他公司认为必要的标准。

5.10　股权激励中处理好哪些税收问题

股权激励过程中涉及的税收问题主要体为以下两方面。

5.10.1　公司股权激励支出能否在公司成本中列支

我国目前未对非上市公司股权激励过程中的税收问题作出明确规定，但在相关条例中可以找到一定依据。《中华人民共和国企业所得税法实施条例》第三十四条规定

"企业发生的合理的工资薪金支出，准予扣除。前款所称工资薪金，是指企业每一纳税年度支付给在本企业任职或者受雇的员工的所有现金形式或者非现金形式的劳动报酬，包括基本工资、奖金、津贴、补贴、年终加薪、加班工资，以及与员工任职或者受雇有关的其他支出。"同时国家税务总局在《关于我国居民企业实行股权激励计划有关企业所得税处理问题的公告》第三款规定"在我国境外上市的居民企业和非上市公司，凡比照《管理办法》的规定建立职工股权激励计划，且在企业会计处理上，也按我国会计准则的有关规定处理的，其股权激励计划有关企业所得税处理问题，可以按照上述规定执行。"

根据上述条例的规定，非上市公司的股权激励支出，可以在公司成本中列支，但要区别对待。

（1）针对股权激励计划实行后立即可以行权的，确定作为当年公司工资薪金支出，依照税法规定进行税前扣除。

（2）针对股权激励计划实行后，需待一定服务年限或者达到规定业绩条件（以下简称等待期）方可行权的，公司等待期内会计上计算确认的相关成本费用，不得在对应年度计算缴纳企业所得税时扣除。在股权激励计划可行权后，公司方可根据该股票实际行权时的公允价格与当年激励对象实际行权支付价格的差额及数量，计算确定作为当年公司工资薪金支出，依照税法规定进行税前扣除

5.10.2　激励对象获得的股权激励份额的税收问题

国家税务总局《关于个人认购股票等有价证券而从雇主取得折扣或补贴收入有关征收个人所得税问题的通知》（国税发〔1998〕9号）规定，在中国负有纳税义务的个人（包括在中国境内有住所和无住所的个人）认购股票等有价证券，因其受雇期间的表现或业绩，从其雇主以不同形式取得的折扣或补贴（指雇员实际支付的股票等有价证券的认购价格低于当期发行价格或市场价格的数额），属于该个人因受雇而取得的工资、薪金所得，应在雇员实际认购股票等有价证券时，按照《中华人民共和国个人所得税法》（以下简称《个税法》）及其实施条例和其他有关规定计算缴纳个人所得税。上述个人在认购股票等有价证券后再行转让所取得的所得，属于税法及其实施条例规定的股票等有价证券转让所得，适用有关对股票等有价证券转让所得征收个人所得税的规定。

5.11　股权激励不当，有哪些风险

5.11.1　选错激励工具：易沦为"错误的金手铐"

在创业公司里，曾出现过这样的例子：有的员工自认为干得不错，但是给了股份之后，员工觉得股份太少，算一算，没有竞争对手给的钱多，所以就选择了辞职。因此，股权激励最好有想象空间，没有想象空间的股权激励会适得其反。有些时候，股

权激励如果不到位，等于没激励。

同时需要注意的是，所有的"金手铐"都是有期限的，过了一定阶段就会失去作用，所以还是需要在不同阶段使用不同的激励方案。

5.11.2　公平公正性缺失：易引发新的矛盾

有时，股权激励的差异可能会让部分员工质疑公司的公正性。因此，大范围的股权激励应采取一定的保密制度。

与此同时，股权激励的"仪式感"也很重要，因为这同样具有精神激励作用。"西姆第15期股权激励落地方案班"的一位学员公司的股权激励方式可供创业者参考：在公司内部，会定期有类似的股东会议，既有创始人，又有持有股权的骨干，其他人没有权限参加。参会者仿佛都被贴上了标签，起到了很强的精神激励作用。相比之下，有的公司害怕风险，偷偷地给股权，这就起不到精神激励的作用了。

5.11.3　没有约束机制：容易催生懒人

有些创业公司给了员工股权之后，没有相应的约束机制和规定，反而催生了一些懒人。因此，选人也要非常谨慎。

其实公司发展需要一批"定海神针"，要有一定的忠诚度。当公司发展出现问题时，"定海神针"愿意跟公司股东一起努力，共渡难关；相反，有些纯粹机会型的人给多了也没用，在他走了之后，还会带来一系列的连锁反应，产生新的麻烦，因此还是要有相应的约束机制。

5.11.4　激励不足：易钓小鱼，难钓大鱼

这个道理很简单。对于不太能干的员工来说，激励属于额外的惊喜；对于能干的员工而言，激励不足等于没激励。

5.12　股权激励中有哪些常见争议点

5.12.1　股权激励争议的性质

5.12.1.1　与劳动纠纷的关系

主流观点是：股权激励不属于劳动法的调整范围，不属于劳动争议。要点包括以下内容。

（1）股权激励实质是基于成为公司的股东后所享有的利益，权利主张者能否成为股东应当根据公司法的相关规定，不属于基于劳动者身份所享有的权利。但是由于股权激励形态多样，某些股权激励方式表现为激励对象劳动报酬的形态，则难以界定是否属于劳动争议。

如果该股权激励方案是给予员工以工商登记的正式股权，那么与此股权相关的争

议应该依据《公司法》的相关规定，不属于劳动争议。

部分地区法院将员工的股权激励纠纷案件交由处理劳动争议的法庭受理，但是，这也不代表股权激励纠纷的案由是劳动争议。

（2）股权激励可以作为劳动关系存在的证据。当事人既然已经同意了股权激励方案等的条款，也已经签了字，应当视为同意成为目标公司的员工——但这不代表股权激励纠纷属于劳动争议。

（3）部分地区法院将员工的股权激励纠纷案件交由处理劳动争议的法庭受理，但是，这也不代表股权激励纠纷的案由是劳动争议。

但是，在下列情形下，则有可能作为劳动争议处理。

（1）现实中存在"现金分红权"的做法，员工根据约定享有一定比例的分红，这种分红权与《公司法》上的股权无关，且不会转化为正式的股权。这种情况下的争议，案由有可能是"其他合同纠纷"（特别是在员工要缴纳一定投资款的情况下），也可能是"劳动争议纠纷"（在员工并不需要投资的情况下，直接视为工资争议，类似于奖金、提成的争议）。

（2）有的案例中的股权激励方案，由公司直接与员工签署聘用类合同，将工资报酬、股权激励都写在一份合同里面，后来双方对工资、激励股权等都发生争议，而且争议之时员工并未在工商登记中成为股东（指争议的那部分激励股权并未进行工商登记），则劳动仲裁与法院很有可能一并作为劳动争议处理。

5.12.1.2　与赠与合同的关系

股权激励之所以与赠与合同发生关系，在于部分股权激励模式表现为将股权以"无偿"的方式授予激励对象。但是，赠与合同是赠与人把自己的财产无偿地送给受赠人，受赠人表示接受赠与的合同；而激励机制是指通过特定的方法与管理体系，将员工对组织及工作的承诺最大化的过程。

双方当事人间就赠与股份达成的协议并不同于一般的附义务赠与合同，而更多地表现为股权激励的性质。基于公司股份所具有的价值易变动的特殊性以及公司股份升值抑或贬值与公司经营管理者的贡献具有紧密联系的特点，有关退出机制的约定作为股权激励双方或多方当事人的真实意义表示，既体现了股权激励的特点，又公平地保障了双方当事人的利益，其内容不违反国家法律法规的禁止性规定，应属合法有效，各方当事人自应按照约定执行。

5.12.2　对股权激励中授予条件的司法态度

有研究显示，高达60%以上的纠纷显示为实股激励，即确定地赠与或转让（统称"授予"）实际股权于被激励对象，但往往会对该授予进行一些前提条件的设置，比如时间的限制，将一定工作年限作为获取激励的硬性前提的，或者分期分段授予的（或称为"成熟期"），或者以一定的业绩、利润作为授予前提的。该种设置，可以视为对激励目的实现的保障制度。最完整的即为在激励方案中，同时设置授予条件、行权条件、兑现条件。

法院对该类设置条件的态度如下。

（1）股票期权作为公司的一项激励制度，是激励员工更好地为企业长期服务的一种方法，从而在员工和企业之间建立一种利益共享、责任共担的利益分配机制。一般而言企业对于获得此项权利的员工具有较高的要求和限制。

（2）在某些方案中，根据其具体描述可得知：授予期权具有条件（工作至一定年限或者上市等），并非就是授予股权。在该种情况下，法院倾向于认为主张获得股权的诉求与合同约定的期权性质不符，从而不支持诉请。

（3）约定条件未成就时，对主张获取利益或相关股份的诉求不予支持。

（4）虽双方之间存在着股权激励方案，但均不能向法院详细描述激励方案的具体内容，法院无法直接判别原告的情形是否满足股权激励方案的要求，遂不予支持授予股权。

5.12.3　股权激励方案的效力

许多纠纷处理案例表明，法院评判股权激励方案是否有效，原告诉求是否得到支持的主要考量因素如图5-2所示。

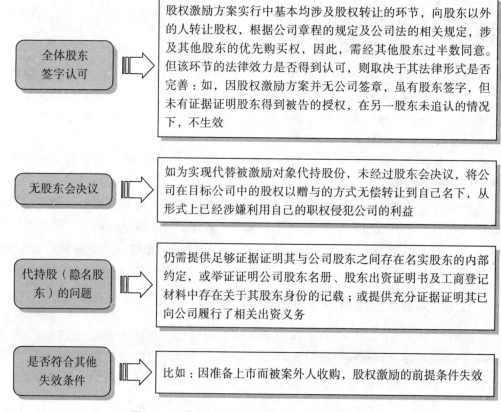

图5-2　原告诉求是否得到支持的主要考量因素

5.13　离职时没收或者强制回购激励股权、返还分红是否违反法律规定

依照通常理解，股权系属个人财产，应由股权所有者自主占有、处分、收益权利。但多数激励方案出于激励目的考虑，对股权及其利益的享有设置了收回条件，比如被激励对象离职，或其他原因与公司解除劳动或者其他合作关系，严重违反规章制度等。

对该等约定的效力，法院倾向于认为：对提前辞职的激励对象所能获得的股份投资收益予以限制，并不违反公平原则，合法有效。具体观点如下。

（1）对于离职后是否属于享有股权激励的人员范围，有约定依约定，无约定不予收回。原告主张被告非法没收原告名下股票期权，应当就此举证。

（2）撤销激励、拒绝行权的主体。需依照有效股权激励文件确定上述权利主体。

（3）激励对象如主张公司非法没收其名下股票期权，应当就此举证。

（4）具体可以区分出资与否。对通过支付对价受让而来股份通常考虑其出资，如无特殊约定，在没收时应对出资额退还或者以依照公允价格回购为主。对于纯粹由奖励获得，同时约定离职时无偿退还的，则支持公司收回。

（5）回购主体。回购时采取指定第三人受让方式的，不会导致公司注册资本的降低继而并不损害债权人利益。

（6）回购对价。有约定从约定。高级管理人员所持股权不同于一般股东的股权，股权回购价格也不能以市场价格确定，而应严格依照章程、高级管理人员持股制度实施办法等来确定。

（7）回购后风险承担。转让后因股价变动发生的商业风险应由转让者自行承担。

（8）离职后分红问题。虽然双方并未约定离职后是否仍享有分红权利，但员工离职后仍享有分红权利，与公司设立该激励措施的目的不符，也不符合公平、合理原则。

（9）返还分红及赔偿损失。对于已经追究其刑事责任的原激励对象，已解除原股权激励协议，被激励对象不再享受其在原告处的任何分配。如未有约定，被激励对象犯罪后无需退还已获取的利益分配；如无证据，被激励对象不承担因犯罪行为给公司造成的经济损失。

5.14　非上市企业如何确定退出机制，避免法律纠纷

为规避法律纠纷，非上市企业在推行股权激励方案前应事先明确退出机制。针对不同的激励方式，分别采用不同的退出机制。

5.14.1　现金结算类激励方式

针对现金结算类激励方式，要针对具体情况来确定其退出办法。如图5-3所示。

方法一 合同期满、法定退休等正常的离职

已实现的激励成果归激励对象所有，未实现部分则由企业收回。若激励对象离开企业后还会在一定程度上影响企业的经营业绩，则未实现部分也可予以保留，以激励其能继续关注公司的发展

 方法二 辞职、辞退等非正常退出

除了未实现部分自动作废之外，已实现部分的收益可归属激励对象所有

 方法三 激励对象连续几次未达到业绩指标

则激励资格自动取消，即默认此激励对象不是公司所需的人力资本，当然没有资格获取人力资本收益

图5-3 现金结算类激励方式的三种情况处理

5.14.2 直接实股激励方式

针对直接实股激励方式，激励对象直接获得实际股权，成为公司真正的股东。要根据股权激励协议约定的强制退出条款而要求激励对象转让股权存在较大困难，需要明确以下事项。

5.14.2.1 关于强制退股规定的效力

在激励对象取得公司实际股权后应当变更公司章程，章程对公司及股东均有约束力。变更后的章程应规定特定条件满足时某股东应当强制退股，该规定可以视作全体股东的约定。在该条件满足时，特定股东应当退股。

同时应注意在公司存续过程中修改章程，并规定强制退股条件，则要分别情况看待。对于赞成章程修改的股东来说，在他满足强制退股条件时，章程的规定对他有效；对于反对章程修改的股东来说，即使章程已通过，强制退股的规定对他不具有效力。

在此应特别注意：股东资格只能主动放弃，不能被动剥夺。章程或激励协议通过特殊约定强制退股条款，可能因违反法律关于股东不得抽逃出资的强制性规定而被认定无效，对激励对象仅起到协议约束的效果。

5.14.2.2 退股的转让价格或回购价格

股权激励协议中一般规定了强制退出的股份的转让价格/回购价格计算方法。退出股份价格经常约定为激励对象原始购买价格或原始购买价格加利息的作价。但资产收益是股东的固有权利，不能被强制剥夺，资产收益体现在利润分配、剩余资产分配和

转让股份获益三方面。股东退股有权以市场价值作价。再者，在公司亏损时，如再以原价或原价加利息作价，则对其他股东不公平或涉嫌抽逃。因此，在股权激励设计方案中对退股的转让价格约定为公司实际账面净资产价值或市场公允价值较为妥当。

5.14.2.3　协议能否规定只向特定股东转让

上述规定往往会侵犯了其他股东的优先购买权，优先购买权也是股东的固有权利，非经其事先同意，不得被剥夺。因此在股权激励协议中约定或另行出具其他股东承诺放弃优先购买权。

5.15　制定股权激励计划时应规避哪些误区

5.15.1　误区一：认为股权激励就是股票期权激励

其实，股权激励并非只有股票期权激励这一种方式，股权激励还包括限制性股票计划、员工持股计划、虚拟股票增值权等。由于现在A股上市公司用得最多的是股票期权激励，因此本文的重点也是期权激励。但这并不表明企业对高管的激励只有这一个方法，企业（特别是非上市公司）完全可以根据自己的具体情况选择其他的激励方法。

在我国证监会颁布的《上市公司股权激励管理办法（试行）》中，仅对股票期权和限制性股票作了规定，因而在实际操作中，我国上市公司绝大多数采取股票期权和限制性股票两种方式。

所谓限制性股票，是公司免费赠送给高管人员的一种股票，但这些股票的买卖和所有权受到一定的限制。比如，高管在限制的期限内不得随意处置股票，如果在限制期内高管辞职或者不幸被开除，股票就会被没收。目前，限制性股票计划因为对高管抛售股票限制较多、激励程度有限而遭到了大多数公司的冷遇。

5.15.2　误区二：认为股票期权计划适用于任何行业

股票期权并非适用于每一个企业。一般来讲，实行股票期权的企业必须具备以下三个条件，如图5-4所示。

条件一　**企业处于竞争性行业**

如果企业不是处于竞争性行业，经营者无需通过自己的努力，只要利用垄断地位提高价格或减少供给量，就可轻易长期地坐享高额利润。只有处于竞争性的行业才有必要实行期权激励。由于经营者面临的市场环境充满竞争，企业只有求新求变方可生存发展。实行期权激励，可以鼓励经营者锐意进取、勇于创新，让公司不断增强竞争力

图5-4

企业的成长性较好，具有发展潜力

企业有较好的成长性，意味着市场尚未开发或尚未饱和，企业有充足的物质资本和人力资源开拓业务。在这种条件下，只要所有者有效地激励经营者，他们就会创造出良好的业绩，实现经营者价值和股东价值的双赢

企业产权清晰，内部权责明确

企业建立起规范完善的现代企业制度，拥有健全的法人治理结构，使董事会和经理层形成委托代理关系，是实施期权激励的前提条件。产权不清晰，股权就无法确定，而且，如果政府对企业经营进行过多的不应有的干预，也会使股票期权计划失效

图5-4　实行股票期权的企业必须具备的条件

　　从A股市场上来看，已经公布股权激励方案的企业主要处于医药、家电、造纸、化工、电子、通信、高科技等充分竞争、成长性良好的行业。而一些因受制于国家政策规划而成长较为稳定，或者市场行情波动剧烈的企业则不适合。如公路建设企业，其业务情况与国家规划息息相关，管理层可作为的程度较为有限；有色金属行业迄今尚无一家发布股权激励方案，也是因为金属价格随行就市，可控程度较低，每年的利润波动幅度很大。

5.15.3　误区三：认为推行股权激励可以完善公司治理结构

　　完善的公司治理结构是企业推行股权激励的前提条件，而不是相反。一个治理结构不完善的企业如果贸然实施股权激励方案，有可能会引发企业生存危机。

　　完善的公司治理结构包含两个层面的意思。首先是形式上的完善。公司的法人治理结构应该包含这样一些要素：股东大会、董事会、监事会、经理层、职工大会等。但更为重要的是实质上的完善。上述要素以合约关系为纽带，各司其职，互为制衡。股东大会选举出董事会，董事会作为委托人，要求公司高管尽职尽责，以使股东能够得到更多的投资回报。而作为代理人的经理人员，追求的是包括知识、才能、社会地位在内的自身人力资本增值，以及从事经营管理的人力资本报酬最大化。因此，公司不仅必须为经理人员建立一套行之有效的激励机制，还必须建立与激励机制相配套的经理人员约束机制。

　　2001年爆发的安然公司丑闻便是因为该公司的治理结构只有形式，没有实质而造成的。在形式上，安然公司并不缺少治理结构中的各个要素。但实质上，这些要素之间并没有发挥制衡的作用。安然公司除了支付给董事会成员服务费（每人7.9万美元），还与很多成员存在着大量的利益关系。比如，一些董事拥有的公司与安然就存在着大量的关

联交易。

在这种情况下，董事会的地位和作用被大大弱化，企业CEO和职业经理人的权力异常放大，最终公司沦为高管人员巧取豪夺的逐利场。例如，经理人员在完成一笔交易时，安然公司不是按照项目给公司带来的实际收入而是按预测的业绩来进行奖罚。于是经理人员常常在项目计划上做手脚，让它们看上去有利可图，然后迅速将分红装入腰包。

利用业绩上的造假，安然的高管层不断行使他们的股票期权。仅2000年，董事长肯尼斯·莱就获得了1亿多美元的收入，首席执行官杰弗里·斯基林也入账6250万美元。安然公司在2001年12月2日申请破产保护的前一年时间里，公司向其114位高管人员发放了约7.44亿美元的现金和股票。

5.15.4 误区四：认为股权激励的成本不大

某知名企业由于忽视期权行权会产生高额费用，导致行权后账面出现亏损，招来舆论的非议，损害企业形象。更有甚者，一些高管为了达到股权激励所要求的净利润指标，不惜牺牲企业的长期利益，出售对企业经营至关重要的战略资产，给企业以后的盈利能力带来隐患。误区和障碍主要有三点：第一，认为高管们行权后获得的财富来源于在二级市场抛售股票，公司本身并没有承担成本和费用；第二，认为只有激励对象行权才产生费用，在行权等待期内不应将相关费用入账；第三，已经认识到股票期权会产生费用，但是会计入账时不知道如何计算和分摊费用。其实，当激励对象行权时，正常情况下，每股价值已经高过行权价，高出的部分是经过一段时间的努力经营取得的价值，本应归属于公司，但公司把这部分价值授予经营者，这势必会摊薄公司的收益，因此，需计入费用，作为获得经理人劳动或服务的成本。而经理人的劳动贯穿了整个行权期限，因而必须在整个行权期的每个会计年度分摊。

5.15.5 误区五：设置激励周期时都是"一刀切"

大部分上市企业在设置股权激励周期时都是"一刀切"的做法，即所有的同期激励对象都享受同样的激励周期。然而这样的周期设置并没充分考虑到实际情况。

据《公司法》《证券法》规定，上市公司高管在任职期间每年转让的股份不得超过其所持有该公司股份总数的25%，上市公司高管在买入股份后，所持股份在6个月内不能减持，在离职后半年内也不能减持。

如果按实际股权激励操作时的"一刀切"的周期设置，会造成在实际股权激励行权时，普通员工往往比高管更受益，甚至高管与普通员工激励"倒挂"的现象。

从本质上来说，在一个有效的市场中，股权激励方案应是一个企业的自主行为，股东们通过召开股东大会判断这一方案是否符合他们的最大利益。如果得到股东大会的通过，它就是合理的，监管方不应该过多干涉。哪怕后来被证明可能存在激励过度问题，理性的企业将在未来的激励方案设计中予以调整。

5.15.6　误区六：对资本市场是否有效不加考虑

资本市场的有效性是股权激励计划能否有效实施的前提。在一个有效市场中，股票价格基本上反映了经营者接手企业时企业的价值，短时间内股价大幅上涨的可能性很小。在美国，大部分公司股票期权授予日的价格都约等于甚至小于股票期权的行权价。

在西方很多国家的股票市场上，基本不会出现"股权激励行情"。企业高层管理人员在制定行权价以及行权时，很难通过企业内部消息来操纵股价，即使操纵一时，由于股票期权的行使是分批进行的，只要市场有效，股价最终将反映企业价值，经营者操纵股价获利不会屡屡得手。因此，这就迫使经营者努力工作，而不是挖空心思去修改会计利润，或者公布虚假信息欺骗股东。

但是在一个扭曲的市场，投资者并不看重企业的价值增长和未来分红能力，而是想着在二级市场快速炒作一把便撤离。这时，股价不能正确反映公司价值，因此也难以用股价来衡量经营者的业绩。这样，股票期权方案将失灵。

中欧国际工商学院教授许定波提出，在目前欠完善的资本市场里，股票期权的激励作用将会很有限。他提醒企业在今后制定股权激励方案时，要规避上述情况发生，应该根据股价未来上涨、下跌以及平盘的三种可能情况进行估计，对期权的风险、收益和成本做"灵敏度分析"。

5.15.7　误区七：忽视了经理人市场的有效性

正如一个有效的资本市场能够正确评价一家公司的价值，一个有效的经理人市场也能够正确评价职业经理人的能力，并对经理人的行为加以约束。一个有效的职业经理人市场，不仅能够记录经理人的过往业绩，也能记录经理人的职业操守。在市场经济发达的国家，信用和操守是职业经理人的立身之本，一个职业经理人一旦在信用上有了瑕疵，就意味着其职业经理人生涯的终结。因为市场赋予德才兼备者的价格会很高，而不胜任者或者信用有问题的经理人则会面临淘汰的威胁。

而在我国，由于职业经理人的稀缺，导致职业经理人市场出现了求大于供的现象。很多时候，企业在招聘经理人时求贤若渴，往往忽视了对职业经理人的信用进行检查，即使想检查，也由于市场信息的不完备而只能作罢，甚至检查出了污点，也由于企业急缺人才而只能将就任用。由于市场失效，就造成了某些职业经理人对职业道德的忽视，进而会给企业带来危害。

其中，经理人辞职抛股对于企业来说就是一种道德风险。高管辞职大都出现在股价暴涨时期，这时公司的股价被明显高估。一些聪明的高管由于考虑到今后股市恢复理性时股价势必会回落，因此为避免财富缩水，不惜辞职套现，以实现自身利益的最大化。这种行为从经济学的角度上讲无可厚非，但是，这些人的流失，很可能让企业难以承受。因此，企业在设计期权激励方案的时候，应该考虑到我国职业经理人市场对经理人的约束较弱这个因素，争取在创造富翁的时候，还能留住这些能干的富翁。

5.15.8　误区八：把股权激励当作为员工谋福利

2008年，中关村东方华盛科技有限公司将在中关村三板挂牌。该公司原有三个股东，考虑到挂牌上市后股份会有较大增值，公司CEO罗平认为这是一个为大家谋福利鼓舞士气的好机会，于是在改制过程中吸收近40位员工入股，其中入股最少的只有3000多元，占公司股本总额万分之一。

公司刚刚在中关村三板挂牌，便有个别小股东以急需用钱为由要求企业主收购自己的股份。根据《公司法》的规定：有限责任公司变更为股份有限公司后一年内，发起人不得转让股份。这些员工都是在改制过程中入股的，因此都是发起人，所以无法立即转让股份。企业主被逼无奈，只得先把自己的钱借给员工。

这家企业错把股权激励当成了员工福利，利益均沾，鼓励大家入股，而个别员工对股权激励缺乏认识，只图眼前利益不愿与公司长期发展。很多中小企业主对于实施股权激励的目的存在理解上的偏差，这给股权激励的实施带来很大阻碍。提高福利可以通过工资、奖金等以现金的形式给予；而股权激励属于长期激励的一种形式，直接目的是吸引和激励优秀人才，调动其工作积极性，构建一个充满活力、忠诚、团结奋进的核心团队，终极目的是提升企业竞争力，创造优秀业绩，实现可持续发展。

5.15.9　误区九：筹集资金的幌子

陕西某通信技术有限公司实施了股权激励，该公司的员工福利在西安属于中上层，经过7年的发展，公司年销售额近1亿元。但是根据行业潜规则，中国移动、中国联通、诺西等该公司的大客户在建设网络时均由其垫资，由于工程浩大、回款期长，使得这家公司账面虽然盈利数千万元，但现金流异常紧张，员工奖金已在公司留存两年了，并且在银行有大量的信贷。为了发展急需不断冲入现金，公司大股东借股权激励之名筹集现金，最终也筹到了一千多万元。在股权激励方案设计时，为了提高激励对象认购的积极性，公司设置的对价形同虚设，按正常发展趋势就可实现，如此低的"门槛"使得股权激励完全变成了集资的工具。

该公司的举措首先有非法集资的嫌疑；其次这种股权激励完全没有激励的效果，对公司治理结构的完善毫无益处。再者，大股东通过该激励计划使自己的股权比例得到稀释，用如此低廉的"价格"出售公司股权，是对公司价值的严重低估，在员工向公司变卖股权时公司势必遭受重大损失。

股权激励并不是使员工获得股权就了事，它是一套严格的管理制度体系。获得股权是有条件的，只有在激励对象不断完成绩效指标的情况下，才能获得相应数量的股权。此外，股权激励是长期激励，对被激励对象而言具有收益不确定性的特点，如果企业主不诚信，员工就不会相信企业主真的在搞股权激励，不但不能激励，反而适得其反。

5.15.10 误区十：以为股权激励是企业管理工具

某化工有限公司实施了股权激励。该企业做高档纺织印剂研发、生产、销售，正处于高速增长期，也开始有风投接洽，上市也提到议事日程，由于公司成立时间不长、发展过快，还没有完善的公司制度体系和绩效考核体系，公司管理比较混乱，老板凭自己的精力已经远不能顾及公司的方方面面。为了规范公司管理，老板决定实施股权激励，初衷是：实施了股权激励，激励对象就是公司的主人，这样他们不用上级催促就会勤勉工作。

按照老板的想法，实施了股权激励企业就是"自由人的联合劳动"场所，类似共产社会。但经过半年的实践，该化工企业不但没有实现预期的目的，反而是工资费用迅速增加，企业利润急剧下降。

股权激励并不能等同公司管理制度和绩效考核，它需要一套严格的公司管理制度和绩效考核体系做支撑。公司管理制度、公司治理结构和绩效考核是一个繁杂的工程，需要企业根据自身情况不断构建和完善，是任何其他方式所不能取代的。股权激励只能作为这些制度的一个重要补充，协同发挥作用。

PART TWO 第2部分 合伙人制度

　　企业转型、人才创业、人力资本的浪费这些鲜明的时代特征成为合伙人制诞生并将取代雇佣制的土壤。时代呼唤合伙人制。

　　激发人的潜能、转变人的状态，唯有施行合伙人制。企业中有能力、有梦想的人，不愿受制于雇佣制，纷纷创业；企业中无担当的人才，在雇佣制下本着职业精神做好本职工作，但并不会关心"整体"。实施合伙人制，就是让企业内的人才从打工变成合伙，共享利益、共担风险，让有梦想的人有发挥的平台，让无担当的人必须转型，从而彻底激发企业的人才价值。

第六章　合伙人制度概述

6.1　何谓合伙人制

清朝年间，晋商创造了票号业的奇迹，在晋商繁荣的近百年间，票号经手汇兑的银两达十几亿两，没有发生过一次内部人卷款逃跑、贪污或被诈骗的事件。这一奇迹发生的关键就是"身股制"。简单来讲，就是票号的股份分为"银股"和"身股"，东家出钱是"银股"，掌柜和伙计出力是"身股"，身股和银股都可以参与企业分红。

最近几年，企业界非常热的一个词就是"合伙人"，很多人高呼"职业经理人已死，现在是合伙人时代"。其实，合伙人制度并不是今天就出现的，回顾晋商的历史，可以简单理解，用"身股"入股的股东，就是合伙人。

在工业时代，有四大生产要素：资金（Capital）、土地（Land）、劳动力（Labor）、企业家才能（Entrepreneurship），其中最重要的因素就是资金，资本家掌握着最大的价值。到了移动互联时代，资金不再匮乏，中国经济增长已经从投资和基础设施拉动变成创业、创新拉动。创投基金在中国如雨后春笋，地产"黄金"时代已过，人才和企业家才能成为价值创造的火车头。毫无疑问，和"银股"相比，移动互联时代是"身股"价值崛起的时代，只有真正把员工当成合伙人，他们才会对公司和工作充满激情，像老板一样思考和行事，才有可能创造商业奇迹。

6.1.1　合伙制企业的合伙人制度

提到合伙人制度，业界的概念是非常混乱的——有人讲的是法律结构，有人讲的是股权激励，还有人讲的是公司控制权。因为"合伙人"一词最早出现于合伙制企业，这就需要追本溯源，从合伙制企业讲起。

6.1.1.1　普通合伙企业

合伙制企业是一种法律意义上的企业形态，最早出现的是"普通合伙企业"。这种企业的特点是只有"身股"，没有"银股"。合伙制企业往往都身处轻资产、重人力资本的行业——公司的成功，只靠员工的智慧和经验，其他都不重要。合伙人必须是企业的管理层，并经过严格筛选才能担当，他们既是公司的雇员，又是公司的所有者。合伙人离开时股份被强制回购，意外死亡者的继承人不能继承股份，除非在公司担任管理职务。

6.1.1.2　有限合伙企业

后来又出现了有限合伙企业，主要流行于股权投资（PE）行业。有限合伙企业有普通合伙人（GP）和有限合伙人（LP）两类。通常情况下，GP出资1%，LP出资99%。基金的运作交由GP管理，LP不能参与具体运营事务。同时，在利益分配时，在所有人都收回投资成本后，在GP和LP之间按照20%：80%的比例来分配投资收益。

有限合伙企业的最大好处是让GP用很少的资金撬动上百倍资金的同时，可以牢牢掌握公司控制权，还能获得远超过自己出资比例的超额收益。这些特权都体现了对GP人力资本价值的认可。

6.1.2　公司制企业的合伙人制度

演变到今天，合伙人制度也适用于公司制企业。类似晋商，在那些倡导"合伙人制度"的公司制企业中，一部分股东是"银股"，通过出钱成为股东；一部分是"身股"，通过人力资本成为股东。不同的是，在移动互联时代，对"身股"价值的认可达到前所未有的高度，并赋予合伙人以下三种重要权力。

（1）股权激励。

（2）公司控制权。

（3）身份象征。

6.2　合伙制的优点与局限性

6.2.1　合伙制的优点

6.2.1.1　人资关系更加紧密

合伙制下，经营者（人力所有者）获得了剩余价值分享，与股东（资本所有者）利益更加一致，大大弥合了纯雇佣制下"所有权与经营权不一致"的缺陷。在这样的治理机制下，经营者就可以真正承担风险，积极做出好的决策。

6.2.1.2　人才开发更加充分

人才的价值，不在于企业拥有多少人才，而在于企业能整合多少人才。合伙制不仅能够给内部人才充分发挥空间，使其有更强的动力去创造远超社会平均水平的卓越收益，还能够吸引外部人才加入"生态圈"建设，拓宽企业护城河。

6.2.1.3　内部管理更有效率

在合伙制下，组织更加扁平，人际关系更加平等、简单，减少了管理成本，提高了管理效率。

蔡崇信谈阿里合伙人机制：树立道德标准
避免关键人风险

2018年9月18日，阿里巴巴2018全球投资者大会进入第二天。这是阿里巴巴宣布"传承计划"之后的第一次投资者大会。

阿里巴巴执行副主席蔡崇信向与会投资人阐释了阿里巴巴合伙人制度的三大特征：树立道德标准，解决接班人问题，避免关键人风险。

蔡崇信指出，阿里巴巴合伙人制度首先为全公司树立了道德上的高标准。确保公司的操守文化，是合伙人群体最重要的责任之一，而在考察和选举合伙人的时候，道德品质也是非常重要的因素。

每一位新成为合伙人的公司成员，一般都要经过长达3年的考察，还需获得75%现任合伙人的支持，这是一个非常高的门槛，以保证公司合伙人团队有健康的构成。

合伙人制度对公司治理的第二重意义，是它可以解决公司选拔接班人和培养人才的难题。

2009年阿里巴巴集团成立十周年时，18位创始人辞去"创始人"身份，成为阿里巴巴集团的"合伙人"。

蔡崇信回顾了阿里巴巴管理层当时的考虑，从创业起，阿里巴巴就立下了持续健康经营102年的宏愿，任何人都不可能陪伴公司走过那么长的时间，要通过一个制度让公司的使命、愿景、价值观和文化得以传承。

在谈及合伙人制度和AB股制度的差异时，他分析说，AB股制度保障的是创始人个人，它解决不了创始人一旦离开之后公司的发展，而合伙人制度可以解决公司管理权长期可持续的接替。

在蔡崇信看来，合伙人制度对公司治理的第三个作用，是以集体决策避免少数关键人员变动给公司带来的管理风险。蔡崇信特别强调，在所有的重大决策（如提名董事、吸收新的合伙人等）时，阿里巴巴的合伙人都遵守"一人一票"的平等决策机制。

根据蔡崇信的介绍，除了提名董事会的简单多数席位以外，合伙人更肩负着传承领导力、捍卫公司道德准则、践行公司社会责任的使命。

蔡崇信还向与会的投资者展示了阿里巴巴合伙人的群像。阿里巴巴现有36人，女性合伙人达到12人，占三分之一，其中还有两位"80后"。

阿里巴巴现任的36位合伙人中，有32位的司龄超过10年，阿里巴巴的合伙人团队每年也会吸引新成员加入，以保持新鲜的活力，他们都持有公司的股权，这让合伙人的财富和阿里巴巴集团的价值密切相关。

通过这样的制度安排，阿里巴巴合伙人得以在实现客户价值和员工价值的同时，更从长远角度守护股东的利益。

6.2.2 合伙制的局限性

6.2.2.1 法律上的限制性

现有公司法均以股东本位为基础，将股东利益最大化作为公司的目标，将公司的控制权归属于股东。以阿里巴巴为例子，其"合伙人"构架实际上是将公司的控制权从股东手中转移至公司的"合伙人"（也即公司现有的管理团队）手中，与传统公司法所奉行的股东本位的理念是有冲突的。因此，该项制度备受争议，为一些国家（地区）的证券市场所不容。

6.2.2.2 制度形式的复杂性

合伙制是根据合伙人间的契约建立的，每当一位原有的合伙人离开或者接纳一位新的合伙人，都必须重新确立一种新的合伙关系，从而造成制度上的复杂性。

6.2.2.3 决策的时滞性

每个合伙人都参与企业的经营管理工作，若重大决策都需得到所有合伙人同意，很容易造成决策上的延误。

6.3 企业为什么需要合伙制

6.3.1 成功应对人才的流失

在高速发展的知识经济和互联网时代，传统型的人才制度和公司治理机制，在吸引并保留人才、选择经营者、激励经营者等方面显得力不从心。

6.3.1.1 知识在决策方面的话语权越来越大

随着经济发展水平提升，知识的重要性越来越凸显，相应地在企业剩余价值分配和决策方面，话语权也应越来越高，原有的薪酬制度吸引力在不断地减弱。从微观角度来看，不管是互联网企业，还是传统企业，如何吸引并留住人才都成为其事业成败的关键要素之一，许多企业因此推出合伙制来应对人才流失。在互联网等新兴行业中，人才资源要素是最活跃、最具价值创造潜能的要素，处于优先的位置，成为价值创造的主导要素。大型的成熟公司将高潜力员工发展成为合伙人以应对人才的流失；而创业公司更是需要寻找到卓越的合伙人以实现公司的生存和突破。

图6-1描述了一些合伙制企业吸引人的动机。

雷军
小米

小米吸引人才的秘诀是提供了可选择的报酬。比如邀请任何人加入的时候会给三个选择条件，可以选择和跨国公司一样的报酬，可以选择2/3的报酬拿多少股票，也可以选择1/3拿多少股票

上市后我们仍将坚持"客户第一，员工第二，股东第三"的原则。下一轮竞争，不是人才而是合伙人制度的竞争

马云
阿里巴巴

董秘谭华杰
万科

万科的一线公司总经理拿了块地，地块还没有开发完，可能总经理就已经离职了，所以用薪酬制度没有办法保证项目管理层始终与公司风险共担

图6-1　推出合伙制的代表企业对吸引并留出人才的动机

从宏观角度来看，随着经济的发展，人才的重要性日益凸显，需要合伙制等新的制度来提高其话语权。戴尔·乔根森（Dale Jorgenson）是测量经济增长原因的全球权威，其研究成果促使美国、经合组织和联合国改变了经济生产率和经济增长的正式计算方法。他在《经济增长动力：基于亚洲比较分析视角的政策见解》等研究中证实：当一个国家朝着发达经济体的方向发展时，劳动素质在其增长过程中所起的作用显著增加（如图6-2所示）。

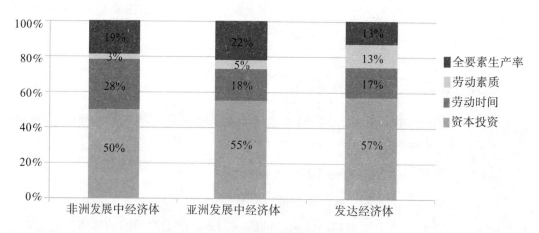

图6-2　生产要素GDP增长的贡献率

图6-2显示，在经济发展水平提升过程中（非洲发展中经济体＜亚洲发展中经济体＜发达经济体），劳动素质（人才）的贡献率与资本的贡献率的比值在显著增加（6%＜9%＜23%）。需要注意的是，在从发展中经济体成为发达经济体后，劳动素质（人才）的贡献率与资本的贡献率的比值出现了大幅跳升。

6.3.1.2　寻找合适的人，保障企业核心价值观的传承

一个企业避免倒闭的一个关键因素是"始终让正确的人坐在正确的位置上"，而合伙制可以让真正具有企业家精神的人管理企业，从而保障企业的基业长青。

一个好的企业治理机制必须首先解决经营者的选择问题，企业的发展就如一辆向外开出的车，"首先要把合适的人请上车，让大家各就各位，再让不合适的人下车，然后才决定把车开向哪里"。

成功的公司若失去创始人文化，就会沦为平庸，合伙制则可以保障企业核心价值观的传承。马云认为，"大部分公司在失去创始人文化以后，会迅速衰落蜕变成一家平庸的商业公司。"惠普、国美、IBM等巨头衰落的原因都被归结于原有核心价值观的丧失。阿里巴巴、联想、万科、美的等企业推出合伙制的主要目的之一，就是保证企业控制者一直认可其企业文化，特别是核心价值观。

图6-3所显示的是推出合伙制的代表企业对保证事业传承的动机。

我们出台合伙人制度，正是希望通过公司运营实现使命传承，使阿里巴巴从一个有组织的商业公司，变成一个有生态思想的社会企业。为此，集团希望更多的阿里人涌现出来加入合伙人团队，使我们的生态化组织拥有多样性和可传承性，保持源源不竭的发展动力

马云
阿里巴巴

如果要做百年老店，企业员工必须要有主人心态，高管要有事业心，否则企业就无法传承下去

柳传志
联想

希望通过事业合伙人机制抵御被恶意收购，牢牢掌握公司和自己的命运

郁亮
万科

受益于团队建设、利益深度捆绑，美的集团突破了成败系于一人。按方洪波的说法，假如他上午离开美的，下午就有个人来接班，企业的运作不会乱

方洪波
美的

图6-3　推出合伙制的代表企业对保证事业传承的动机

对于家族企业来说，传承问题更是最大的痛点，合伙人接班相对家族成员接班制度和职业经理人接班制度都有着比较优势。麦肯锡研究报告显示，全球家族企业的平均寿命24年，其中约30%的家族企业传到第二代，能够传至第三代的家族企业则不足13%，只有5%的家族企业在三代以后还能继续为股东创造价值。相对家族成员，合伙人的数量非常多，可以对之加以精心培养、优中选优。而且，接班时可以交给合伙人团队而非其中一个人，从而增加成功的可能性。

6.3.1.3 运用合理的分配机制来确保职业经理人的担当

职业经理人被普遍认为缺乏担当，而企业运用合伙制，通过更为合理的分配机制可以有效地弥补这一缺陷。

马云、柳传志、郁亮、郭广昌等企业家都对职业经理人制度提出质疑：认为职业经理人缺乏担当，基本上是包赢不包亏，赢了大家一起分享，但是亏了跟我没关系，最多我辞职不干了。

职业经理人缺乏担当的原因在于分配机制的缺陷。在传统的企业分配机制中（见图6-4上），工资是企业的成本，扣除各项成本（含工资）后的收益是企业的盈余，盈余只是作为企业利润分配给股东。真正决定这个公司有没有盈余、盈余多少的经营者，仅能从盈余中分配到较小的部分，存在创造盈余和分配盈余两者的脱节。

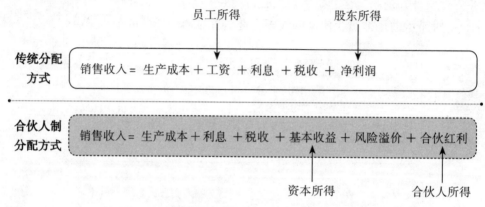

图6-4 传统分配方式与合伙人制分配方式的比较

合伙人制可以很好地弥补传统分配机制的缺陷。在合伙人机制中（图6-4下），经营者取代股东成为企业的利润受益人。由于企业的经营者站到了利润受益的位置，自然就有更强的动力去创造远超于社会平均水平的卓越收益。这就真正解决了创造盈余和分配盈余两者之间的脱节，进而彻底解决了所有权和经营权分离的问题。

6.3.2 适应市场变化和主动创新的需要

在知识经济和互联网时代，过去封闭的经济模式面临着挑战，已经难以适应市场变化和主动创新的需要。

（1）"平台型"经济和"生态系统"模式被普遍认可。平台经济已经在全世界迅猛发展，作为未来世界经济发展的一种非常重要的趋势性商业模式。"平台化"战略正在席卷全球，一批互联网公司壮大崛起。在一份《中国十大成功商业模式》的调查报告中，位居前列的分别是腾讯、阿里巴巴、百度、携程……这些成功的商业模式特点各异，却又有惊人的相似：这些公司无一例外都是平台型互联网企业，它们都在建立一个有助于企业发展的生态系统。

图6-5是一些企业家表达的对"平台化"组织变革的动机。

马云
阿里巴巴

正如我们过去一直强调的那样，阿里巴巴并非是某一个或者某一群人的，它是一个生态化的社会企业。运营一个生态化的社会企业，不能简单依靠管理和流程，而越来越多地需要企业的共同文化和创新机制，以制度创新来推动组织升级

落实创新驱动发展战略，海尔就是要加快推进"人单合一"的模式创新，最终建立起一个平台型企业。平台型企业就是快速配置资源的一个生态圈。这是一个生生不息的系统

张瑞敏
海尔

郁亮
万科

我希望打造的是一套关于房地产的生态系统，其中包括"草地""森林"和"大树"，以往我们的业绩可能只是集中在"大树"这个层面，至多是"森林"。而我希望万科可以依靠建立起来的生态系统各司其职

图6-5 企业家表达的对"平台化"组织变革的动机

相关链接

平台经济的特征

平台经济具备四个突出特征：一是依赖用户参与，二是信息精确匹配，三是双边市场、交叉网络外部性，四是大规模跨界。

一、依赖用户参与

平台经济最主要的特征就是依赖于用户参与。谷歌将用户的搜索行为转换为具有丰富价值的广告，脸书运用在线社交搜集并出售用户的精准画像，而优步则看准用户的交通需求充分调度私人汽车。平台能调动用户参与生产，也会对用户产生巨大影响。乐观派们强调，以优步为代表的平台能够释放未被充分使用的个人资产的商业价值，而类似于Youtube的平台则将让每一位用户都能成为具有灵活工作时间并从平台得到收益的创业者。

对劳动者和工作任务提供匹配服务的平台可能使劳动力市场更有效率，同时会出现一个工作岗位和价值创造都极度分散化的社会。

二、信息精确匹配

平台经济的第二个特征是信息精确匹配。某种类型的交易，如果有很多潜在买家和卖家，如何撮合两个群体达成交易将至关重要，而平台效率也集中体现为撮合效率。

平台经济之所以有价值，是因为其连接一切的特性及其虚拟空间打破时间限制与物理空间距离，使得企业超越区域小市场，面向全国或全球大市场，从针对存量

的"头部"发展到拓展增量的"长尾"，从人工操作处理为主发展到工具的技术替代。

平台是连接上下游、供需端或买卖方的第三方或第四方服务，也是从撮合交易、资源配置、开源创新等过程中，通过降低交易费用、分享价值增值收益的经营实体。

三、双边市场、交叉网络外部性

网络外部性有很多类型，但其中一种特别值得关注，即"双边网络外部性"。"双边网络外部性"意味着，已加入该平台的买家越多，则卖家加入该平台的潜在收益也越高；同样，已加入该平台的卖家越多，则买家加入该平台的潜在收益也越高。

由此，买家和卖家是否加入该平台，乃是一种"鸡生蛋，蛋生鸡"的正反馈过程。而对平台企业而言，如何达到正反馈，流量是基础，如何持续获取流量是打造平台生态圈的关键。

四、大规模跨界

平台经济的第四个特征就是跨界。随着资源共享范围越来越广、程度越来越深，产业内部的边界越来越模糊，产业通过平台实现的跨界融合现象也愈加显著。新经济格局下，产业的界限越来越模糊，打破原有产业边界，产业之间跨界现象显著。

平台型企业通过连接多边群体，整合多方资源，设立规则与机制，满足多边群体的需求，充当连接、整合的角色。传统企业也可利用连接、整合的思维去创造更大的价值。

企业通过减少不必要的中间环节，创造更多的价值连接，提升效率，带来增值。企业还可以通过协同上下游伙伴，甚至同业竞争者，一起设计新格局、新规则，为供应方及需求方带来更大增值。此外，企业可通过跨界整合，创造全新的价值。

（2）"平台型"经济和"生态系统"模式与合伙制的理念高度匹配。传统时代的企业战略导向是规模经济和范围经济，规模经济指的是企业做得越来越大，范围经济则是多元化发展。但是在互联网时代，一切都发生了变化，互联给世界带来的最大影响就是"零距离"，企业从封闭竞争的状态走向开放合作，从一体化走向平台。与封闭的经济模式不同的是，平台经济的核心就是开放，平台的逻辑是一个自我演化的生态系统。所谓平台的框架，就是可以快速配置资源的生态圈。创新的边界已经超出了企业的既有边界。技术和市场的快速变化，要求企业走出内部创新的藩篱，主动进行开放式创新。

（3）大量传统企业期望合伙制能破解原有系统的制约。大量传统企业希望往互联网方向转型，但受到其传统组织架构和管理体系的制约，很多企业的转型陷入"战略方向与执行策略变形""市场转型与管理转型不协调"等一系列困境之中。背后的根本原因是受到企业组织变革的制约：大量传统企业的转型只是外部市场经营业务和品牌宣传推广等层面，而涉及经营管理团队在企业内部的运营模式、管理手段和主动创造性等方面，都没有实现根本性的转变。

这些企业期望通过合伙制解决传统企业体制和机制在互联网时代的一系列矛盾与冲突。从表面上看，合伙制的推出和实施，主要是解决企业所有者与经营者之间的关系和定位。但在实际操作中，事业合伙人制度不只是解决了经营者在企业的地位和权限等问题，更重要的是通过牢牢抓住企业经营过程中人的问题，改变过去由"企业所有者一个人驱动"为"企业经营团队一个团队驱动"的新驱动体系。同时还激活经营管理层的活力、激情与斗志，解决过去一直以来传统企业发展活力和动力的问题。然后通过层层突破，从而彻底解决传统企业体制和机制在互联网时代的一系列矛盾与冲突。

6.4　合伙人制的主要形态

合伙人制主要可以分为三类：即股份合伙、事业合伙、业务合伙，当然在商业实践中很多企业会运用到多种合伙制的结合，成为混合型的合伙制模式。

6.4.1　股份合伙制

股份合伙最好的理解即合伙人投资并拥有公司的股份，成为公司股东，参与公司运营的同时，承担经营与投资风险、享受股份分红。股份合伙在过去是最常见的形式，对于创业公司来说即是共同出资、共同经营，称为创始合伙人，而对于传统企业或非创业期的公司来说，更多地表现为公司与业务骨干共同出资成立合资新主体公司的形式。

6.4.2　事业合伙人

"事业合伙人制度"，实际上是以人力资本为纽带的合伙人制度，主要是基于人力资本成为企业价值创造的主导要素，人力资本在与货币资本的合作与博弈中，拥有更多的剩余价值索取权与经营决策话语权，基于共识、共担、共创、共享的事业合伙机制，淡化了"职业经理人"仅仅为股东打工的观念，打破了"职业经理人"作为雇佣军的局限，以共识、共担、共创、共享为合伙理念，重构了组织与人、货币资本与人力资本的事业合作伙伴关系。

事业合伙制不仅仅是一种激励手段，而是企业持续发展的一种战略动力机制，是一种企业成长与人才发展的长效机制。是一个涉及企业战略创新、公司治理结构优化、组织与人的关系重构的系统工程。

事业合伙可以分为以下两类。

（1）公司拿出一项业务、产品、项目、区域（单店）等可独立核算的经营体与参与该经营体运营的员工共同投资、共享利润、共担投资风险，如万科的项目跟投、很多连锁企业的单店员工入股。

（2）公司不区分不同业务/项目/区域，其虚拟股份对应整体经营盈利情况，全体合伙人出资认购公司整体的虚拟股份，并根据公司整体盈利状况进行分红、承担风险，如华为的内部员工持股计划。

事业合伙人制的机制如图6-6所示。

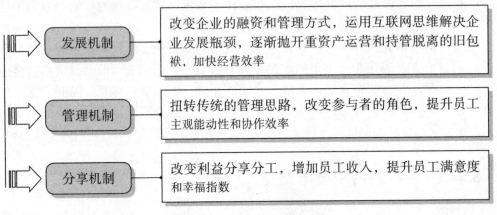

发展机制 —— 改变企业的融资和管理方式，运用互联网思维解决企业发展瓶颈，逐渐抛开重资产运营和持管脱离的旧包袱，加快经营效率

管理机制 —— 扭转传统的管理思路，改变参与者的角色，提升员工主观能动性和协作效率

分享机制 —— 改变利益分享分工，增加员工收入，提升员工满意度和幸福指数

图6-6　事业合伙人制的机制

6.4.3　业务合伙

业务合伙常见的有以下两类形式。

（1）经营团队独立自主进行业务开拓与执行，享受团队经营所得的利润，这是合伙人制最早的形态，常见于智力服务机构，如：管理咨询、会计师事务、律师事务所、投资银行等轻资产运作的机构，人力资本是企业经营的主要因素，对于新业务板块的增加不需要额外的资源与资本投入，有人就能上新业务。

（2）类似于承包制的演化。即在公司确定的业绩、利润基础之上，由经营团队通过努力实现的增值部分进行利润共享，不足部分影响员工收益，适用于非轻资产运作但员工对业绩/利润起到较大作用、员工经济实力不足以进行资金跟投的企业，更多应用于基层员工的合伙人制改造，如永辉超市推行的一线员工合伙人制。业务合伙不涉及法人主体及股份身份事宜，业务合伙人通过自己的开拓与努力实现业绩与利润，并享受分成。

【案例】▸▸▸

永辉超市一线员工合伙人制

一、永辉超市合伙人制度推出的背景

　　整个超市业的一大问题是，一线员工干着最脏、最累的活，却拿着最低微的薪水，整个行业员工的流动性更是高得要命。永辉超市董事长张轩松曾在一次进店调研中发现，当一名一线员工每个月只有2000多元的收入时，他们可能刚刚温饱，根本就没有什么干劲，每天上班事实上就是"当一天和尚敲一天钟"而已。顾客几乎很难从他们的脸上看到笑容，这对于网络冲击下的实体零售业来说，更是一个巨大的问题。

如果一线员工是一种"当一天和尚敲一天钟"的状态的话，在他们码放果蔬的时候就会出现"往一边丢""往那一砸"的现象，反正卖多少都和我没关系、超市损失多少果蔬也和我没关系。受过撞击的果蔬通常几个小时就会变黑，这样就无法吸引消费者走进购买，进而对整个超市造成影响。

激烈的市场竞争让零售企业更多地关注于如何获取外部客户，既包括维系老顾客，又包含吸引新的客户。但是过度的竞争却也让企业忘了他的"内部客户"，也就是员工，尤其是一线员工。尽管内部客户给企业带来的是"间接受益"，但他们对消费者的购买、购买行为有着不小的影响：如果非要按照数据来折算的话，那么内部员工的意义是，他们到底是让80%的客户能多买一点，还是让80%的客户少买一点。

可问题在于，直接提升一线员工收入的情况也是不现实的。

（1）单纯增加员工薪资，就会增加企业成本负担，影响超市盈利。

（2）加多少合适，加多了老板不愿意，加少了激励性弱，效果短暂。

比如永辉超市在全国有6万多名员工，假如每人每月增加100元的收入，永辉一年就要多付出7200多万元的薪水——大概10%的净利润。况且100元对于员工的激励是极小的，效果更是短暂，总不能每隔几个月就全员提薪100元吧。

为此，既为了增加员工的薪酬，也为了节约成本（果蔬的损耗）以及提升营运收入（吸引更多消费者的购买），所以永辉超市在执行副总裁柴敏刚的指挥下开始了运营机制的革命，即对一线员工实行"合伙人制"。

二、永辉采用的合伙人制度

作为超市业实施合伙人制的代表企业，永辉超市合伙人制2013年开始在福建大区试点，2014年推广到全国，并在2015年初交出了不错的成绩单。虽然合伙人制项目主要负责人永辉超市执行副总裁柴敏刚已经离职，但是永辉在合伙人制上的很多做法还是值得零售企业学习与借鉴。（注：文中所有柴敏刚的言论都是其在永辉任职期间的言论。）

激烈的市场竞争让零售企业更多地关注在如何获取外部客户（既包括维系老顾客，又包含吸引新的客户）这点上。但是，过度的竞争却也让企业忘了它的"内部客户"，也就是员工，尤其是一线员工。

尽管内部客户给企业带来的是"间接受益"，但他们对顾客的购买行为有着不小的影响力。如果用数据来说话，那么内部员工的意义是，他们到底是让80%客户能多买一点，还是让80%客户少买一点。

为此，永辉超市引入了"合伙制"，并对合伙制进行了革新，并通过"新式合伙人制度"给一线员工们注入了强大的活力和旺盛的斗志。

最开始，合伙人制度只在某些生鲜品类的销售岗位进行试行。因为销售岗位的业绩比较容易量化。在随后的2014年，永辉超市在全公司进行推广，合伙人制度的阳光普照到了基本上所有的基层岗位。

"这也是一个试错的过程，我们希望能够在未来找到一个科学的机制，像华为和万科那样，与每一位员工共享利益。"柴敏钢表示，"永辉合伙人制度，最多的时候有七八个版本，到目前也是根据区域的不同，存在两三种方案"。

（一）增量利润的再分配

要理解永辉合伙人制度的精髓，就必须把握其核心：总部与经营单位（合伙人代表）根据历史数据和销售预测制定一个业绩标准，如果实际经营业绩超过了设立的标准，增量部分的利润按照比例在总部和合伙人之间进行分配。

所谓经营单位，也就是总部与其进行利益分配的另一方。由于永辉有数万名员工，总部不可能与每一位员工去开会敲定合伙人制度的一些细节和考核标准。因此，一般是以门店或者柜组为经营单位，它们代表基层员工参与合伙人计划，并与总部讨论至关重要的业绩标准与考核。

"一般情况下，合伙人是以门店为单位与总部来商谈。永辉总部代表、门店店长、经理以及课长，我们一起开会探讨一个预期的毛利额作为业绩标准。将来门店经营过程中，超过这一业绩标准的增量部分利润就会拿出来按照合伙人的相关制度进行分红：或者三七，或四六，或二八。店长拿到这笔分红之后就会根据其门店岗位的贡献度进行二次分配，最终使得分红机制照顾到每一位基层员工。"柴敏钢说。

柴敏钢提到，"我们就开始和员工沟通，在品类、柜台、部门达到基础设定的毛利额或利润额后，由企业和员工进行收益分成。而在分成比例方面，都是可以沟通讨论的。在永辉合伙人制度的实施过程中，五五开、四六开，甚至三七开都有过。"

这样一来，员工会发现自己的收入和品类或部门、科目、柜台等的收入是挂钩的，只有自己为消费者提供更出色的服务，才能得到更多的回报。因此，合伙制对于员工来说就是一种在收入方面的"开源"。

另外，鉴于不少员工组和企业的协定是利润或毛利分成，那么员工还会注意尽量避免不必要的成本浪费。以果蔬为例，员工至少在码放时就会轻拿轻放，并注意保鲜程序，这样一来节省的成本就是所谓的"节流"，这也就解释了在国内整个果蔬部门损耗率超过30%的情况下，永辉超市只有4%~5%损耗率的原因。

在合伙制下，企业的放权还不止这些。对于部门、柜台、品类等人员招聘、解雇都是由员工组的所有成员决定的——"当然也可以招聘10名员工，但是所有的收益大家是共同分享的。"这也就避免了有人无事可干，也有人累得要死的情况。最终，这一切都将永辉的一线员工绑在了一起，大家是一个共同的团体，而不是一个个单独的个体——极大地降低了企业的管理成本，员工的流失率也有了显著的降低。

当然，这种合伙制在永辉超市更是因"店"制宜，在一家店铺中，既可以部门为单位，又可以柜台、品类、科目为单位，非常灵活。

（二）分工明确是前提

永辉以生鲜经营起家，形成了具有特色的生鲜经营模式：营运各个岗位分工明确、职责清晰，并且店铺端人数要多于同类型大卖场一半甚至更高。

因此，永辉对基层员工的敬业度、能力以及工作状态要求也较高，人力成本的绝对值也较高，这也是永辉超市用心良苦推行合伙人制度激励基层员工的根本动机所在。

以果蔬品类为例，果蔬品类到达门店的这一刻便进入了营运环节。首先要进行验收。永辉门店的收货员是一个非常重要的岗位，对生鲜的品质起到把关作用。除了人品正直、技术过硬之外，永辉超市对这一岗位有着很多严苛条件。甚至在永辉发展的前些年，一般情况下，验收岗位一般由福建本地人担任，并且要经过在经理级别以上的永辉总部人员举荐。

为了提高生鲜毛利，果蔬品类在经过验收之后还要经过加工间进行筛选，从中挑选出精品菜进行打包，经过初加工后的生鲜被陈列到门店。此时，前场理货员接手，按人头承包台面，负责对后场叫货和台面补货作业，保证商品丰满。此外，还有前场辅助人员，负责翻包、清洁、秤台等工作。

为了更加灵活应对市场，永辉生鲜价格一日数变。营业前，生鲜经理带着课长对一二百个品种逐一定价销售。营业中期，由生鲜经理视不同商品的状态（鱼的鲜活程度、菜的新鲜程度）随时降价；临近闭店时理货员可以与顾客议价，经请示经理后大幅打折。

由此可见，由于永辉生鲜经营的灵活性、岗位设置的细致度以及营运环节的精细化管理，使得永辉对一线员工工作的质量非常依赖，这也是为什么永辉超市要进一步激发基层员工的积极性的原因。

（三）专业买手股权激励

在一线员工中，企业还有一些具有专才的重要一线员工，如药店中拥有执业药师资质的店长、店员。而对于永辉来说，其中最重要的就是和生鲜相关的这部分，于是在合伙制之上，永辉又对这些专才买手们进行了更大的利益分享——股权激励。

买手就是永辉超市在供应链底端的代理人，对于买手来说，经过多年的探索，他们对于当地的菜品是非常熟悉的。对此，福州永辉现代农业发展有限公司总经理林忠波举例道，"比如到底什么时候收菜，才能保持更长时间的新鲜度？也许四五月份要在凌晨收菜，六七月份就得赶在天亮前收菜，而八九月份就必须要在前一天晚上收菜，这些知识和经验都是永辉和买手们在多年的试错后得来的，而且不同的菜品、不同地区的相关知识又都是不同的。"

由于买手们熟悉村镇的情况，又对菜品的各种特征了如指掌，这使得他们的工作非常容易开展，但同时，这也容易导致买手们被其他企业所觊觎，以更高的薪水挖走。因此，永辉面临的最重要的问题就是保证买手团队的稳定性。对于买手团队，永辉做的就不仅仅是合伙人制度了，永辉将合伙人制度跨上了一个新台阶，通过合伙人制，向买手们发放股权激励，借此将他们稳固在企业的周围，这也可以理解为是一种"更高级的合伙制"。

在永辉超市位于福建省福州市闽侯县竹岐乡汶州村的果蔬合作社，负责温州村的买手告诉记者，他已经在永辉工作10年了。"这一切都得益于我们的股权激励制度。"林忠波说。

而除了和这些企业的内部员工建立中、高层级的合伙制外，事实上，永辉超市更和当地的农户建立了一种类似"合伙人制度"的合作。

对此，林忠波提到，"和农户签署合作协议是法律基础，但是法律永远都是底线，经过十几年的探索和沉淀，我们发现和农户间最重要的是'信任'二字。"在多年的合作后，永辉得到了一批忠实的合作伙伴，这也就成为永辉超市在果蔬方面的核心竞争力，这些也就是永辉和农户间类似于"合伙人制"所带来的优势。

三、永辉合伙人制度的细节

（一）永辉合伙人制度的目的

（1）以门店为单位，以门店整体业绩任务达成作为参与分红的前提条件，从营运部门到后勤部门，从员工到店长均参与，体现全员参与、共同经营门店的目的。

（2）充分调动员工工作积极性，激励员工超额完成公司下达的经营目标，践行融合共享、成于至善的企业文化。

（二）合伙人制度适用范围

合伙人制度适用范围见下表。

合伙人制度适用范围

门店全体全日制员工	
参与人员	不参与人员
1.店长、店助 2.四大营运部门人员 3.后勤部门人员 4.固定小时工（工作时间≥192小时／月）	1.微店课、咏阅汇、新肌荟、茅台等课组人员 2.培训生、实习生、寒暑假工、学习干部 3.小时工（工作时间＜192小时／月）

（三）分红前提条件

门店销售达成率≥100%，利润总额达成率≥100%。分红前提条件见下表。

分红前提条件

类别	分红条件
店长、店助、后勤人员	门店销售达成率≥100%，利润总额达成率≥100%
营运部门经理、经理助理、部门公共人员	部门销售达成率≥95%，部门毛利达成率≥95%
营运部门各课组人员	课组销售达成率≥95%，课组毛利达成率≥100%

（四）合伙人奖金包

合伙人奖金包分配见下表。

合伙人奖金包分配表

职级	各职级资金包分配
店长、店助	门店奖金包×8%
经理级	门店奖金包×9%
课长级	门店奖金包×13%
员工级	门店奖金包×70%

门店奖金包=门店利润总额超额÷减亏部分×30%

门店利润总额超额/减亏部分=实际值-目标值

门店奖金包上限：门店奖金包≥30万元时，奖金包按30万元发放

（五）合伙人奖金计算

奖金计算见下表。

奖金计算表

职级	个人奖金
店长、店助	店长级奖金包×出勤系数
经理级	经理级奖金包÷经理级总份数×对应分配系数×出勤系数
课长级	课长级奖金包÷课长级总份数×对应分配系数×出勤系数
员工级	员工级奖金包÷员工级总份数×对应分配系数×出勤系数

注：有二助的门店，店长级奖金包店长分配70%，店助分配30%。

（六）结算说明

1.分配系数

按部门毛利达成率的排名情况，确定各部门对应分配系数。例如：某店生鲜部毛利达成率在该店四大营运部门中排名第1，生鲜部对应分配系数为1.5，即生鲜部的经理、经理助理、课长、员工的分配系数均为1.5。见下表。

分配系数表

部门毛利额达成率排名	分配系数
第1名	1.5
第2名	1.3
第3名	1.2
第4名	1.1
后勤部门	1.0

2.总份数

总份数＝∑各部门同职级人员人数×部门毛利额达成率排名对应分配系数

注：①经理级份数，含经理助理；课长级份数，含副课长。

②以上统计的总份数，不包含双指标未达成的部门或课组各职级人数。

3.出勤系数

出勤系数＝（当季应出勤天数−事假/病假/产假/工伤假天数）÷当季应出勤天数

4.奖金发放

按季度结算，奖金与次月工资一起发放。

（七）合伙人计划推行效果

直接用数据说话。

（1）员工工资。年度人均工资增幅14%（上涨到2623元）。

（2）企业人效。日均人效产出19%（上涨到1918元）。

（3）离职率。员工年度离职率下降2.46%（下降到4.37%）。

四、永辉合伙人制度给我们的启发

总结一下，永辉合伙人都有以下一些先进经验值得我们学习。

（1）敢于管理创新。无论是借鉴华为"虚拟受让股"制度，或是万科"合伙人"制度，永辉合伙人制度是一种管理创新精神。

（2）敢于落地试错。合伙人方案刚出来时最多的有七八个版本，现在根据每个区域的不同，也还会有细化出来两三个方案，这就是一个试错过程，具有管理探索精神。

（3）敢于持续优化。从2013年发起，到2014年试点推行，到2015年的持续优化，看得见永辉用实际行动去持续优化，这是一种管理精益化精神。

事业合伙人是高度认同组织价值观，承诺并力行组织目标与原则的人的群体。事业合伙人机制，就是建立、甄选、管理、激励事业合伙人的全生命周期的管理机制。

事业合伙人实质上是在企业中建立起企业家的群体。打个不太恰当的比方，如同在公司里建立起一支类似党的组织。这群人抱有共同的理念，共同的价值观，有共同的追求，为了一个共同的目标而奋斗终生。建立这样一支队伍，分配环节自然要共同参与分配，这就叫事业合伙人机制。

很多人搞不清事业合伙人机制与股权激励机制两者的区别。其实区别很简单，股权激励是用股权实现对人的有效激励的管理办法，事业合伙人机制则是对一个特定群体实现有效化的全生命周期的管理机制。换言之，事业合伙人机制一定包括股权激励，但是股权激励则不一定只针对事业合伙人。

7.1 何谓事业合伙人

7.1.1 事业合伙人的定义

事业合伙人就是"合在一起成为一伙"，成为平等共担共享的伙伴。在公司的具体表现就是获得股份或分红权，成为股东，成为自己的主人。在员工持股的形式上，根据长期利益捆绑和短期激励的不同目的，分为持有公司股份和持有项目股份两个方面，即持股计划和项目跟投。如图7-1所示。

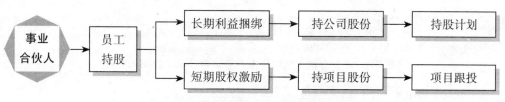

图7-1 事业合伙人在公司的具体表现

7.1.2 传统管理方式中股东、管理层、员工之间的关系

在企业传统的生产关系中，股东、管理层、员工之间的关系是一种自上而下的指令关系和分配关系。如图7-2所示。

企业管理决策从上向下级级传达，但被动接受指令的下级因理解能力、个人利益和主观动力等原因会导致执行力度层层递减，最终导致经营效率的损失。企业经营成

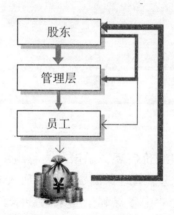

图7-2　传统管理方式中股东、管理层、员工之间的关系

果的分配完全由上级决定，并通过固定薪酬、绩效考核等一系列手段进行绩效评价和发放，下级同样处于被动消极的状态。

7.1.3　事业合伙人制中股东、管理层、员工之间的关系

在合伙人思想指导下，员工不再是单纯的劳动者，而是自己的主人。新的生产关系极大提升了人才的内生动力，从根本上改变了人力资源利用效率。

由于角色的转变，上下级之间单向命令式的被动管理所带来的消极作用被基本消除，各方开始主动提高工作配合、速度和质量，管理成本开始下降。

在这种情况下，员工自己的付出，决定自己的收入，付出与回报关系更紧密，具有更高的激励性，也同样为员工开辟了一条收入通道。如图7-3所示。

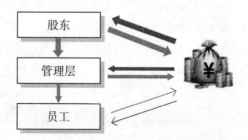

图7-3　事业合伙人制中股东、管理层、员工之间的关系

两者的比较总结如图7-4所示。

在合伙人的架构下，只要你能够提供足够的价值，给企业带来足够多的利益，你就可以成为合伙人，变成企业的股东、所有者，从而参与企业利润分享

在传统管理方式下，无论你干得多么好，位置坐得有多高，你永远都只能是一个职业经理人，无法成为企业的所有人（即使奖励给你股份，也是非常少的）

图7-4　两者的比较总结

"事业合伙人"与"合伙企业"的区分

"事业合伙人"与"合伙企业"是不同的两个概念。

"事业合伙人"是企业的一种治理机制，是企业管理的一种手段。

"合伙企业"是一种法律概念，相对于公司制企业而言，是一种企业的组织形式，也是项目跟投机制普遍采用的一种组织工具。

7.2 事业合伙人的基本特点

合伙制的基本特点为"数据上移、责任下沉、权力下放、独立核算、利益共享"，主要包括以下三方面。

第一，合伙制最关键的是数据要上移，做到信息对称。

第二，责任一定要下沉，沉到各个事业群，沉到各个项目，沉到各个自主经营体；权力下放，独立核算，各个经营业务单元一定要独立核算，核算各个事业群、各个团队、各个项目。

第三，利益共享。

7.3 事业合伙人的四种模式

从人员范围的角度来看，我们把事业合伙人的模式分成以下四种类型。

7.3.1 创始人模式

创始人模式是狭义合伙人，特指企业的创始人股东，如小米、腾讯等，在小米，只有雷军等几位创始人拥有合伙人头衔，并且，在公司内部不提或有意弱化合伙人概念。这种模式很多公司比较常见，公司在初始期的时候，创始人就是合伙人，之后再逐步滚雪球似的壮大，这其中坚持的是宁缺毋滥原则。

【案例】▶▶▶

小米雷军：单打独斗已经成为历史，未来创业的趋势将是合伙人制

小米创始人雷军认为：单打独斗已经成为历史，未来创业的趋势将是合伙制。这种合伙制的目的是什么？就是要打造一支卓越的创业团队，就是吸纳和凝聚更多的优秀人才抱团打天下。小米创业团队8个人中有5个"海龟"，3个"土鳖"，每个人都能够独当一面，创业团队年龄平均43岁，都实现了财富自由，不再简单追求挣钱，而是追求将事业做大，从而获得事业成就感。这些人因为解决了基本生存问题，不再为五斗米折腰，他们想实现共同创业，想干出一个伟大的企业，因此，这些人创业的时候完全可以不拿工资，而且他们愿意共担风险。总之，小米找合伙人的最终目的是要找到最聪明、最能干、最合适干、最有意愿干并愿意抱团合伙干的创业人才。标准有三个：首先要有创业者心态，愿意拿低工资；愿意进入初创企业，早期参与创业，有奋斗精神；愿意掏钱买股份，认同公司目标、看好公司前景并愿意承担相应风险。

7.3.2　企业精英模式

合伙人主要是由对企业未来发展有至关重要影响的核心人员构成，比如阿里巴巴、复星。复星的首批18位全球合伙人中，包括复星国际执行董事、复星集团各业务板块和职能板块的核心高管等，把核心的高管层面几乎全都覆盖了。这其中可以看到，虽然说阿里定义的是你入职要达到一定年限、价值观认同等条件满足的情况下，才能进入合伙人队伍。可是它最潮的几个业务板块的人员，入职不到一年也进入了合伙人队伍，可见它已逐步从创始人模式走向企业精英模式。

【案例】 ▶▶▶

阿里的合伙人制度

2009年9月，马云突然宣布包括自己在内的18位创始人集体辞去元老身份，阿里巴巴将改用合伙人制度，2010年，阿里巴巴合伙人制度正式开始试运营。

阿里的合伙人不同于股东、不同于董事，合伙人必须持有公司一定的股份，但是在60岁时退休或在离开阿里巴巴时同时退出合伙人（永久合伙人除外），不再保有股份。

阿里合伙人并非公司的经营管理机构，合伙人会议的主要权力是董事会成员候选人的提名权：合伙人拥有人事控制权，而非公司运营的直接管理权。

创立背景：为了解决两大核心问题——如何掌控对公司未来的控制权，及如何在创始人不在的情况下，建立一种可以永续发展的创新文化。2010年开始，阿里巴巴开始在管理团队内部试运行"合伙人"制度。

团队组成：由30名具有不同的业务能力和背景的高层管理人员组成（共持有阿里14%的股权）。在合伙人团队中，有负责交易系统的，有来自技术部门的，也有具有金融背景，负责金融业务的。从任职过的部门、负责过的业务来看，也横跨了财务、人力、技术、战略、法务等。

团队分工：合伙人团队"三代人"负责不同的管理内容，最年轻的做执行；中间一代管战略；老的什么都不管了，只看人。

阿里合伙人的任职资格：

- 在阿里工作5年以上
- 具备优秀的领导能力
- 高度认同公司文化
- 对公司发展有突出贡献
- 愿意为公司文化和使命传承竭尽全力

合伙人的权力：拥有董事提名权，不拥有公司运营的直接管理权。有权提名超过一半董事会董事，若所提名人选不获委任，则合伙人有权再次提名新的董事，直到被股东大会批准。

合伙人主要职责：体现和推广阿里巴巴的使命、愿景和价值观。

阿里合伙人类别：见下表。

阿里合伙人类别

永久合伙人	• 为阿里巴巴永久性合伙人，永久合伙人将一直作为合伙人直到其自己选择退休、死亡，或丧失行为能力或被选举除名 • 永久合伙人的产生，可以由选举产生；也可以由退休的永久合伙人或在职的永久合伙人指定 • 目前阿里的永久合伙人只有马云、蔡崇信
普通合伙人	• 普通合伙人一旦不为阿里集团或者关联公司工作，就不能再担任合伙人，退休的合伙人可以被选为荣誉合伙人，普通合伙人需要在60岁时退休 • 目前阿里巴巴普通合伙人有28名，包括陆兆禧、彭蕾等
荣誉合伙人	为阿里巴巴荣誉性合伙人，荣誉合伙人无法行使合伙人权利，但是能够得到奖金池的一部分分配

7.3.3　管理团队模式

这种模式的合伙人范围广泛，包括企业的中高层管理人员，最突出的代表就是万科。当然落到哪一层取决于目的——建立一支共担责任、共创价值的团队，还是赢得公司的控制。目的决定前后次序、优先次序，影响到人员的范围。

【案例】 ▶▶▶

万科的事业合伙人制

2010～2012年间，万科高管大量出走，三年间大约有一半执行副总裁以及很多的中层管理人员离开，甚至还引发了关于万科"中年危机"的大讨论。

在这个背景下，万科拟通过合伙人制度，来重新界定公司与员工的关系，防止优秀人才的过度流失，应对已经到来的新形式。

2014年，中国房地产业龙头万科集团召开了合伙人创始大会，共有1320位中高级管理人成为首批万科事业合伙人。万科总裁郁亮喊出了响亮的口号："职业经理人已死，事业合伙人时代诞生"。万科的事业合伙人制主要有两种具体的做法：一是项目层面的跟投合伙制；二是集团层面的合伙人持股计划。

一、万科项目跟投合伙机制

所谓跟投制，指的是除万科董事、监事、高级管理人员以外，其他员工可自愿参与公司项目投资，投资总额不超过该项目资金峰值的5%，遵循市场化运作。

项目所在的一线跟投人员可以在支付市场基准贷款利率后，选择受让份额。

通过跟投，员工成为项目合伙人，这有助于激发内部创业热情和创造性，为股东创造更大的价值。

万科项目跟投合伙机制的设置要点如下图所示。

责任共担、利益共享	建立机制进退有序	加强管控设置上限
让参与项目投资、负责、管理的一线人员增加对项目的关注度和用心度，以投资者+管理者的身份执行到位	员工跟投计划满18个月后，若退出计划可按照同贷款基准利率付兑现收益	员工初始跟投不超过项目资金峰值5%，同时额外跟投不超过项目资金峰值5%

万科项目跟投合伙机制的设置要点

万科一线公司的核心经营管理团队和项目操盘团队是必须参与跟投的，其中地区公司经营管理团队涵盖了人事、财务负责人，起投资金一般不少于20万元。

项目层面所有参与者必须跟投，起投资金不少于5万～10万元。这是其中一个项目的起始投入资金，各个项目之间会有差异。

二、集团合伙人持股计划

采用了传统的股东治理路线，即通过增持公司股份加强经营层控制力，推出事业合伙人制。2014年5月万科A（000002.SZ）推出事业合伙人计划。具体如下：盈安——员工EP（超额净利润）基金回购公司股份，截至2014年9月公司最新发公告集合计划共持有本公司 A 股股份 359036339 股，占公司总股本的 3.26%。万科资产管理计划如下图所示。

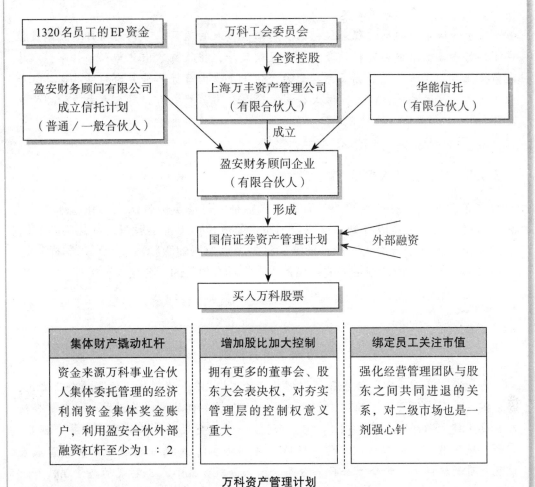

万科资产管理计划

万科的合伙人制改革，将公司的业绩、股市的表现、投资的风险与员工切身利益联系在一起，项目开发的过程中，项目所在区域公司相关人员要求必须跟投项目，共享利益、共担风险；而管理者须将年终收入购买公司的股票；使得所有人员的收入不再仅仅靠个人绩效考核来定，而是与公司的收益、项目的收益紧紧捆绑在一起。

"风险共担"这一要求对于内部人员的筛选有着直观性的作用，对于公司内部"搭便车"、只想收益不想付出、害怕承担风险责任的员工或许会离开平台；但同样的，有能力、有担当、对公司真正认可的人才，在改革的过程中一定能够与公司同呼吸、共命运。

随着事业合伙人制度的推行，万科的团队被激活，协调更顺畅，营销更生猛，这就是事业合伙人与职业经理人的区别。未来万科合伙人制还将逐渐沿着产业链向上下游合作伙伴延伸，让万科产业链上下游的参与者能够参与到利益分配和风险共担上来，从承包工程到建设自己投资的工程，质量、效率必然大幅提升，而参与者同时亦能享受更多的增量收益。

对于传统企业转型过程来说，需要资本金投入的项目，万科的项目跟投制度值得深思与借鉴，采取类万科的合资、跟投制度等，将收益拿出来与人才共享，人才也与企业共担风险，从雇佣关系转变为合伙关系，由雇佣体转变为利益共同体、事业共同体、命运共同体，共同做大公司、分享公司必然成为公司人力资源管理的新趋势。

7.3.4 全员合伙人模式

有些企业期望所有员工都要具有合伙人精神，打造全员合伙人文化，如在华为、小米，都在实行全员持股计划。这些公司希望每一位员工都是股东，都是共同的创业者，给予员工最具"合伙人"精神的激励计划、最慷慨的激励额度。小米同样实行全员持股计划，员工持股计划带来的效果是小米人具有很强的"合伙人"精神。

【案例】▶▶

南钢全员合伙制

为打造"共创共享"理念和"以创业者为本""以价值创造为荣"的企业文化，南京钢铁联合有限公司（简称南钢）着手建立全员共创共享经营模式——全员合伙人制度：建立价值观一致、目标一致、利益一致的企业和员工关系；倡导"创业、创新、风险共担"的合伙人文化；实践"共创共享"，完善中长期激励和经营成果惠及全员的机制；推行全员合伙、分层合伙、分级合伙形式，实现动态管理、有进有退、能升能降。

南钢的全员合伙人制度主要构成有5种方式。

方式1：全员效益分成。根据钢铁主业实现的效益，主业全体员工按组织和个人绩效及贡献，按分挡累进不同比例提奖，让全体员工共享企业发展成果。

方式2：全员创新激励。南钢每年拿出一定的金额对创新项目进行奖励。

方式3：员工持股。2015年，南钢开始实施员工持股计划，员工以低于一定市场价的价格自愿认购南钢股票，通过员工持股，建立和完善南钢与员工的利益共享机制，增强员工的凝聚力，巩固公司长期可持续发展的基础。

方式4：期权激励。南钢自2017年开始实施期权激励计划，成立合伙人委员会，正式推行合伙人制度并选拔出第一批核心合伙人，向公司董事、中高层管理人员、核心技术（业务）骨干等授予股票期权（属于长期激励范畴）。

方式5：项目"跟投"和"carry"（业绩报酬）。公司内部的固定资产投资项目根据投资额分为六挡，跟投人员根据各挡级跟投，项目完成后根据评价结果对跟投人员进行兑现，最高可获得跟投金额1.5倍回报；公司外的产业投资项目，项目团队人员利用自有资金跟随公司共同向标的企业进行投资，并可根据投资份额获取同等投资的回报，项目团队跟投额度原则上为公司投资金额的1%～10%，根据投资项目税后净收益，按比例给予投资人员、投后管理人员、项目支撑团队奖励。

南钢全员合伙人共创共享体系，为企业文化再造导入了互联网特征的新元素。一是聚合思维，大家围绕一个共同目标聚合，遵守共同的规则，各自管理，共同发展和分享利益；二是跨界思维，不拘泥于产业分工，基于产业经济链思维，泾渭分明，你做你的事，我做我的事，但你中有我，我中有你；三是共享思维，企业组织不再是雇佣思维，即"你干活，我付钱"，而是把企业变成平台，大家是合伙人，资源共享，利益共享。

南钢推行全员合伙人制度后，这种"创新创业、共同经营、风险共担"的合伙人文化，让企业全员"共创共担共享"，并完善了中长期激励和经营成果惠及全员的机制，确保收益与价值贡献挂钩，极大地激发了企业和员工的内生动力、创新潜力、创业激情。

第八章　推进合伙人制度的基础

8.1　推进合伙人制的基本价值理念

一个企业要推进合伙人制，首先还是要回归到最基本的价值理念上：共识、共担、共创、共享。

8.1.1　共识

合伙的第一要素就是要达成共识，那么什么是共识？所谓共识就是指道要相同，也就是企业文化中的价值观要一致，才能一起合伙做事。

要推进合伙人制的企业，一定是一个使命与价值驱动型的组织。合伙人一定要有战略共识，有共同的使命和价值观。俗话说：道不同不相为谋。几个人要合伙，首先要解决"道同"的问题，只有"道同"才能减少企业内部的交易成本，才能真正建立起信任机制。所以，合伙人制的前提，就是大家要有共同的使命和价值观。

同时，企业的老板一定要改变观念，要真正从个人能力到组织能力实行合伙制。合伙制要有企业家精神，在共同使命追求下，重视人才信用与组织信任价值，要使人才信用价值与组织信任价值成为组织最重要的核心资产。所以，合伙制需要有更强的文化纽带和长期承诺，而不仅仅是短期承诺。

8.1.2　共担

这也是合伙制最重要的理念。

合伙人的共担体现在两个层面上，如图8-1所示。

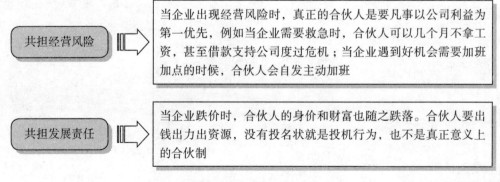

图8-1　合伙人的共担体现

所以，企业内部要建立新的规则：首先，既要出钱又要出力，还要共担责任。合伙制企业需要组织建立平台体系。其次，组织内部的核算单位要划小，实行平台化管理，区分平台的责任与核算单位的小微责任，这就是我们所讲的"数据上移、责任下沉、权力下放、利益共享"机制，我觉得还要加上"独立核算"。核算一定要到位，建立核算体系，把每个人为组织创造的价值核算出来。数据上移是为了信息对称，责任下沉就是大家承担风险，承担共同治理责任、绩效责任，才能做到权利往下放、独立核算，最后才能做到利益共享。

8.1.3　共创

什么是共创？就是共同创造价值。合伙人是基于一份事业去创造价值，不是为了分钱，所以合伙人需要持续创造价值的动力和拼搏精神。

企业内部，每个合伙人各有能力，把每个人的优势真正发挥出来，企业要建立价值驱动要素联动，尤其是在互联网时代，要提高各个业务单元合作协同创造价值，以客户价值为核心，真正形成"价值创造—价值评价—价值分配"的循环。

8.1.4　共享

共享即共享事业成果，共享分为两个层面：一是收益共享，即当下经营活动所产生的增量；二是价值共享，即资本市场的股票增值。组织内部不光是利益分享，更重要的是信息与知识共享、资源与智慧共享，真正形成良性的生态环境共享体系。

企业一定是平台化＋各个自主经营体＋各个独立核算单元，一定是建立共享平台后加上一个一个的价值创造体和自主经营体。在腾讯叫项目制，在华为叫铁三角，实际上就是平台＋价值创造体。

共享不是单纯的利益共享，是基于平台的信息与知识共享、资源与智慧共享。所以，共享平台＋价值创造体是推行合伙制最核心的内容。

8.2　构建新的商业文明

企业合伙制不是简单的激励手段，是企业要构建新的商业文明，涉及企业战略转型、企业治理体系的优化，也涉及业务模式创新、组织和人的关系重构以及组织变革。

8.2.1　企业家观念要转型

所以，真正推行合伙制，不是简单地设计一个制度，然后做一个方案出来。一个企业真正要推行合伙制，我认为首当其冲的是企业家本人的观念要进行转型。企业家首先要实现八大转型，如图8-2所示。

企业家首先要实现转型，否则推行合伙制这套体系和原有方式会产生很大冲突，这是第一个必须要改变的。

1	从所有权的角度,过去企业就是"我的",合伙制后就是"我们的"
2	从组织文化的角度,过去是老板文化,现在真正要打造共享的组织文化
3	从价值评价体系的角度,过去是老板评价个人,现在一定要建立客观公正的评价体系
4	从组织规则敬畏感的角度,过去敬畏老板,现在要敬畏组织规则,敬畏法则体系
5	从企业决策与智慧源泉的角度,过去的决策靠老板个人,现在要运用群体智慧
6	从企业家的关注重心的角度,过去企业家关注的是人,现在关注的是人背后的机制、制度建设
7	从责任体系的角度,过去是对老板负责,现在是对组织负责
8	从人生价值目标追求的角度,过去的人生价值目标追求是做生意,现在是做事业

图8-2　企业家的八大转型

8.2.2　战略文明——走向生态战略观

企业的战略思维要改变,要逐步从单一的竞争战略观走向生态战略观。企业一方面要打造核心能力优势,一方面要建立生态优势。另外,企业内部价值链上的每一环都要合作共生,打通产业价值链,实现价值链有效运作,企业内部的模式采用平台化。同时,企业的内在战略驱动能力必须从过去的低劳动成本驱动、粗放资源驱动,真正走向创新与人力资本驱动,驱动因素也必须要变。

8.2.3　治理文明——对等共决的治理关系

推进合伙人制的企业需要建立新的公司治理文明。过去企业治理主要谁说了算?股东价值优先,股东价值最大化。现在,资本和人力资本是对等共决的治理关系。过去是一种委托代理契约,现在是合伙契约、泛契约。过去人力资本是承担信托责任,现在不仅分享剩余价值,还要参与企业经营决策,有话语权,而且人力资本是劣后分享。

8.2.4　业务文明——以客户为中心,开放合作

企业必须要独立核算,以价值来驱动发展。整个业务体系,尤其是营销模式,要

真正做到以客户为中心，开放合作，跟合作伙伴之间不再是简单的竞争关系和交易关系，可能是竞合关系，也可能是联盟契约关系。

8.2.5　组织文明——"自下而上"的组织协同

企业的组织结构必须平台化。在企业内部，指挥系统要求各个合伙人承担责任，这个时候就不是"自上而下"而是"自下而上"的协同；企业内部规范从过去的刚性规范真正走向柔性协同；从有序规划走向鼓励创新，鼓励每个合伙人去发挥内在的潜能和创造性，走向混序创新；从规模优势走向敏捷优势；从组织统筹走向个体技术。

8.2.6　雇佣文明——从雇佣关系走向合作关系

合伙制一定要打破过去把人固化在某一个岗位上的局面，要尊重个体力量。个体通过连接和交互，可能会产生加倍的能量、累积的能量。所以，企业要去中心化、去威权化。从雇佣关系走向合作关系，从管理控制走向授权赋权，从过去简单的工作契约走向承诺契约，从过去的薪酬分配走向权益分享，从过去的绩效优先到工作生活的相对平衡，这些都对战略、公司治理、业务模式创新、人力资源机制、组织模式提出了全新的挑战。

合伙制是一个系统工程。从这个意义上讲，合伙制可能会成为企业全新的管理发展机制。

8.3　合伙制落地模型

企业建立合伙人机制，不仅仅是做一些股权激励，而是要重构"三大关系"和确保"一个原则"。如表8-1所示。

表8-1　合伙制落地模型

目标	使经营层和股东的利益保持一致	改善资源配置效率，使得每个人都成为价值创造者	充分激发团队的创造力，提高工作效率
战略措施	重构人才与资本的关系	重构人才与组织的关系	重构人才与上司的关系
常规措施	共享共创共担机制：使职业经理人变为具有创业态度和创业精神的合伙人	搭建生态系统：组织平台化，使组织越来越开放，人才与组织结成共生关系	管理去中心化：上下级伙伴化，创始人真正以平等的态度对待合伙人
	合伙人选拔、退出机制：使合伙人队伍保持流动性		
原则	确保"谁创造谁分享"的原则		
结果	使正确的人在正确的位置上		

8.3.1 通过长期捆绑机制，重构人才与资本的关系

要让经营层和股东的利益保持一致，必须确立以下三个评价标准。

（1）精度（权责利统一）。

（2）深度（捆绑期限长短和利益分享多少）。

（3）广度（覆盖人群数量，仅核心层还是包括普通员工）。

现有的一些激励方法/工具，单独使用无法满足以上全部标准，所以应组合起来使用。如地产行业普遍应用的"限制性股票+项目跟投"模式，既覆盖了核心层和普通员工，又综合了长期捆绑与短期激励。该机制最大的瓶颈在于深度，要实现利益捆绑，管理层必须付出成本，利益分享多少受制于股东的让步意愿和经营层的支付能力。可以利用的捆绑工具如表8-2所示。

表8-2　可以利用的捆绑工具

序号	方法/工具	优缺点	应用企业
1	超额利润奖	简单易行，为短期激励	万科（曾经）、永辉、华润万家
2	股票期权	中期激励，可能刺激短期做高股价	万科（曾经）、复星
3	限制性股票	可达到长期捆绑，但受限于支付能力	万科、美的
4	虚拟股票	可达到长期捆绑，但受限于支付能力	华为
5	员工持股计划	覆盖人群较广，但易致搭便车效应	联想、绿地
6	项目跟投	带有行业特色，为中短期捆绑	万科、碧桂园、爱尔眼科

8.3.2 通过"平台化"和"生态系统"模式，重构人才与组织的关系

在划小经营单位，激发一线活力方面，京瓷的阿米巴经营和海尔的人单合一模式已成为行业学习标杆。连锁加盟、价值链合伙人模式则倾向于扩大企业边界，拉近与上游供应商和下游经销商的距离与紧密度。相对而言，海尔走得最远，海尔的"企业平台化、员工创客化、用户个性化"变革，直接把组织打碎，力图建立符合互联网时代的组织。海尔把中间层去掉之后，变成一个一个小的经营体、小的公司。可以达到组织平台化的工具如表8-3所示。

表8-3　可以达到组织平台化的工具

序号	方法/工具	优缺点	应用企业
1	阿米巴经营	人人成为经营者，但更多依赖内部核算和文化	永辉、华润万家
2	连锁加盟	快速扩张，可能导致服务质量下降	顺丰、德邦
3	价值链合伙人	低成本掌控价值链，但可致重资产化	温氏、万科、海尔
4	内部创业合伙人	有利内部创新业务并孵化，但可致战略模糊	万科、芬尼克兹
5	完全平台化	完全实现开放与创新，操作风险大	海尔

【案例】▶▶▶

京瓷的阿米巴经营

京瓷公司就是由一个个被称为"阿米巴小组"的单位构成。与一般的日本公司一样，京瓷也有事业本部、事业部等部、课、系、班的阶层制。但与其他公司不同的是，稻盛和夫还组织了一套以"阿米巴小组"为单位的独立核算体制。"阿米巴"指的是工厂、车间中形成的最小基层组织，也就是最小的工作单位，一个部门、一条生产线、一个班组甚至到每个员工。每人都从属于自己的阿米巴小组，每个阿米巴小组平均由十二三人组成，根据工作内容分配的不同，有的小组有50人左右，而有的只有两三个人。

每个阿米巴都是一个独立的利润中心，就像一个中小企业那样活动，虽然需要经过上司的同意，但是经营计划、实绩管理、劳务管理等所有经营上的事情都由他们自行运作。每个阿米巴都集生产、会计、经营于一体，再加上各个阿米巴小组之间能够随意分拆与组合，这样就能让公司对市场的变化做出迅捷反应。

【案例】▶▶▶

海尔的人单合一模式

"人单合一"双赢管理模式是由海尔集团的CEO张瑞敏先生提出的，意在解决信息化时代由于国际市场规模不断增大引发的竞争所带来的日益严重的库存问题、生产成本问题和应收账款问题，并将"人单合一"模式作为海尔在全球市场上取得竞争优势的根本保证。

人单合一双赢模式也可以表示为："人"就是员工，"单"就是用户，"人单合一"就是把员工和用户连到一起。而"双赢"则体现为员工在为用户创造价值的过程中实现自身价值。

"人单合一"模式是精益生产的新发展，"人单合一"实质就是目标管理，"人单合一"模式就是将企业目标分解到各个订单上，将各个订单所承载的责任以分订单的形式下发给相关员工，由员工对各自的订单负责。管理部门通过评价各个订单的完成情况对员工进行绩效考评。

一、"人单合一"双赢模式的先决条件

"人单合一"是人码、物码、订单码三码合一的全程信息化闭环模式，是解决大规模经营出现的库存和应收问题的有效办法。其内容可以简单概括为"人单合一、直销直发、正现金流"，就是使每一个人都有一个市场，有一个市场就要有一个订单，而每一张订单都有人对它负责。人和市场之间，应该直接联系在一起，每个人从市场直接获取订单，工厂是根据他的订单进行制造，根据订单发货；如果通过生产线的产品都是有用户的订单，资金就可以快速地回流。

（1）"人单合一"模式是一种创新的管理模式，企业员工必须做到全员观念创新，树立"一切满足市场实际需求的经营，才是真正经营"的观念。

（2）坚持以市场为目标的流程再造，将设计订单、直发产品和回收货款组成一个闭环。由于"人单合一"，所以对市场需求反应迅速；由于"直销直发"，产品个性十足，成本较低；由于"正现金流"，企业充满活力。

（3）重视差别化管理。差别化管理就是企业创新力的管理能力。注重差别化管理就是强调每个职位的创新。

（4）提倡软竞争力，即重视推进直销团队式企业文化建设，而这种企业文化可以最大限度地调动员工的工作积极性。

二、海尔人单合一管理模式的核心内容与基本内涵

人与市场目标合一，成为创造市场的SBU——人的六分法和目标的0351。

"人单合一"体现的是订单与员工之间的一一对应关系。人码、订单码和物码三码合一的模式是一种信息化全程闭环模式。

"直销直发"要求直接营销到位，即直接营销和直接发运。张瑞敏说："如果没有'直销直发'，'人单合一'就实现不了。"所谓"直销直发"，就是要求直接营销到位，直接发运到位。但直销并不是直接去问客户要什么，而是直接面对用户的需求创造出产品，所以直接营销的概念不单单是销售人员的事，而是一个系统：开发人员必须对自己开发的产品进行创新，这个产品必须能够在市场上赢得更多的用户。

"正现金流"即现金的流入大于流出，也就是尽量避免过多的应收账款存在。

三、人单合一管理模式的具体表现形式

人单合一管理的基本特点：闭环和优化。

人单合一管理模式推进的基础条件：观念、流程、文化。

人单合一管理模式推进的措施体系：基于业务流程下的T模式的分解；全员价值管理TVM，每个SBU挑战自我，从做"精"到做"快"和"优"。

人单合一管理模式推进的保障体系——三大支柱：目标竞争力系统、T模式系统、人单合一系统。

人单合一管理模式的检验和考核标准：两纬网格、三个零、三个A。

四、人单合一双赢模式下的组织创新

海尔人单合一组织形式如下图所示。

传统组织是一个正三角的组织，最下面是员工，上面是领导。上级对下级下达命令，下级服从上级。海尔在推进人单合一双赢模式过程中，把组织扁平化了，变成动态的网状组织。

海尔8万多名员工变成了2000多个自主经营体（简称自经体）。所谓自主经营体，指承接企业战略目标，有着明确客户价值主张，可以端到端全流程满足用户需

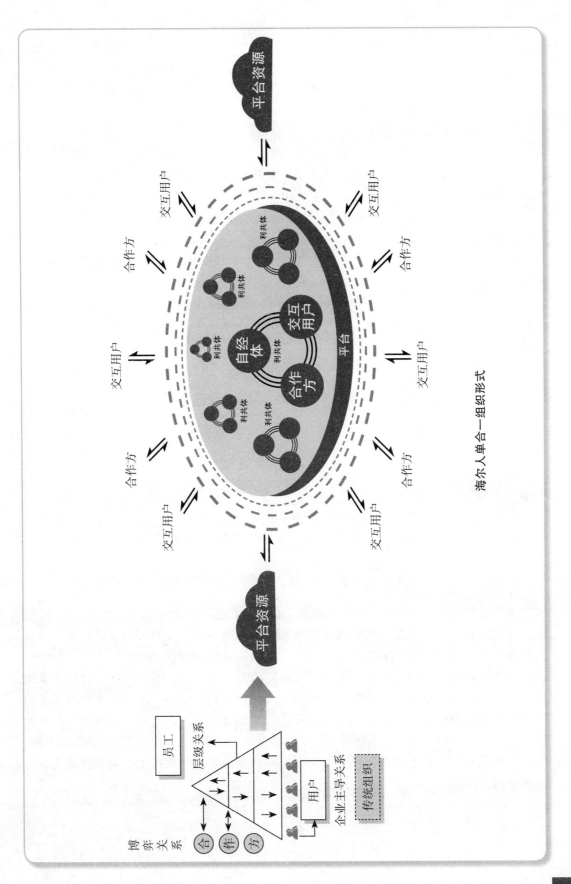

海尔人单合一组织形式

求，并可以独立核算共赢共享的经营团队。自主经营体是人单合一双赢模式下企业的基本创新单元。自主经营体与合作方、交互用户共同组成价值共创、风险共担、按单聚散的虚拟组织，海尔称之为利益共同体。

海尔正在探索平台型组织生态圈。平台型组织体现为资源的按单聚散。按单聚散以后，员工分为在册员工和在线员工。过去员工听上级领导的指令，是接受指令者，现在变成资源接口人。以海尔的家电研发为例，原来的研发者现在是接口人，接外部的资源。海尔现有研发接口人1150多名，接进全球5万多研发资源。也就是说，有很多人不是公司的在册员工，而是在线可以整合的员工。资源接口人将来的发展方向是创建小微公司，可以独立创业。

人单合一双赢的本质是：我的用户我创造，我的增值我分享。也就是说，员工有权根据市场的变化自主决策，员工有权根据为用户创造的价值自己决定收入。

8.3.3 通过管理去中心化，重构人才与上司的关系

随着移动互联时代的到来，随着企业工作方式的转变，随着组织内"小团队""自组织"的不断涌现，去中心化的声音越来越大。创立时就实施合伙人制的企业，往往是合伙人文化、管理也相对开放；早先有老板而后实施合伙人制的企业，老板的概念会淡化乃至消失。可以达到组织"去中心化"的工具见表8-4。

表8-4 可以达到组织"去中心化"的工具

序号	方法/工具	优缺点	应用企业
1	扁平化管理	放弃中央集权式管理，导致失控风险	万科、华为
2	合伙文化	信任、协同、平等，可去除大企业病	万科

8.3.4 制定合伙人选拔及退出机制，确保"谁创造谁分享"的原则

企业要运作合伙人制度，必须制定选拔机制，筛选合格合伙人。各企业标准不一，但几乎均来自核心骨干层，有一致的经营理念，一起对经营、对公司发展负责。合伙人的履职的责任主要是精神和身份层面的，没有具体财产赔偿责任。

企业制定退出机制，可以保证合伙人的流动性。当合伙人不再能够为组织贡献的时候，就不应该再享有相应的权利。合伙人离开企业时，企业一般会要求以市场价格回购其股份。合伙人的退出并不是为了赶走分享利益的人，而是一个有加入、退出的合伙人机制，才能保证组织有源源不断的人才资本，并体现"谁创造谁分享"的原则。当然，现在对于合伙人的退出也开始出现一些温情的处理，如阿里的荣誉合伙人、万科的外部合伙人，都是在合伙人退出组织后仍然保持与组织的情感纽带。

9.1 如何选择合伙人制度

9.1.1 企业发展的三个阶段

企业的发展一般要经历三个大的阶段：创业期、扩张期、成熟期，如图9-1所示。

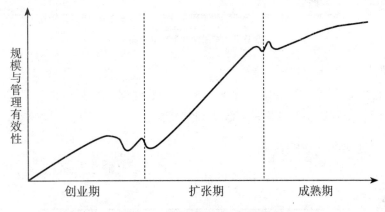

图9-1 企业发展的三个阶段

处于创业期的企业通常是小企业，处于扩张期的企业通常规模中等，处于成熟期的企业通常规模较大。

9.1.1.1 创业期企业的特征

这一时期企业组织人员比较少，企业组织的共同价值观以老板的思想为核心。这一时期的企业生存与发展所依赖的能力，大多来源于创业者个人的技术、资源、关系、胆识、勤奋与魅力等。

这一时期企业内部除老板以外的人才力量薄弱，再加上缺乏聘请高能力/素质人才的资本能力，企业的技术、营销、生产、采购、财务和人事等，只能由创业者或参与创业者亲力亲为。企业组织的员工大多数都是老板的跟随者，企业组织的共同价值观的建立是以情感为基础，企业组织存在的管理危机是资金危机。企业组织的人才标准是听话、好用、待遇要求不高。在这一阶段企业组织的战略管理重在以员工的第一需求为理念来引导员工，与企业形成合力共同赚钱，使企业组织得到生存与发展。

大多数创业期的企业会因为产品/服务无法打开销路，或者资金资本枯竭而夭折，只有能够活下来的企业才有可能成功地渡过创业期。

9.1.1.2 扩张期企业的特征

扩张期的企业有图9-2所示特征。

 企业所面临的市场机会众多,潜力巨大

 企业的技术或产品或服务经过前期市场检验,已经成熟或基本成熟

 已经有管理团队和成规模、成建制的员工队伍,他们能在不同的专业方向或层级上分担老板的决策、管理与工作压力

图9-2　扩张期的企业特征

由于人员规模和产销规模不断扩大,这一阶段的企业一定会努力推动内部专业分工,并通过推行一系列管理制度、标准与规范,来确保组织运营的高效率、高质量和低成本,尽管实际上大多数企业并不能达到理想的状态。

9.1.1.3 成熟期企业的特征

成熟期的企业有如图9-3所示基本特征。

 经过前期的高速扩张,或因为所处行业市场的竞争异常激烈或已经趋于成熟,企业的年销售增长低于15%,并且因受制于各方面的条件而无望获得更高的增长速度

 产品的盈利能力相较于扩张期已经大幅度降低,且每况愈下

 由于适应于高速发展阶段而建立起来的内部人员、组织结构及管理规范,在新的历史条件下已经成为企业继续发展的障碍,使得企业运营效率低下、成本高昂

图9-3　成熟期企业的特征

成熟期的企业急需找到新业务、新市场或发展出新的产品,以改变发展不利的局面。但企业要想走出低速发展或发展停滞的困境,需要具备很多条件,如大量的可供支配的资本资源、决策管理机制的灵活性、员工队伍心态与观念的转变等。通常,成熟期的企业如果不能有效地应对内外部环境变化而导致的困境,那么其结果可能是大

量裁员，也可能是战略重建（收缩业务或进入全新市场领域），或者是被其他公司收购重组，最糟糕的情况是宣布破产或关门歇业。

9.1.2　不同发展阶段的合伙人制选择

9.1.2.1　创业期企业的合伙人制

现在，几乎所有的创业企业都在实行合伙人制，特别是一二线城市里的新技术、互联网、新媒体、咨询服务等领域的新公司，实行合伙人制几乎已经成为它们诞生和发展的重要驱动因素。

创业公司之所以热衷于合伙人制，主要有图9-4所示两个方面的原因。

图9-4　创业公司选择合伙人制的原因

创业企业推行合伙人制的过程，通常有三种典型的情形（见图9-2）。

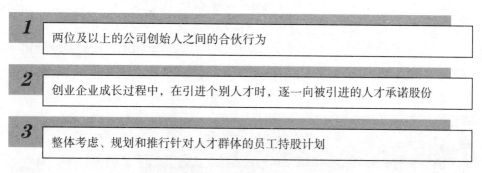

图9-5　创业企业推行合伙人制的情形

（1）联合创业式合伙。联合创业式合伙是指几位公司创始人之间的事业合伙关系，通常是两位及以上的股东通过协商，分别持有一定比例的公司股份，并按照股份比例分享公司的权利以及承担相应的风险。这类企业的资本既可能是来源于投资商的投资，也可能是参与合伙的人员按照持股比例共同出资，还可能是参与合伙的个别人出资，其他人员则以技术、能力或关系资源的形式入股。在这类合伙中，通常有一位合伙事业的发起或召集人，他通常持有公司的股份最多，也是未来公司发展的主导者。因此，人们通常把这样一个人物称为公司的"创始人"，而把其他参与创办公司的人员叫作"联合创始人"。

这类合伙人制的形成通常会基于三大要素。如图9-6所示。

要素一　合伙人之间相互信任

要素二　能力互补。也就是说，参与联合创业的多位合伙人分别在不同的专业方向上具有优势能力——有人有资金，有人擅长整合资源，有人擅长决策，有人擅长营销，有人擅长技术——大家各自的优势能力组合在一起，便构成了新创企业的生存与发展能力

要素三　利益共享。这是大家联合创业的动力所在，离开这一关键要素，彼此不可能形成合作

图9-6　联合创业式合伙的三大要素

（2）指向个别人才的合伙。创业公司在成功起步以后，会渴望招聘到能人加盟自己的事业，希望通过招聘能人的方式来弥补企业的短板。比如，在技术能力不足时，希望有一位技术精英加盟；在营销能力不足时，希望有一位营销精英加盟；在融资能力不足时，希望有一位融资高手加盟……以此类推。

这一时期，创业公司招聘专业高手加盟的行为往往是"点对点"式的，哪个专业方向上需要什么人，就设法去招聘什么人，并承诺给予一定数量或比例的公司股份。比如，在需要营销人才时，就想到要招募一位营销领军人物，而一旦发现一位看似可以寄予厚望的营销人才时，就极力想要把他招进来出任公司的营销总监或营销副总，并为吸引他而承诺给予5%的公司股份。又比如，急需技术领军人物时，便动用一切力量寻找技术大咖，当发现一位看似可以担当大任的技术人才时，便极力要把他招进公司里来，并为吸引他而承诺给予3%的公司股份……以此类推。

创业公司之所以会采取这种"点对点"的方式发展合伙人，往往由许多原因所造成：急于引才成功，明知可能会给未来留有隐患，但还是抱持"车到山前必有路"的心态；无法向候选人开出较高的薪酬条件，所以认为不给予足够的股份，便不足以吸引人才加盟；业务发展不确定，无法对未来的组织发展和人才需求进行提前规划，因而无需成批地招募关键岗位的合伙人……

然而，这类的合伙将面临一系列问题：一是，所发展的合伙人的价值观与能力是否与企业的要求真正相匹配；二是，究竟应该授予加盟的合伙人多少股份，以及怎么授予股份更为合适（由于这类企业处于创业期，其股份往往不太值钱，以至于企业在向单个的合伙人承诺股份时，通常比例过高，以至于后来"追悔莫及"）；三是，往往没有一套对加盟合伙人未来的贡献进行有效考核的办法；四是，往往无法对合伙人未来的价值观发展和能力成长提出要求，因为这类企业还没有形成相关标准，以至于后期发现加盟合伙人的价值观和能力与企业的发展要求不相适应时，往往会"后悔莫及"。

我们建议，即便是初创型企业，也不宜针对个别人才单一性地授予股份，而应基于未来团队发展的整体规划来决定股权授予政策。

（3）指向团队的合伙。这类企业大多已经处于创业基本取得成功的阶段，企业推行合伙人制的目的，是希望通过这种制度来促使企业迅速进入扩张阶段。当然，也有一些创业公司在远没有取得成功之前，便前瞻性地试图将未来的管理和技术团队打造成合伙人团队，这样做既可以吸引和保留人才，还可以吸引外部投资商投资。

创业企业针对团队（含未来的团队）整体规划与设计合伙人制度的好处是多方面的。如图9-7所示。

 可以促使企业对未来的人才发展与管理进行系统思考与规划

 创业企业针对个别人才承诺股份，往往使人才们觉得只有拿到更多的股份才足以与个人的价值和要求相匹配。而针对人才团队的合伙人制，则可以有效地解决这一问题。比如，企业拿出20%的股份让特定的人才群体共同持有，其他80%的股份由创始人、联合创始人和外部投资商持有，这样做会给予内部人才以较高的价值感，因为在这种安排下，20%的股份会显得比例较大

 可以向企业全体员工传递出更为正面和更加鼓舞人心的信号。特别是当企业的合伙人制度明确规定，企业所有员工一旦满足相应条件，便都有资格持有公司的股份时，对员工具有较大的激励效应

 可以使企业在对外融资时，或在寻求外部供应/销售渠道合伙时，或在寻求政府支持时，获得更好的评价

 对迅速和系统地形成人力资源管理体系具有极大的促进作用。因为，该制度不仅能够有效地激励与管理关键人才，而且各专业岗位的关键人才为了企业利益、部门利益和个人利益，一般都会积极地运用相似的思想、原理和方法来激励与管理其部门内部的人才/员工队伍

图9-7　指向团队的合伙人制的益处

9.1.2.2　扩张期企业的合伙人制

处于扩张期的企业，也可以进一步分为三个阶段：扩张期的前期阶段、扩张期的中期阶段和扩张期的后期阶段。处在扩张期的不同阶段，实行合伙人制的重点和注意事项也有所不同。

（1）扩张期前期企业的合伙。当一家企业处于扩张期的前期阶段时，企业面临的

市场机会多，而企业内部人才数量有限，管理尚处在百端待举的状态。处于这一阶段的企业，是推行合伙人制的最佳时机。这主要基于图9-8所示三个理由。

在这个时机推行合伙人制，企业付出的成本最低，效率却能达到最高

这一时期企业需要对外招聘大量的优秀人才，以便更加快速地抓住市场机会。而实行合伙人制度，可以使现有人才放下顾虑、一心一意、轻装上阵冲业绩，也可吸引到外部大量的优秀人才加盟，同时还可以防范内部人才的流失

可以促使企业的人才管理体系快速走向规范化。因为，通过导入合伙人制度，企业可以以此为契机，迅速地将企业整体的人才招、用、育、留体系一揽子建立起来

图9-8　扩张期前期企业引入合伙人制的理由

处于这一时期的企业推行合伙人制，需要注意以下三个关键点。

① 绝对不可以为图省事而草率地将单纯的股权激励作为合伙人制导入。

② 在推行合伙人制时，可以让合伙人制覆盖到更多岗位的关键人才。

③ 这一时期导入合伙人制，核心内容应该是人才选拔与任用标准、人才激励与管理手段以及人才培养方式。企业只有同时把相关体系建立起来，才能长效地激励、管理与发展人才团队。

（2）扩张期中期企业的合伙。如果企业已经处于扩张期的中期阶段，意味着企业即将进入发展的巅峰时期。一般来说，这一时期企业充满了高度的战略、业务、管理与财务自信。这类企业在导入合伙人制度时，须高度关注图9-9所示三个关键事项。

不能单纯地把对关键人才实行股权激励视为合伙人制，更不可以仅仅只是为了激励人才而激励人才，而忽视了其他相关限制条件与管理体系的建立

企业不能一味地为保留人才而向人才们承诺更多的股权和利益，而应借实行合伙人制的契机，将人才管理标准加以优化，以确保把那些价值观与企业匹配的并具有发展潜力的人才吸纳为合伙对象，而不必在意某些投机分子的流失

企业应借助推行合伙人制度的契机，将现有的组织与人力资源管理体系进行必要的梳理和优化。梳理和优化不是抛弃企业已经做得好的方面，而是要完善企业做得不好或不够好的地方

图9-9　扩张期中期的合伙人制推行的关键事项

（3）扩张期后期企业的合伙。处于扩张期后期的企业有图9-10所示两个特征。

企业成长出现趋势性减速，不仅销售增长率持续性放缓，而且盈利率也持续性降低

处于扩张期后期的企业特征

组织结构日益复杂，员工人数日益增加，随之而来的则是组织效率的持续降低、管理成本的持续增加

图9-10　处于扩张期后期的企业特征

这一时期的企业要导入合伙人制，需要注意图9-11所示三个事项。

合伙人制不应是决策者优先考虑的方向

决策者优先考虑的应该是重建适应未来发展的新的业务战略、组织战略及管理模式。只有解决了这个前提性问题，其合伙人制度的设计才会是真正和长期有效的

合伙人制不应试图在全公司层面展开

在扩张期的后期推行合伙人制，不应试图在全公司层面展开，而应首先在事业部或分/子公司层面推行，并且率先将事业部和分/子公司核心岗位的人才纳入合伙人序列，进而再审时度势地吸纳更多的人才进入合伙人序列。此外，这一时期推行合伙人制的核心目标是：把"大家"分拆成若干"小家"，迫使每一个"小家"直面市场、直面生死、自我再造、自负盈亏

不可仅仅是推行单纯的股权激励

在事业部、分/子公司推行合伙人制时，切记不可仅仅是推行单纯的股权激励，应尽可能地设计好合伙人制度，必须确定：合伙人身份定义标准、合伙人股权激励方案、合伙人动态管理标准、合伙人文化与培养方案

图9-11　扩张期后期导入合伙人制的注意事项

9.1.2.3　成熟期企业的合伙人制

当一家企业进入扩张期后期阶段时，便预示着这家企业即将步入成熟期。这一时期到来以后，企业在人力资源管理方面，会出现如图9-12所示四个典型的特征。

特征一　企业的中基层管理者和技术骨干不断流失，且不会引起企业的高度警觉，甚至有些企业还会被认为是一件降低成本的好事

特征二　新的真正优秀的人才一般不会向这类企业流入。因为真正优秀的人才都知道，这类企业接下来不可能会产生经营奇迹，因此也不大可能产生职业发展奇迹，甚至有可能对自身的长期职业发展构成不利影响。所以，他们在选择新的职业发展机会时，会尽量避开处于这一阶段的企业

特征三　已经获得既得利益的"老人们"会把企业作为"养老"的地方

特征四　人多嘴杂，想法各异，新的经营管理思想在这类企业中没有市场，除非其"老大"是那种有思想、有抱负且意志坚定的人，而有思想和主张的人才最终大多会明智地选择沉默或离开

图 9-12　成熟期企业的人力资源特征

处于这一阶段的企业也想通过实行合伙人制而使企业起死回生，但很难。因为成熟期企业无法再形成新的事业梦想与业务逻辑。在没有或缺少梦想与逻辑的情况下，人们不可能有激情，也不可能产生真正的信任。而且由于市场机会不足，实行合伙人制也不大可能导致经营业绩的回升。再者，这类企业应将哪些岗位的人员纳入合伙人序列，会是一个很大的问题。最重要的是在这类企业建立新的与股权激励计划相匹配的合伙人身份定义标准、合伙人股权激励方案、合伙人动态管理标准、合伙人文化与培养方案，将是十分艰难的。

处于成熟期阶段的企业，要想成功导入合伙人制，只有放弃在母体公司或旧业务机体内实行合伙人制的幻想，通过内部业务重组、自主投资新业务或并购外部业务等方式，成立新的事业部或分/子公司，进而在新的事业部或分/子公司（而绝不是在老旧业务体内）实行合伙人制。

9.2　如何选择合伙人

选择合伙人，这是公司运营、发展首要要解决的问题。合伙人选择的好坏，直接决定你的创业梦想能否实现，能否达到你所追求的创业目标，也决定着你的创业团队能不能共同走下去的问题。

9.2.1　什么人才是合伙人？

公司股权的持有人，主要包括合伙人团队（创始人与联合创始人）、员工与外部顾问（期权池）及投资方。其中，合伙人是公司最大的贡献者与股权持有者。既有创业

能力，又有创业心态，有3～5年全职投入预期的人，是公司的合伙人。这里主要说明的是合伙人是在公司未来一个相当长的时间内能在有限的时间和空间中可以全心全意投入预期的人，因为创业公司的价值是经过公司所有合伙人一起努力一个相当长的时间后才能实现。因此对于中途退出的联合创始人，在从公司退出后，不应该继续成为公司合伙人以及享有公司发展的预期价值。合伙人之间是"长期""强关系"的"深度"绑定。

9.2.2 哪些人不应该成为公司的合伙人

请神容易送神难，创业者应该慎重按照合伙人的标准发放股权。

9.2.2.1 资源承诺者

在创业早期，可能需要借助很多资源为公司的发展起步，这个时候最容易给早期的资源承诺者许诺过多股权，把资源承诺者变成公司合伙人。创业公司的价值需要整个创业团队长期投入时间和精力去实现，因此对于只是承诺投入资源，但没有全力参与创业的人，建议优先考虑项目提成，谈利益合作，而不是股权绑定。

9.2.2.2 兼职人员

对于技术人才、但不全职参与创业的兼职人员，最好按照公司外部顾问标准发放少量股权。如果一个人没有全力投入公司的工作就不能算是创始人。任何边干着他们其他的全职工作边帮公司干活的人只能拿工资或者工资"欠条"，但是不要给股份。如果这个"创始人"一直干着某份全职工作直到公司拿到风投，然后辞工全职过来公司干活，他（们）和第一批员工相比好不了多少，毕竟他们并没有冒其他创始人一样的风险。

9.2.2.3 天使投资人

创业投资的逻辑如下。

（1）投资人投大钱，占小股，用真金白银买股权。

（2）创业合伙人投小钱，占大股，通过长期全职服务公司赚取股权。简言之，投资人只出钱，不出力。创始人既出钱（少量钱），又出力。因此，天使投资人股票购股价格应当比合伙人高，不应当按照合伙人标准低价获取股权。这种状况最容易出现在组建团队开始创业时，创始团队和投资人根据出资比例分配股权，投资人不全职参与创业或只投入部分资源，但却占据团队过多股权。

9.2.2.4 早期普通员工

给早期普通员工发放股权，一方面，公司股权激励成本很高；另一方面，激励效果很有限。在公司早期，给单个员工发5%的股权，对员工很可能都起不到激励效果，甚至认为公司是在忽悠、画大饼，起到负面激励。但是，如果公司在中后期（比如，B轮融资后）给员工发放激励股权，很可能5%股权可以解决500人的激励问题，且激励效果特好。

9.2.3 合伙人的选择标准

关于选择合伙人的重要性，真格基金创始人徐小平曾这样说过："合伙人的重要性超过了商业模式和行业选择，比你是否'处于风口上'更重要。"既然，合伙人对公司创业、发展如此重要，我们该如何选择合伙人呢？以下给大家提出选择合伙人的一些标准，供大家参考。

9.2.3.1 价值观、理念高度一致

初创公司也好，发展、壮大公司也好，不管是投入资金的合伙人也好，投入品牌的合伙人也好，还是投入能力的合伙人也好，都需要有共同的价值观。如果合伙人之间的价值观、发展理念存在重大分歧，那么合伙人之间的分道扬镳也就不远了。

《三国演义》中的关羽即使曹操给他丰厚的待遇，关羽仍要挂金封印离开曹操追随刘备，为什么呢？关羽的价值观和曹操完全不一样，在《三国演义》中关羽是信义、忠君爱国的化身，而曹操是奸诈、汉贼奸臣的化身，因此两人不可能走到一起，合作共事。

再看《西游记》三打白骨精一章中，孙悟空打死了白骨精变化的村姑、老婆婆和老爷爷，孙悟空认为除妖务尽，不打死妖怪，妖怪会兴风作浪，取经团队难以到达西天。

唐僧却认为，孙悟空你打死了这么多的人，不行善念，取得经书又有何用？

因此，唐僧和悟空在取经的理念上、价值观上产生了巨大的冲突，最终唐僧将孙悟空赶回了花果山，师徒二人分道扬镳。

由此，我们要看到，在选择合伙人时，合伙人价值观、理念高度一致是多么的重要，它关系着你的合伙人团队能不能合作下去的根基性问题。价值观这个词可能很虚，我们换成具体的问题可能就清楚了。

（1）我们是追求小而美赚钱，还是追求先做大规模？

（2）如果公司赚到钱了，是先控制规模给股东分红，还是扩大规模投入再生产？

（3）公司如果赚钱了，员工的薪酬准备控制在怎样的水平？给他们怎样的空间？

（4）如果公司暂时没有赚到钱，但看到发展机会要投入，请问钱怎么出？

（5）如果公司运营遇到困难，暂时亏损了，请问你还坚持不坚持，止损线在哪里？

（6）如果控制成本，牺牲一定的品质，可以换取更好的生存利润，我们能妥协的底线是什么？

（7）我们都是按约定规则办事的人，还是过于强调讲人情的人？

（8）如果你遇到家庭方面的阻力，你准备怎样克服？

（9）如果万一你想退出，咱们怎样约定退出规则？

其实，价值观一点都不虚，就是谈钱，谈运营思路——赚钱了怎么办？亏了钱怎么办？如何对待自己的员工？如何对待客户？如何看待市场机遇？衡量价值观最简单

的方法是一起去做过有挑战的事情，特别是考验人性的事情，否则我们很难说自己了解对方的价值观。

马云在发展公司合伙人的时候，公司的合伙人章程中，在发展进入机制的规定中，第一条就是公司核心价值观的要素：在公司入职5年以上，必须认同公司核心价值观，并竭力践行。这就是马云在公司发展公司合伙人的第一个非常重要的条款。

所以企业在发展合伙人的时候，如果没有把精神共同体看在利益共同体之上的时候，盲目发展合伙人，那么你的员工为利益而来，最后员工也会冲着利益而去。

做合伙人管理模式，非常重要的入口就是要把价值观放在非常重要的层面，不仅是认同，还要践行。公司一定要做文化建设，没有这一点作为保障，就发展合伙人，那么员工在利益驱使之下是难以持续为公司的使命、价值观负责任的。

阿里巴巴发展合伙人的时候，公司的使命、价值观在考核中的维度曾经一度占了60%的比重。大家可以想象一下，一家公司在考核员工的标准的时候，把文化的要素、价值观的要素，放在60%以上的比重，你可以发现这家公司是多么重视核心价值观的要素。

9.2.3.2　专业过硬

专业过硬也就说是发展的合伙人须在岗位上是独当一面的人才，是成熟型的人才，他必须在其岗位上有出色的专业技能作为保障，他未来才能领导别人，作为一个管理者，他要培养员工，他自己需要成为员工心目中的奋斗者。

合伙人管理模式是以奋斗者为本的模式，什么样的人可以成为奋斗者？首先其必须要有过硬的专业。如果你和其他普通的员工都是一个样，那么他怎么能够让员工服从，能够让员工认同他代表公司的先锋队？

所以专业必须要过硬是第二个非常重要的指标。

9.2.3.3　业绩出色

第三个指标是必须业绩出色，也就是员工凭业绩贡献在公司获得其地位。如果说一名员工只是在公司里边待的时间长，在公司里边这名员工的资历很老，这不足以让公司提拔该员工为公司的合伙人。

成为合伙人的员工必须有非常好的业绩，他必须有带领团队的业绩。如果说他是一名员工，他在这岗位上能够做出出色的业绩，同样的，他也有机会发展成公司的合伙人。当然前提就是他必须把前面两个条件符合好。

一名员工在公司里边做的贡献，有两类贡献：一类贡献叫文化贡献，一类贡献叫业绩贡献。一名员工的业绩贡献就是衡量一名员工如何做事情。一名员工在公司里面的文化贡献就是其人格、其价值观。这两类的贡献构成员工在公司里面所有贡献的总和，以数据化的方式来衡量。最后员工达到一定的分数线的时候，才有资格提名为公司的预备合伙人，提名为公司的奋斗者。

没有这样数据化的管理，企业盲目发展合伙人，最终会发现所提拔的这些合伙人，并非是真正的合伙人，所提拔的奋斗者也并非是员工心目中可以服众的奋斗者。那么接下来若是盲目地分红配股，其他员工会有意见。

所以，企业在员工中发展合伙人的时候，企业除了注重其价值观和理念、专业过硬，还必须要能够做出业绩。

9.2.3.4　有担当、有责任

企业发展的合伙人还有一个重要指标，就是要有担当、有责任，能够吃苦耐劳，能够有牺牲奉献的精神。这样才是企业的奋斗者，才是企业的合伙人。

凡是拈轻怕重，有利益就争，有功劳就争，这样的员工不足以发展成企业的合伙人。合伙人必须具备以下品质：第一个是对规则有足够的敬畏；第二就是有足够的担当和责任感。

对企业的规则有敬畏之心，这是一个合伙人必须做到的品质，无论他是一个骨干的员工，还是一个管理者，或是企业的高管，他必须在这个层面上要对自己有高的要求，能够严格自律。

马云发展合伙人的时候，他们非常强调就是一个人要有担当、有责任。联想柳传志讲，什么样的干部是好干部？就是专业过硬、业绩出众，而且还要作风过硬。这样的员工才能够成为好的干部。

这也是发展合伙人非常重要的维度。

9.2.3.5　有良好的人际关系处理能力

作为一名企业的合伙人必须有良好的人际关系处理能力，一个人的人际关系处理能力，首先体现在利他之心上面。

一名员工平常能够帮助他人，能够积极奉献，能够更加做出超出领导和同事期望的事情，这就是积累其个人的品牌。那么一名员工的品牌分从哪里来？就是从其做人做事中积累其个人的信任指数来。

如果说某个员工没有良好的人际关系处理能力，与同事相处不融洽，将来在发展合伙人，在提名奋斗者的时候，有员工举报他，比如说举报他没有利他之心，举报他在践行企业价值观的时候说一套做一套。这样的员工就是不足以成为公司合伙人的。

所以企业应建立起合伙人委员会，由合伙人委员会来提名合伙人以及发展合伙人、考核合伙人。而且还要建立起预备合伙人弹劾机制。这个弹劾机制能够让员工弹劾那些不符合企业价值观的，不符合奋斗者、先锋队这些模范先锋作用的这些奋斗者。有了这个群众的弹劾机制、检举机制，员工一旦被发展成预备合伙人，通常都是优秀的员工，都是合格的员工，都是出众的员工。

管理要以人为本，更重要的是以奋斗者为本，华为的任正非说以人为本是错误的，而以奋斗者为本才是真正理解什么叫以人为本！以奋斗者为本，那么这些奋斗者从哪里来？一定是从群众中来，从哪些群众中来？就是从共同的价值观和理念、专业过硬和业绩出众以及善于处理人际关系的这些员工中来，而且有良好的群众基础作为保障。

9.2.3.6　有发展潜力

发展潜力这一评估指标非常重要，很多企业在提拔员工成为管理者的时候，没有注重员工的发展潜力，结果，员工到了一个岗位上，很快进入天花板了，跟不上公司的发展形势了。这样的员工是不能够发展成为合伙人的。所以企业要想发展合伙人，必须注重第六个维度就是员工的发展潜力的维度。

判断一名员工有没有发展潜力，就要看该员工是否有持续的奋斗精神的自驱力以及他的学习力够不够。学习力才是一名员工持续的竞争要素，一名员工做到一定的业绩，做到一定的瓶颈，没有了很好的学习力，他很快就失去工作动力和热情，很快就遇到了职业发展瓶颈。

那么发展合伙人呢？同样他接下来也没有更加奋斗进取的精神了。

所以，作为企业的老板、总裁在将来要发展合伙人的时候，一定记住要从以下6个方面来考核员工。

（1）公司的价值观来考核员工。

（2）员工的职业化。

（3）员工工作的能力。

（4）工作的业绩。

（5）员工的发展潜力。

（6）员工的人际关系能力，员工的人际关系就是员工的群众信赖指数。

每一个指标都以十分制来进行衡量，先让员工自评分，然后让领导评分，以及他的伙伴们来做一个评分。那么以这样的方式综合评出的分数就有了良好的数据依据，最后得出的这样的一个合伙人才能够服众。

9.3　合伙人股权如何安排

9.3.1　合伙企业股权分配

早期创业公司的股权分配设计主要牵扯到两个本质问题：一个是如何利用一个合理的股权结构保证创始人对公司的控制力，另一个是通过股权分配帮助公司获取更多资源，包括找到有实力的合伙人和投资人。

许多创业公司容易出现的一个问题是在创业早期大家一起埋头一起拼，不会考虑各自占多少股份和怎么获取这些股权，因为这个时候公司的股权就是一张空头支票。等到公司的前景越来越清晰、公司里可以看到的价值越来越大时，早期的创始成员会越来越关心自己能够获取到的股份比例，而如果在这个时候再去讨论股权怎么分，很容易导致分配方式不能满足所有人的预期，导致团队出现问题，影响公司的发展。

合伙企业一般是由若干个合伙人共同成立的，对于股权分配向来是企业的头等机密，一般而言，创业初期股权分配比较明确，结构比较单一，几个合伙人按照出资多少分得相应的股权。

合伙人的出资份额就按照当初出资的金额占全部出资总额的多少来分配比例。

合伙人可以用货币、实物、知识产权、土地使用权或者其他财产权利出资，也可以用劳务出资（有限合伙人除外）。合伙人以实物、知识产权、土地使用权或者其他财产权利出资，需要评估作价的，可以由全体合伙人协商确定，也可以由全体合伙人委托法定评估机构评估。合伙人以劳务出资的，其评估办法由全体合伙人协商确定，并在合伙协议中载明。

随着企业的发展，必然有进有出，必然在分配上会产生种种利益冲突。因此，合理的股权结构是企业稳定的基石。

合伙企业股份安排的秘诀：合伙企业的股份安排一般采取奇数原则。即奇数合伙人结构，比如一个企业拥有三个合伙人，其中两个处于强势地位，另一个处于弱势，但也是很关键的平衡地位，任何一个人都没有决定权。彼此的制约关系是稳定的基础。

特别提示

合伙人之间的股权不可平均分配，最佳股权结构是有一人持股最大，最大股东股权甚至可以超过50%，从而为日后引入战略投资者预留出足够的股份空间。此外，要赋予最大股东拥有公司最终决策权。

9.3.2 家族企业的股份安排

家族企业的股份安排秘诀：家族企业主要采用两大类股权安排，即分散化股权安排和集中化股权安排。

9.3.2.1 分散化股权安排

让尽可能多的家族成员持有公司股份，不论其是否在公司工作，所有家族成员都享有平等权利。

股权分散的家族企业有两种管理方法：外聘专业人员管理和部分家族成员管理。中国大多数家族企业采取第二种方式。他们认为，能干的家族成员比外聘人员更适合代表自己的利益。

9.3.2.2 集中化股权安排

只对在企业工作或在企业任职的家族成员分配股权。这种方法注重控制所有权而非管理权，着眼于保证家族权力的世代持续。

这种安排的好处在于，第一，由于所有权和管理者的利益连在一起，决策程序可以加快。第二，由于家族成员只有经过争取才能成为股东和管理者，企业可以保持创业者当年的企业家精神。

9.3.3　股份给予部分高级人才的安排

同时，为了吸引优秀人才，不论是家族企业还是合伙企业，都会拿出部分股份给予部分高级人才，按照通常的规则是，70%~80%由创业者拥有，其余20%~30%由高级人才拥有，他们享受相应的投票和分红的权利。

随着企业的发展，可能会引进更多的资金，更多的人才，更多的合伙人，因此，整体股份结构的平衡就显得非常重要。对于新兴企业而言，股权分配是一项长期的任务。

9.3.4　创始人该如何与合伙人分配股权

9.3.4.1　与合伙人分配股权的一些观念

（1）以保持对公司的控制权为出发点。创始人为什么需要考虑对公司保持控制权？

首先我们来比较一下两组公司，大家可以看一下这两组公司的差别：第一组是阿里、京东、百度，第二组是俏江南、1号店和雷士照明。

当然这两组公司可以拿来做比较的地方有很多，在此要说的只是他们的创始人到今天为止在公司的一个情况和现状。第一组公司的创始人，阿里的马云、京东的刘强东、百度的李彦宏，他们从进公司到今天，一直都在公司而且是公司核心的灵魂人物，牢牢把握着控制权，带领着公司往前发展。

而第二组公司，俏江南的创始人张兰、1号店的创始人于刚、雷士照明的创始人吴长江，这些公司的创始人已经不在公司的董事会里，也不在公司的管理岗位上，有的甚至在公司的股权也没有了。

这些其实都是一些不错的公司，但是创始人在公司的境况却非常不一样。造成不一样的原因有很多，从法律上来讲最主要的一个原因是他们对公司控制权的把握是不一样的。

第一组公司的创始人从公司初期、发展到最后上市都牢牢把握住了公司的控制权，而第二组的创始人则因为一些共性的原因导致他们失去了对公司的控制权和控制地位。

（2）人比钱重要。创业公司更多的时候是人合，然后才是资合。合伙人一起创业，将要在一起走的路是很长的，必须得相互信任。还要考虑合伙人能不能对创业项目有贡献及能否形成优势互补等因素。

（3）合伙人一定要出钱。选合伙人不仅要相互信任、优势资源互补，还有一个重要的原则就是"可以共担风险"。投资创业毕竟是有风险的，如果不愿意共担风险，哪来同心，又如何能同行？那么，如何体现共担风险，钱是最重要的考量因素。不出钱，那很大程度上被认为就是不愿意共担风险。当然，有的人刚开始可能没有钱怎么办？可以借。创始人可以借钱给他，让他写借条。敢借就意味着愿意共担风险，借了干活也会更卖力，因为基本上他就有了只许成功不许失败的冲劲，要不然没钱还借款啊。

（4）股权结构要简单明晰。股权结构不明晰，不但可能会引发股东内部发生矛盾，也可能会让外部投资人敬而远之的。投资人经常说，投资就是投人。所以有一种说法叫"团队第一，项目第二"。不管对错与否，至少说明投资人非常看重创业公司中人的因素，股权结构不明晰，说明股东这个层面的人不和。同时，如果股权结构不明晰，也会影响公司将在资本市场的融资上市等。

9.3.4.2　要避免"僵局"等相对不合理的股权比例

（1）绝对不要均分。均分股权是最差的股权结构。真功夫是股权均分的经典反面案例；海底捞是股权均分的经典正面案例，因为其刚开始虽是均分但后来改造得好。均分导致企业缺乏领袖核心和担当人物，创业成功率会相应降低。即使创业成功，赚钱了，人的心态也可能会发生变化，因为可能有人觉得在股比一样的情况下，我比较能干，这时候各种各样的问题就会暴露出来。

（2）尽量不要一股独大或一人股东。创始人要考虑如何保持对公司的控制权，但也不要一股独大，比如98%（创始人）：2%（其他合伙人）。这时可能其他合伙人心里就不舒服，感觉能力与自己利益不匹配等，导致无法同心同行。而一人股东不仅有上述问题，甚至如果在账目、财产与股东个人不清的情况下，造成股东与公司的人格混同，那股东需要对公司的经营行为承担连带责任，故亦不可取。

（3）股权结构不宜过于分散。股权分散也可能导致上述的"股权均分"。股权分散导致小股东多，可能会出现兄弟们以股东自居，不利于公司管理，甚至导致管理层出现道德危机。同时，股东多导致难以快速形成有效决策，对股东决策造成不可能想象的干扰。同时，外部投资人对分散的股权结构也会略有所忌，也影响融资进程。对此，建议利用有限合伙等持股平台归集小股东股份，同时也要对公司经营决策机制进行优化。

9.3.4.3　如何较为合理地与合伙人分股权

利益平衡是一个合理的与合伙人分股权的重要原则。股权分配实则是利益分配，依然绕不开人性。在利益面前有一个原则是利益平衡，利益平衡才能最大限度使得人的心理平衡，才能一起走得更远。有原则但没有标准，以下介绍一些股东合作模式供参考。

（1）两人股东时，股权怎么分。首先，还是要避免上述所说的"均分""一股独大"。在两人股东时，还有一种常见股权比例为65%：35%，这种情况下创始人拥有决策权，但合伙人却在重大决策上拥有一票否决权，看似相互制约，实则双方都不好受，容易导致双方心里的博弈，不利于长期的合作，故需及时改造。其次，在二人股东时，较为合理的股权安排仍然是考虑保持控制权又不一股独大，比如：70%：30%或80%：20%，这种股权比例的好处就是合伙人利益足够大，但又不影响大股东对公司的控制权及快速决策。

（2）三人股东时，股权怎么分。除了遵循避免均分、一股独大、利益博弈的原则外，依然建议大股东保持控制权，要么自己的股比就有绝对控制权，如，70%：20%：10%，要么在一般事项有决策权，重大事项取得一人支持即可，又能确立自己的核心地位，如60%：30%：10%。这些股权比例的安排不是绝对的，但至少是较为合理的股权比例。

（3）四人以上股东时，股权怎么分。四人以上的股权架构貌似有点复杂，但其实原理是一样的，除了遵循避免均分、一股独大的原则外，建议创始人至少要保住股权生命线中的一条线：如绝对控股线（67%）、相对控股线（51%）、一票否决权（34%）等。保住生命线的合理性在于创始人享有一定的话语权，不至于创业成空。

相关链接

创始人如何对公司拥有绝对控制权

2016年6月25日，平安以16亿美元收购汽车之家47.4%的股权，正式成为汽车之家最大股东。26日汽车之家CEO秦致内部信表示公司已召开临时董事会，他和汽车之家CFO钟奕祺已被替换。这意味着平安入主汽车之家后的首件事，就是清洗原管理层。

同样在2016年6月26日，万科发布公告称，深圳市钜盛华股份有限公司及前海人寿保险股份有限公司向公司发出的"关于提请万科企业股份有限公司董事会召开2016年第二次临时股东大会的通知"，并提交罢免万科以王石为首的现任董事会及监事会成员的议案，两大股东站在同一阵营，让王石与万科管理层陷入困境。

汽车之家和万科惊人相似的遭遇——创始团队被清洗出局，原因都是因为大股东发生了变动，创始成员第一时间遭到新任大股东的排挤。类似的例子还有很多，初创公司因为项目发展的需要，早期非常渴望外部资金进入，所以不惜以极高的股权成本获得融资，最终导致创始人被清洗出局。造成这种结果背后的原因，一般都是由于创始成员股权重视程度不够，或者是太在意项目前期的发展，出让了太多股份，导致后期翻船。

那么，作为创始人，如何才能对公司有绝对控制权，更好把握公司的发展方向呢？

一、核心创始人持有的公司股权达到或超过50%

创业公司想要避免类似悲剧，最直接的方法是在商业上可行的情况下，核心创始人持有的公司股权达到或超过50%，这样就直接拥有了股东会上过半数的表决权，基本保证创始人可以保持对股权的绝对优势。这点在创业初期实现起来并不难，但在公司发展过程中，经过数轮融资的稀释后，核心创始人所持有的股权往往会被稀释至50%以下甚至更低。

如果创始人想对公司拥有控制权，建议在进行股权分配设计时，必须注意以下节点。

1. 67%——绝对控制权

这个折算成比例，就是三分之二，也就是说如果创始人的公司想注销、融资的时候，某位股东说不行，但如果创始人的股权达到了67%，他就有决定权，可以说

yes。反之，创始人的持股比例，或者跟创始人一起的团队的持股比例达不到67%，要增加部分资本的事情，创始人是没有决定权的。

2.51%——相对控制权（融资则52%）

在近几年这个股权结构不是太重要，但是在头几年，《公司法》刚出来的时候，普遍认为51%就可以对公司有控制权。其实从法律层面上来说，这只是一个相对的控制权，一部分事情可以决定，但是一些重大事项、增资减资，以及公司的解散、注销都做不了。

那么为什么说融资是52%呢？因为在融资的过程中会有一个同比例稀释的问题，有可能经过连续几轮融资和稀释之后，创始人持有的股份会越来越少，这样就对公司后续的控制造成了一定影响。所以大家要注意，以后再引进投资人情况下，要把自己的比例控制在52%左右，这样在公司后续发展的过程中，会相对轻松一些。需要说明的，相对控股权往往需要公司创始股东为持有公司股权最多的股东，与其他股东相比可以保持对公司的相对控制力。

二、归集表决权

从理论上来说，建议创始人手中持有的股权最好不低于50%，但是随着多轮融资的稀释，不一定能够完全实现，那么如果创始人发现自己的股份低于50%，这个时候就可以采用归集表决权的方式来继续保证对公司的控制权，简单来说，就是让公司其他小股东的表决权变相集中到创始人的手中。

1.表决权寄托

让其他的小股东签署受权寄托书，将在公司所持有的表决权授予给股东。

2.签署协议

创始股东跟其他小股东一起签署一个协议，约定某些股东就特定事项采取一致行动，当意见不一致时，按照创始股东的意志进行表决。

3.通过有限合伙企业的形式归集表决权

通过设立有限合伙企业的形式把小股东的表决权归集到创始人手上，增加创始人手中表决权的数量。创始人股东要作为有限合伙企业的普通合伙人（GP），其他股东为有限合伙人（LP）。根据《合伙企业法》的规定，有限合伙企业是由GP来控制的，LP是不能参与有限合伙企业的经营管理和决策的，因此创始股东就控制了这个有限合伙企业所持有的目标公司的表决权。借助这种方式，创始团队小股东的股权都可以集中在创始人手上，这样加在一起，虽然创始人自身的股权低于50%，但其表决权是可以高于50%的，就能继续保证创办人在公司股东会层面的控制权。

三、双重股权结构，将股权和投票权分离

没有一个创始人愿意看见自己辛苦建立的公司，因为初期的股权结构设置不合理，而最终拱手让人。那么有没有办法避免这一点呢？双重股权结构或许是一条可行的方式。

双重股权结构，也称为AB股制、二元股权结构，是一种通过分离现金流和控制权而对公司实行有效控制的手段，区别于同股同权的制度。在双重股权结构中，股份通常被划分为高、低两种投票权。高投票权的股票拥有更多的决策权，但不会赋予投资者太大的话语权。

谷歌在上市时就是采用的AB股模式，佩吉、布林、施密特等公司创始人和高管持有B类股票，每股表决权等于A类股票10股的表决权。2012年，谷歌又增加了不含投票权的C类股用于增发新股。这样，即使总股本继续扩大，即使创始人减持了股票，他们也不会丧失对公司的控制力。预计到2015年，佩吉、布林、施密特持有谷歌股票将低于总股本的20%，但仍拥有近60%的投票权。

Facebook上市时同样使用了投票权1：10的AB股模式，这样扎克伯格一人就拥有28.2%的表决权。此外，扎克伯格还和主要股东签订了表决权代理协议，在特定情况下，扎克伯格可代表这些股东行使表决权，这意味着他掌握了56.9%的表决权。

这样的股权结构能够确保创始人掌控公司，而像佩吉、布林、扎克伯格这样的创始人深信，没有哪个股东能比他们更热爱公司，更懂得经营公司，因此只有他们控制公司才能保证公司的长远利益。

四、对每一轮的股权稀释比例进行一定的规划

创业公司在引入投资的时候应该注意什么呢？

首先，创始人需要注意把握融资的节奏。企业早期融资的估值和股价比较低，随着公司的发展壮大，公司的估值越来越高，融资对创始人股权的稀释效应会有递减的效果。但是，资本对企业扩张的作用不言而喻，而融资市场瞬息万变，创始人需要仔细衡量和规划，什么阶段需要融多少资，以维持公司稳健的资金流，与此同时，还要兼顾其与公司估值的合理平衡。

其次，CEO需要合理考量每一轮引入投资时，自己的股权稀释比例。如果过度追求融资额而不考虑股权比例，最终会导致管理层失去对公司的控制。在这个方面，京东就是比较好的典范，京东经过了多轮的融资，甚至到了上市的时候，CEO刘强东还保持了足够多的股权。据悉，刘强东虽然在京东持股仅为15.4%，但其投票权却达到了77.0%，对京东拥有绝对控制权。

五、由公司章程来定的公司特殊管理架构

阿里合伙人制度：不同于传统的合伙企业法中的合伙制，也不等同于双重股权架构。在"合伙人"制度中，由合伙人提名董事会的大多数董事人选，而非根据股份的多少分配董事席位。所以拥有阿里股份30%多的日本软银只享受分红权，而只拥有7.8%股权的马云等合伙人却能控制阿里巴巴。

京东AB股双重股权架构：同股不同权，刘强东所持股票属于B类普通股，其1股拥有20票的投票权，其他股东持有为A股，一股一票权，所以京东被东哥牢牢抓在手里。

华为虚拟受限股：华为投资控股有限公司只有2个股东：华为投资控股有限公

司工会委员会，持股98.99%；任正非，持股1.01%。华为工会持有的是虚拟受限股，员工只有分红权，而没有所有权、表决权，也不能进行买卖，一旦离职则自动丧失相关权益。

公司的内部控制权结构：股东会→董事会→管理层→普通员工，股东会决定战略，董事会决定战术，管理层及员工负责执行，但是如果公司上市了股份被稀释了，大量散股进场，股东会基本就丧失了控制权，而是通过董事会来控制公司。

公司创始人在公司发展过程中，如果不注意自己公司股权可能就会丧失对公司控制权，当股份不断被稀释的时候一定要通过章程把控制权牢牢抓在手里，尤其是在引进资本融资时要尤为注意。

相关链接

创始股东股权协议的特别条款

一、注册资金

很多创始人片面地以为注册资金越多越能彰显公司实力，把注册资金设得极高，动辄上千万元甚至上亿元，殊不知《公司法》第三条第二款规定：有限责任公司的股东以其认缴的出资额为限对公司承担责任；股份有限公司的股东以其认购的股份为限对公司承担责任。也就是说，只要认缴了，一旦公司现有资产不够赔，那么你作为股东就得赔，法律上称之为完成出资义务。所以，创始人要谨慎填写注册资金。

二、股权结构安排

股权架构设计是创始股东股权协议的首要内容。此条款重在打造股东的权、责、利，事先约定好股东各方权益，并将约定的内容，如认缴出资、实缴出资、出资形式、持股比例和方式等写入股东协议。

三、股东会职权和董事会职权

股东会职权在《公司法》第三十七条有明确规定，并允许章程另行规定增设，协议中可以根据公司具体情形同步增设一些职权，主要可以是针对公司的一些重大决策。

董事会职权在《公司法》第四十六条中有明确规定，同样允许章程可以规定增设。在股东合作协议中可以同步增设或者细化部分条款，比如对于公司投资的具体比例、担保的具体金额限制等。

四、议事规则

此条最容易被忽视。很多企业在设立公司时都没有具体的议事规则，会议的召集程序、表决方式、议事方式自由自治，结果导致争议发生时产生一堆问题，如会议通知以何种形式发出，书面的还是口头的？通知发出的地址是股东的法定地址还是实际地址？地址变更怎么处理？如果某股东将通知退回，是认定其未收到通知还是拒绝参加会议？未收到通知又参加了会议，事后提出异议，那么应认定股东会召集瑕疵，需要重新召集，还是认定有效等。所以议事规则一定要先期明确约定，大家照议事规则来，问题就能一一避免了。

五、预留股权

随着企业的发展股权会发生动态变化，这一条款的设计一方面是给后加入的新股东预留股权空间，一方面也为后期设置合伙人股权激励股权池、员工激励期权池等预留空间。另外，预留股权的设置还能吸引投资人。

六、表决权、控制权、分红权

1.表决权

股东一般是按照出资比例行使表决权，有股权生命线之说，即：67%——绝对控制权，51%——相对控制权，34%——一票否决权，但其实股东表决权完全属于意思自治范畴。

2.控制权

从《公司法》第四十八条来看，董事会表决权是按人数进行的，所以占据董事会的多数席位才能获得董事会的控制权。董事会的控制权应从席位多数着手，即占据董事会的多数席位。

建议：设计约定为"创始股东在董事会席位占比不低于1/2，且未经委派方同意，不得通过修改公司章程等方式对此予以否定或修改"。

3.分红权

通常股东是按实缴的出资比例分取红利的，但也可以根据公司发展的不同阶段而动态设计分红比例，或自由约定分红比例。如某企业创建之初最缺资金，则约定分红比例可向资金方股东倾斜，在其收回投资及合理利润后，分红比例再调整为向创意方倾斜。

在此要特别注意的是，分红权的自由约定须经全体股东一致同意，避免大股东借此损害中小股东的利益。运用好分红权既能保障各方股东的权益又能调动各种资源的股东积极性。

七、股权成熟（股权兑现）和回购条款

1.法律价值

如果在721的股权结构中，某股东觉得不好玩或者玩不下去，想撤怎么办？股权如果还留着，他离开之后企业如果发展得特别好，是不是得白给他利益呢？所以企业可以提前约定，股权名义在你口袋，但不确定就是你的东西，你必须按照游戏规则，然后才是你口中的肉。比如，4年之后20%的股权才完全成熟，做满4年，按照游戏规则，20%才是你的，满2年，只能拿走10%，3年只能拿15%，其他的可以强势低价回购，或者按照原先的投资来回购，然后分给替代者，从而公平保护合

伙人之间的付出、项目和团队的稳定性。

2.市面上关于成熟的模式

（1）按年成熟。一般分四年成熟。按每年一个整年计算。

（2）按项目进度。这有几种情况，如产品测试、正式推出、迭代、推广、总用户数和日活。

（3）项目融资进度。项目能走到什么程度不管，看融资进度而定。

（4）项目运营业绩。比如营收等。

最常用的是按年成熟的机制比较公平，一视同仁。

3.不成熟股权及股东权利

创始人未成熟的股权，在因前款所述情况而转让前，仍享有股东的分红权、表决权及其他相关股东权利。

4.不成熟情形以及处理

在创始人的股权未成熟前，如发生以下三种情况之一的：①创始人主动从公司离职。按照以上处理，最好由其他合伙人强势回购。②因为自身原因不能履行职务。③过错或重大事故被解除的。创始人将以1元人民币的价格（如法律就股权转让的最低价格另有强制性规定的，从其规定），将其未成熟的股权转让给投资人和创始人，投资人和创始人按照其在公司的持股比例受让此股权。

八、婚姻

为使股权结构不因任何创始人股东婚姻状况的变化而受影响，特设豆条款（土豆网CEO王微离婚夫妻股权纠纷导致土豆网错过了上市的最佳时机，由此引发大家重视创始人婚姻因素，业界戏称"土豆条款"），即股权是一个人的，不属于夫妻。

协议可对各股东作出如下要求。

（1）签协议时未婚的，结婚后不能把股权约定为与配偶的共有财产。

（2）签协议时已婚的，需在15日内和配偶签协议确定其股权为个人财产。

（3）退出事件发生前，哪个股东要是离婚了，但又没按照上述两款操作声明股权为个人财产导致股权被分割的，就要在离婚之日30日内把那一半股权买回来，要是没买回来的话，就要赔钱。

九、继承

股权继承的条款主要是针对极端情况发生的预先安排。

《公司法》第七十五条规定，股东资格是可以被继承的，除非公司章程另行规定。

股权分为两部分：股东资格（人的层面）、相对应的分红和利益（财产的层面）。一般在创始股东合作协议和公司章程中同步做出约定，发生继承情况，只能继承股权的财产权利部分而不继承股东资格。

十、竞业禁止

很多合伙人由于利益分配问题产生争议后，其中一方股权退出后另起炉灶干起老本行，也就是竞争性行业，甚至有带走一个团队去从事竞争业务，这样的做法对留下来的股东和公司打击很大，因此约定竞业禁止条款很有必要，往往比较有效的做法是约定较大的违约责任去进行约束。

关于竞业禁止条款的几个谈判点：竞业禁止的人、竞业禁止的范围、竞业禁止的期限、竞业禁止的违约责任等。当然，这个条款如何适用和约定，可以根据具体行业和情形做出不同的取舍。

9.4　合伙人如何分红

话说赚钱难，分红更难；同患难容易，共富贵难。在采取合伙人制的企业，须要懂得分红的技巧，否则分完钱，人心散了，合伙人也散了。

我们先来看一个关于分红的经典段子。

老李辛苦了一年，年终奖拿了1万元，左右一打听，其他同事只有1千元，老李按捺不住心中的狂喜，给老婆打电话："晚上别做饭了，今晚去你一直惦记的西餐厅，好好庆祝一下。"

老李辛苦了一年，年终奖拿了1万元，左右一打听，其他同事也是1万元，老李心头掠过一丝失望，但还是给老婆发短信："年终奖发下来了，晚上去门口那家川菜馆吃顿饭吧。"

老李辛苦了一年，年终奖拿了1万元，左右一打听，其他同事5万元，老李一听，肺都要气炸了，立马冲到总经理办公室，理论了半天，无果。回到家，对正在玩游戏的儿子发脾气："马上要考试了，还不赶快去看书，再玩游戏，老子打烂你的屁股！"

这个段子形象地说明了分红对员工的心理造成的冲击。企业最坏的是钱分出去了，人还在，但心却不在了！

9.4.1　分红应考虑的原则和因素

那企业要怎么分红才合理呢？需要考虑以下三个原则和因素。

（1）企业要平衡未来发展与每年分红之间的矛盾。一般来说，大股东希望把未分配的利润更多用于企业发展，但小股东或入伙的员工更倾向于每年有些钱回本。

（2）企业要平衡资本价值与人本价值之间的关系，是按资本股份分红还是按贡献分红。

（3）企业要平衡增量分红与存量分红之间的关系，前者是按超额利润来分，是做"加法"与"乘法"，而后者是按净利润来分，是做"减法"。

因此，分红是门艺术，分红考验着老板的格局和胸怀。

9.4.2　分红的模式

那具体有哪几种分红模式呢？

9.4.2.1 兜底分红

兜底分红是指企业或者股东承诺按一定的比例或固定的投资回报兑现分红，而不论企业业绩是否达标或完成。

例如：

一家企业共有300份股，每份5000元，目标利润是2500万元。

企业规定，每年对增量部分的利润按25%提取用来分红，如果达不到业绩，最大股东承诺按差额部分的5%作为兜底分红的标准。其中一位财务总监有合伙金15份，他的分红有2种情况。

（1）当企业实现利润3000万元时，这位财务总监可以获得分红：（3000–2500）×0.25×15/300=62500元。

（2）当企业实现利润2300万元时，这位财务总结可以获得分红：（2500–2300）×5%×15/300=5000元。

这种模式以牺牲大股东的利益为代价，并不会长远。如果企业业绩持续下滑的话，员工会失去合伙的信心。因此，企业走上坡路，业绩好才是王道。

9.4.2.2 增量分红

传统的雇佣模式激励体系是工资＋提成＋奖金＋福利。增量分红模式是在传统的薪酬体系下增加利润分红。公司可以先约定目标业绩与利润，当达到目标利润后，可以把超额或者增量的利润分配给团队核心人员，存量可以按照公司90%，员工10%分配，增量部分可以是公司50%，员工50%，体现激励的效果。

某企业导入合伙人制度，根据历史记录，得出业务员的月度平衡点，并且统计各区域市场的业务完成情况，业务员作为合伙人参与增量利润的分红。提成比例是15%。

该企业在广东市场的月度平衡点是80万元，毛利率15%，当业务员达到120万元的业绩时，该业务员将获得分红：（120–80）×15%×15%=9000元。

9.4.2.3 考核分红

绩效考核的第一原则是权责利对等，有奖有罚应成为常态。

某企业采取考核制分红，把合伙人的考核分划分为几个得分等级。

70分以下	71～80分	81～90分	91～100分	101～120分	121分以上
0.5	0.8	0.9	1.0	1.2	1.3封顶

假如2018年，该企业超额利润是1000万元，合伙人分红的比例为30%，即300万元。某合伙人占合伙金的5%，当年绩效考核得分是85分，按照表格，他的合伙金分配系数为0.9。

因此，该合伙人的分红为：300×5%×0.9=13.5万元。

大家可能会问，为什么最低是0.5不是零？因合伙人出资而享有分红权的，如果因为绩效考核得分低而取消全部分红权时，会带来很多管理上的纠纷。所以，不建议为零。

关于绩效考核的模式，建议使用薪酬全绩效模式，这是一种最能体现管理者和企业共赢的绩效考核模式，在这种模式下，分配的并非企业既有利润，而是一种超价值的分配。要求管理者拿出好的结果、效果与企业进行价值交易，管理者员工赢得的是高收入，企业获得的是高绩效，从而实现共赢。

在提取指标时，要求以历史数据说话，设计的平衡点是员工和企业都接受的，因此，非常受员工欢迎。

9.5　合伙人如何退出

合伙人机制目前已经是大多数企业为了留住人才的重要手段。由于企业经营的种种原因，都存在股东主动退出或是原始股东已经不符合公司的发展要求。这时候如果没有约定好股东的退出机制就会给企业造成很大的困扰，那在最初设计合伙人机制中的退出机制应该注意哪些方面呢？

9.5.1　合伙的时效约束

约定公司合作的时间，约束时效期满，可以自由选择退出或是继续合作。

9.5.2　合伙人退出的不同情况应对

9.5.2.1　合约未到期退出

如果约定时间未到，股东需要主动退出，根据目前公司的盈利情况分为以下两种。

（1）如果公司处于亏损状态，退出股东本金不退，股东净身出户（可使用0.1元转让），股份转让给其他股东。

（2）如果公司处于盈利状态，本年利润按照股份比例分配，本金不退。

同时，签一份股份转让协议，退出人的股份转让给接手人，以后的盈亏就和退出人再无关系。

9.5.2.2　能力无法胜任退出

很多合伙人合作前期都很努力，慢慢公司步入正轨开始盈利后，就开始懈怠散漫了，股东往往没有上级领导约束。这时候就需要在合伙人机制中对这种问题进行约束。

（1）当股东能力无法胜任公司要求时，净身出户。

（2）给股东两年时间出去学习，提升能力。两年之后如果可以胜任，继续合作，如果还是无法胜任，同样净身出户。学习期间，股东需要找一个人来替代他的工作，工资由股东出。

优点：大多数企业的原始股东都认为是创始人，事业起步以后就会居功自傲，能力不行还占着重要的岗位。这样约束的目的就是要让创始人保持创业时的奋斗意识，这样企业才能持续不断地发展下去。

9.5.2.3　因病或身故等意外无法行使股东责任

当合伙人因病或者意外无法履行股东职责，每年按一定比例，逐年释放，直至完全释放。拥有股份的期间，不影响每年分红。

9.5.2.4　在合作期间，股东以权谋私或投资竞争对手

当股东借采购或是销售过程，以权谋私拿回扣，一经发现，净身出户。股东在合作期间投资同行竞争对手，一经发现也一样净身出户。

9.5.3　合伙人退出机制中的常见问题

9.5.3.1　合伙人退出时，该如何确定退出价格

股权回购实际上就是"买断"，本人建议公司创始人考虑"一个原则，一个方法"。"一个原则"，是建议公司创始人，对于退出的合伙人，一方面，可以全部或部分收回股权；另一方面，必须承认合伙人的历史贡献，按照一定溢价或折价回购股权。

这个基本原则，不仅仅关系到合伙人的退出，更关系到企业重大长远的文化建设，很重要。"一个方法"，即对于如何确定具体的退出价格，泽亚管理咨询建议公司创始人考虑两个因素，一个是退出价格基数，一个是溢价或折价倍数。比如，可以考虑按照合伙人掏钱买股权的购买价格的一定溢价回购，或退出合伙人按照其持股比例可参与分配公司净资产或净利润的一定溢价，也可以按照公司最近一轮融资估值的一定折扣价回购。至于选取哪个退出价格基数，不同商业模式的公司会存在差异。比如，京东上市时虽然估值约300亿美元，但公司资产负债表并不太好。

很多互联网新经济企业都有类似情形。因此，一方面，如果按照合伙人退出时可参与分配公司净利润的一定溢价回购，合伙人很可能吭哧吭哧干了许多年，退出时却会被净身出户；但另一方面，如果按照公司最近一轮融资估值的价格回购，公司又会面临很大的现金流压力。因此，对于具体回购价格的确定，需要分析公司具体的商业模式，既让退出合伙人可以分享企业成长收益，又不让公司有过大现金流压力，还预留一定调整空间和灵活性。

9.5.3.2　合伙人股权分期成熟与离职回购股权的退出机制，是否可以写进公司章程

工商局通常都要求企业用他们指定的章程模板，股权的这些退出机制很难直接写进公司章程。但是，合伙人之间可以另外签订协议，约定股权的退出机制；公司章程与股东协议尽量不冲突；在股东协议约定，如果公司章程与股东协议相冲突，以股东协议为准。

9.5.3.3　股权发放完后，发现合伙人拿到的股权与其贡献不匹配，该如何处理

公司股权一次性发给合伙人，但合伙人的贡献却是分期到位的，确实很容易造成股权配备与贡献不匹配。为了对冲这类风险，可以考虑以下方面。

（1）合伙人之间经过磨合期，是对双方负责，因此，可以先恋爱，再结婚。

（2）在创业初期，预留较大期权池，给后期股权调整预留空间。

（3）股权分期成熟与回购的机制，本身也可以对冲这种不确定性风险。

9.5.3.4　合伙人离婚后股权的处理

如果合伙人离婚，婚后财产的处理，包括股权，很可能导致公司实际控制人发生变更。原则上，婚姻期间财产是夫妻双方共同财产，但是夫妻双方可以另外约定财产的归属。因此，配偶之间可以约定配偶放弃就公司股权主张任何权利。但是，出于对配偶婚姻期间贡献的认可，也为了取得配偶的认可，不至于夫妻关系由于股权关系亮红灯，一方面，确保离婚配偶不干涉影响公司的经营决策管理；另一方面，保障离婚配偶的经济性权利。

-----【范本】▶▶▶--

有限公司内部合伙人制度及股权激励方案

1　总则

1.1　内部合伙人制度的目的

内部合伙人制度是指由公司内部员工认购本公司的股份，参与经营、按股份享受红利分配的新型股权形式。推行内部合伙人制度目的在于以下方面。

1.1.1　实现本公司的管理突破，通过共同经营、共同创业，共担风险、共负盈亏，凝聚志同道合的长期合作伙伴，形成高效的资金、团队、运营模式。

1.1.2　规范和完善公司内部的治理机制，规范合伙人之间的权利、义务，协调合伙人的责任、利益和风险平衡关系。

1.1.3　确保公司的顺利运作，形成互补能力结构，提升公司的总体竞争力，实现公司永续经营。

1.2　内部合伙人制度的实施原则

1.2.1　合伙人制度实施遵循以下原则。

（1）循序渐进原则。

（2）公开、公平、公正原则。

（3）收益与风险共担，收益延期支付原则。

（4）能力配比、增量激励的原则。

1.2.2　本制度实施意在逐步构建合伙经营模式和团队习惯，不改变公司性质。

2　计划与合伙人计划

2.1　未来三年事业计划

未来三年事业计划见下表。

未来三年事业计划

事项＼年度	2018年	2019年	2020年	2021年
产品定位				
发展策略				
经营目标		1000万元	15000万元	2000万元
团队建设	创始合伙人	分公司合伙人二三级合伙人		

2.2 员工职业发展规划

员工职业发展规划见下表。

员工职业发展规划

级数	职位名称		
	管理部	销售部	设计部
T1	总经理	销售总监	设计总监
T2	管理副总	销售组长	设计组长
T3	部长	销售专员	设计专员
T4	专项经理	实习销售员	

针对市场竞争日趋激烈，利润严重萎缩，公司将不懈培养和打造志同道合的合伙人团队，通过集合优秀人才共同去争取未来，让有志员工"飞速发展，畅享成长，共创未来"。

2.3 内部合伙人股权基本结构与配比

为确保合理的治理结构和竞争力能力组合，未来三年公司内部合伙人股权基本结构与配比方式如下表。

未来三年公司内部合伙人股权基本结构与配比方式

项目＼年度	2018年	2019年	2020年
长期激励方式	分红权参与权	分红权、参与权、投资权收益权	合伙经营权
合伙人人数	2人	20	100
股权结构	8：27：36：4		
能力结构	①公司政策执行分解能力；②经营数据分析能力；③管理能力；		
激励对象	所有员工		
持股方式	出资		

2.4　内部合伙人

内部合伙人指认同公司文化，具备公司所需能力，获得股权的员工，内部合伙人对公司负共同经营、共同创业，共担风险、共负盈亏之责任，公司不接受纯投资者为合伙人。

3　内部合伙人吸纳与股权激励

3.1　内部合伙人的资格条件

内部合伙人的基本资格条件如下。

3.1.1　在公司工作半年以上。

3.1.2　职级T3级以上，并符合岗位任职资格条件。

3.1.3　业务能力强，考核优秀。

3.1.4　有成为合伙人的意愿，按协议商定的出资比例。

3.1.5　合伙人品质要求：合伙人需要有共同的价值取向，具备长远眼光和较强的创业欲望，富有牺牲精神和承受力等企业家精神，经合伙人协商一致同意的。

3.1.6　具有较好发展潜力和能力互补，但尚未完全满足基本条件的员工，可由合伙人申请，经合伙人会议破格吸纳。

3.2　内部合伙人的吸纳程序

内部合伙人的吸纳程序如下。

3.2.1　符合条件员工向总办提出合伙申请或合伙人推荐，填写员工合伙申请及认购表。

3.2.2　合伙资格由管理公司进行初审，并由财务等部门核算当期内部股价、额度及认购系数。

3.2.3　合伙资格及持股方式审核，并经合伙人会议复审后予以确认。

3.2.4　合伙人签订内部合伙协议，到财务部确认持股额并缴款。

3.2.5　公司发放员工持股股权证书。

3.2.6　成为内部合伙人，行使合伙人权利，享受分红。

3.3　购股权额度确定

3.3.1　合伙人购股权额度主要由担任的职位职级决定，具体职位可购股权限额如下。

职位可购股权限额＝公司资产总额×职位分配比例

3.3.2　公司员工因职务调整，其持股额度按调职后的职务比例变动，根据新变动比例进行认购或回购，其中有以下几种情况。

（1）合伙人升职后，根据增加职位分配比例算出其增加股份，新增股份认购价格按本年新股价进行计算。

（2）合伙人降职后，根据减少职位分配比例算出其减少股份比例，减少股份由公司负责回购，回购价格亦按本年新股价进行计算。

3.3.3　根据公司实际运营需求，公司可协商委托某一合伙人受让其他合伙人股权，购股权额度可短期高于职位分配比例，可受让限额由合伙人会议决定。

合伙人购股权限额＝职位可购股权限额＋可受让限额

3.4 公司资产价值及股价核算

3.4.1 公司资产价值包括有形资产和无形资产，有形资产以半年度财务报告显示，无形资产包括，品牌、知识产权、团队、业绩及获利能力等，其评估由内部价值链记分板来衡量，实行动态管理，参见《公司资产价值及股价核算办法》，经合伙人会议同意每半年予以公布。

3.4.2 公司资产实行存量不动，增量激励原则，当公司资产价值低于原存量值时，合伙人应同比注资补足，当公司资产价值持续增长时，原合伙人可享受转让分红和股权转让所带来的溢价激励。

3.4.3 股价根据当期公司资产价值及股份数决定，每年中、年末各公布一次，为内部合伙人购股标准。

$$核定股价＝公司资产价值 \div 股份数$$

3.5 股权认购系数确定

3.5.1 合伙人按职务级别、个人资历、能力确定不同认购系数，股权认购系数越高则代表相对重要性越高，实际出资越少，计算公式如下。

$$股权认购系数＝A \times K \times K1+B \times K2+C \times K3$$

代号	评分项目	评分说明	权重K	备注
A	职务级别得分	L1层级为3分，L2层级为2分，L3层级为1分	50%	
K	任职匹配度得分	满分100%，由合伙申请人上级领导提出建议，经总裁评审决定		
B	KPI考核结果分	年度考核评估结果A为3分，B为2分，C为1分	40%	
C	工龄	员工在本企业工龄每1年加1分，最高为3分	10%	

3.5.2 股权认购系数的评分项目、权重和分值可根据公司发展阶段及需求调整，每年由合伙人会议确定。

3.5.3 公司股权由合伙申请人有偿购买，合伙申请人实际购买价格和实际出资金额计算如下。

$$实际购买股价＝核定股价 \div 股权认购系数$$

$$实际认购出资额＝合伙人购股权额度 \times 实际购买股价$$

3.6 认购权行使及个人奖励股份转换

3.6.1 购股权的实施时间为半年度业绩考核评定后一个月内，根据认购系数确定实际认购出资额，股权认购以实际到账金额为准，到期未到账则视为放弃本期购股权。

3.6.2 股价每半年重新核定，新加入激励计划、放弃或曾失去购股权的合伙申请人应以当期新核定股价购股。

3.6.3　公司当期未有足够股权出让给合伙申请人的，下年度可按本期价格持续认购，内部股价下降时有权按新股价购买股权。

3.6.4　合伙申请人因年度业绩优秀获得公司股权激励的，该激励股权可转入合伙人名下，参与下年度分红，参见《绩效考核与激励制度》；如合伙申请人已达到购股权最高限额，激励股权超出部分将转为现金激励。

3.7　超限额回购和内部转让

3.7.1　公司每年提取利润____%为内部股权回购准备金，从创始合伙人及超出职位可购股权限额合伙人回购股权，以激励新合伙人，回购价为当期核定股价。

3.7.2　股权回购顺序依次为创始合伙人、降职合伙人、超额合伙人，合伙人应以公司长远利益出发不得反对股权回购。

3.7.3　股权可在合伙人间协议转让，转让股权应符合配比比例并经全部合伙人会议同意。

3.8　利润分红

3.8.1　为保证公司事业计划达成，合伙人在三年内分红不超过净利润的30%，每年实际利润分红比率依据年初合伙人共同确定的《年度目标及分红方案》考核提取，按股权比例分配，三年后视企业规模再行调整。

3.8.2　对未加入公司合伙人计划的专家、优秀员工，经合伙人会议同意的可采用分红权进行长期激励，该员工离职则分红权自动失效。

4　内部合伙人的权利和义务

4.1　经营权利与义务

4.1.1　内部合伙人不仅是公司股东，而且是共同创业的伙伴，参与公司的经营管理活动，行使合伙人权利。

（1）公司有关重大投资、业务战略的调整等重大决定的股权表决。

（2）公司发展规划及年度经营计划、分红与配股计划等的股权表决。

（3）公司组织变革及核心制度表决。

（4）就公司经营管理提出合理化建议。

（5）查阅公司经营业绩、财务报表及有关会议决议。

（6）合伙人会议拟定的其他权力。

4.1.2　为提高公司决策效率，合伙人可选举管委会代行合伙人会议权利，管委会成员由合伙人担任，任期一年。

4.1.3　经授权内部合伙人可代表公司拓展业务，组织谈判，具体规定参见《公司业务运作流程及职权划分明细表》。

4.1.4　内部合伙人在公司日常运营中承担以下义务。

（1）遵守公司章程。

（2）履行合伙人分管职能，完成合伙人会议决议分管的工作任务或业绩指标。

（3）按时出席合伙人会议，就公司经营发展出谋划策。

（4）接受制度约束，根据个人绩效和公司需要的职务调整。

（5）保守公司商业机密

4.2 股份权利与义务

4.2.1 内部合伙人持有公司股份，享有以下股份权利。

（1）参与制定和修改公司章程。

（2）对吸纳新合伙人行使表决权（一人一票）。

（3）监督公司内部及各分支机构经营活动。

（4）按照股权比例分配红利，优先享有合伙人分红或股利等优惠政策。

（5）依法分配公司破产、解散和清算后的剩余资产。

4.2.2 内部合伙人根据持有股权承担以下义务。

（1）按本制度及合伙协议完成股权认购、转让。

（2）退出经营时出让持有股权。

（3）公司增发、存量不足或亏损时同比注资。

（4）以自己的出资承担风险。

4.3 其他合伙人共同决议事项

除合伙协议另有约定外，下列事项应当经全体合伙人一致同意。

（1）改变公司的名称。

（2）改变公司的经营范围、主要经营场所的地点。

（3）处分公司的不动产。

（4）转让或者处分公司的知识产权和其他财产权利。

（5）以公司名义为他人提供担保。

（6）聘任合伙人以外的人担任本企业的经营管理人员。

5 合伙人发展计划

5.1 合伙人内部创业

内部合伙人可依据公司业务规划积极筹备、拓展咨询业务，承担业务单元的目标和激励，详细规定参见《公司发展规划及内部创业计划》（略）。

5.2 独立合伙人

独立合伙人指的以个人身份与公司建立长期紧密合作关系，对双方合作所操作的项目实行公司化的操作，双方对项目收入采取按比例分成的方式，参见《独立合伙人协议》（略）。

内部合伙人有个人发展意向的，双方签订独立合伙人协议后，成为公司的独立合伙人，自负盈亏，直接对公司总裁负责，双方在工作中采取平等协商的机制。

5.3 分公司合伙人

内部合伙人可随公司发展转做连锁分公司合伙人，分公司合伙人可持有分公司＿＿＿＿％股权，负责区域范围内的经营业务，参见《分公司合伙人协议》（略）。

5.4 二三级合伙人发展

公司合伙人负责独立核算的业务团队的，经合伙人会议批准可在自己股权范围内发展二三级合伙人，具体参见公司相关规范。

6 内部合伙人退出机制

6.1 内部合伙人退出

6.1.1 合伙人正常退出程序

（1）当事人提前一个月书面提出离职和退伙。

（2）所有合伙人签字同意。

（3）办好必要的股权转让或退出手续。

6.1.2 合伙人持有的股份，在持有人脱离本公司（包括自动离职、被解聘、被开除或死亡等）情况下，不再参与内部持股，其已持有的股份由公司回购。

（1）合伙人自愿离职，提出申请后，不能行使股份购股权。

（2）自离职之日起不享受股东权利及分红权，已定分红由财务结算后，按劳动合同约定延期支付。

6.1.3 股份的回购程序

（1）申请人员个人填写回购申请单。

（2）人力资源部向合伙人会议提供该员工的工作交接清单。

（3）合伙人会议确定回购方式和回购价格。

（4）回购其个人出资部分。

6.2 回购方式及回购价格确定

根据内部合伙人不同退伙原因，将采取不同的回购方式。见下表。

不同退出原因的回购方式

原因	回购方式	回购价格
批准退伙	当期回购	当期核定股价
自动离职退伙	一年后自动回购	按实际离开公司当天所在月份上一个月公司账面每股净资产值
解聘退伙	延期三个月回购	按工作交接日当天所在月份上一个月公司账面每股净资产值
丧失行为能力或死亡	可延期回购	当期核定股价

附1：合伙人股权配发通知书

合伙人股权配发通知书

先生/女士：

　　您好！

　　恭喜您！为感谢您对公司的忠诚，以及您在公司的辛勤劳动，××公司经合伙人会议讨论通过，决定给您配发＿＿＿＿＿＿＿＿＿＿＿＿＿＿＿＿＿＿＿认购股权，以期您今后的工作更上一层楼，取得更好的成绩，与公司共同成长，共同发展！

股权比例	公司资产价值	股权认购系数	实际购买股价

　　此股权从您正式认购起开始生效，依据持有股权，可参与企业经营、股东分红，成为公司的正式合伙人，承担合伙人的责任，享受合伙人的权益，具体权益规定参见《合伙人制度》。

　　在公司的发展过程中，此股权基数将随着新合伙人的加盟而做相应比例的调整。员工无论何种原因离开企业，此股权必须由公司回购。关于吸纳合伙人的管理办法请详见《公司内部合伙人制度》！

　　特此通知！

有限公司合伙人：

＿＿＿＿＿＿年＿＿月＿＿日

附2：有限公司内部员工分红权配发通知书

有限公司内部员工分红权配发通知书

＿＿＿＿＿＿＿先生/女士：

　　您好！

　　恭喜您！为感谢您对公司的忠诚，以及您在公司的辛勤劳动，经公司董事会讨论通过，决定给您配发＿＿＿＿＿＿＿＿＿＿＿＿＿＿＿＿＿＿＿＿＿股分红权，以期您今后的工作更上一层楼，取得更好的成绩，与公司共同成长，共同发展！

　　此分红权从＿＿＿年开始生效，凡获此分红权者，可参与企业股东分红。此分红权属无本配送，无须员工购买。员工无论何种原因离开企业，分红权自动失效。关于分红权的管理办法请详见《分红权配发管理规定》！

　　特此通知！

【范本】 ▶▶▶

房地产项目员工跟投方案

第一章　总则

　　第一条　××地产集团股份有限公司（以下简称"公司"）根据《公司法》《证券法》等有关法律、法规和《××地产集团股份有限公司章程》制定《××地产集团股份有限公司员工跟投房地产项目公司管理办法》（以下简称"本办法"）。

　　第二条　为了更加充分地激励公司房地产项目运营团队的积极性，进一步提升获取项目的质量和项目运营效率，公司参考市场通行做法，制定本办法。

第三条　本办法将项目经营效益和跟投员工个人收益直接挂钩，实现收益共享、风险共担，不设本金保障和收益保证机制。

第二章　管理机构

第四条　公司股东大会负责本办法的批准和变更。

第五条　公司董事会每年审议由公司审计部门出具的年度总结报告，并在本办法通过批准的三年后决定是否继续实施。

第六条　公司总裁会议根据相关法律法规和本办法制定相应的实施细则报董事会主席批准后，并组织实施。

第三章　跟投项目

第七条　跟投项目为××××年6月30日后首次开盘销售的项目，其中：销售型项目的跟投员工投资方案由总裁会议根据本办法审批。

其他类型项目（如战略储备项目、产业地产项目、全持有商业项目、高强度投资项目等）的跟投员工投资方案可根据实际情况做适当调整，经过公司董事会主席审批通过后实施。

第八条　对于已进行合资合作的项目，实施本办法须通过项目公司相应的审批程序。

第九条　如出现因政策、环境或其他事项导致在本办法规定的跟投项目范围内的个别项目不适合跟投的情况，经公司总裁会议审核并报公司董事会主席批准后不实施本办法。

第四章　跟投员工投资人

第十条　跟投员工投资人分为必须跟投人和自愿跟投人。

第十一条　必须跟投人及跟投范围

区域公司：区域公司负责人、执行总经理、投资第一责任人、副总经理、总监、副总监、关键部门负责人（包括但不限于：发展部、营销部、工程部、设计部、成本部、财务资金部等），必须跟投区域公司管辖范围内符合本规定的所有项目。

城市公司：总经理、副总经理、总监、副总监、关键部门负责人（包括但不限于：发展部、营销部、工程部、设计部、成本部、财务资金部等），必须跟投城市公司管辖范围内符合本规定的所有项目。

项目公司负责人必须跟投所管理的符合本规定的所有项目。

其他与项目相关的必须跟投人由区域公司负责人指定。

第十二条　自愿跟投人及跟投范围

区域公司、城市公司及项目公司中与项目经营直接相关的正式员工，可自愿参与项目跟投。

在按照本办法第十九条的所有跟投员工投资人合计持有的项目公司股权比例限额内，首先满足必须跟投人的跟投；满足必须跟投人的跟投后如有剩余股权比例的，方可由自愿跟投人进行跟投。

第十三条　总裁会议批准跟投员工投资方案（包括必须跟投人及自愿跟投人项目跟投额度、股权占比等）。

第十四条　公司董事会主席和总裁不参与项目跟投。

第十五条　公司不为跟投员工投资人的跟投资金提供贷款以及任何形式的财务资助，包括为贷款提供担保。

第五章　投资架构

第十六条　跟投员工投资人通过有限合伙企业进行投资，一个有限合伙企业投资一个跟投项目。

第十七条　在对跟投项目投资决策时须预测为完成跟投项目开发经营所需要各方股东投入项目公司的资金最大值，即股东资金峰值。股东资金峰值由项目投资决策会批准。

股东资金峰值，由各方股东对负责开发跟投项目的项目公司投入资金来筹集；各方股东的投入资金包括权益资金和债权资金。其中，权益资金是指各方股东投入到项目公司，并由项目公司长期拥有并自主支配的资金，该资金不约定偿还本金的时间，也不计算和支付利息。权益资金在会计形式上表现为股权资金（包括注册资本、资本公积）及长期应收款形式。

第十八条　有限合伙企业按照跟投员工投资方案的规定投入资金（包括权益资金和债权资金）后，不再承担追加投资的责任。

有限合伙企业以其实际投入资金（包括权益资金和未收回的债权资金）的金额为限，承担项目公司经营风险和亏损风险。

第十九条　每个跟投项目中的所有跟投员工投资人合计持有的项目公司股权比例不超过5%，若超过5%的则优先调减自愿跟投人的跟投金额，其次再同比例下调所有必须跟投人的跟投额度。每个跟投项目中的单个跟投员工投资人持有的项目公司股权比例原则上不超过1.5%，如需超过的须经过总裁会议特别批准。

必须跟投人每个项目跟投额度按照实施细则规定，不得超额跟投。

项目公司的权益资金、有限合伙企业占项目公司的股权比例等事项，在总裁会议制定的实施细则中具体规定。

有限合伙企业不能是项目公司的大股东，不参与项目管理，不向项目公司派驻董事及管理人员，不影响项目的对外合作，放弃项目公司股权的优先购买权。

第二十条　有限合伙企业按照占项目公司股权比例×1.5的比例，在项目公司分取利润或承担亏损。本条的比例原则同时适用于本办法第二十六条退出管理时有限合伙企业持有项目公司股权收购价格的计算确定，以及项目公司清算时有限合伙企业分配项目公司剩余资产的计算确定。

若本办法通过批准三年后公司董事会决定继续实施，则三年后获取的新项目设立的有限合伙企业按照占项目公司股权比例在项目公司分取利润或承担亏损，不再享有1.5倍杠杆。

此原则同时适用于本办法第二十六条退出管理时有限合伙企业持有项目公司股权收购价格的计算确定，以及项目公司清算时有限合伙企业分配项目公司剩余资产的计算确定。

第二十一条　在符合公司利益最大化原则的情况下，公司可以根据跟投项目的实际情况，合理确认有限合作企业参与项目的跟投方式。跟投方式由公司总裁办公会审议。

第六章　出资管理

第二十二条　必须跟投和自愿跟投资金的到位时间为土地获取及跟投团队组建完成（城市公司总经理到位）后四十五个工作日内，由区域公司负责人督促各跟投人员一次性出资到位。

第二十三条　部分特殊项目如战略储备项目、产业地产项目、全持有商业项目、高强度投资项目等，资金到位时间由总裁会议决定。

第七章　分配管理

第二十四条　项目公司在累积净现金流量（含与本项目直接相关的开发贷融资）为正数，并保证项目运营所需3个月资金及项目合作方（如有）同意后，经总裁会议批准，项目公司向有限合伙企业分期归还债权资金。有限合伙企业退出前，项目公司向有限合伙企业归还债权资金额度不得超过项目跟投总额度的70%。

项目公司累积净现金流量为正数并保证项目运营所需3个月资金后，根据《企业会计准则》规定计算的可供分配利润，在符合《公司法》的规定且没有金融机构的利润分配限制的，经项目公司股东会通过，项目公司向有限合伙企业分配利润。

第八章　退出管理

第二十五条　项目已销售建筑面积达到拟销售建筑面积的90%的时点，或按照《××地产集团股份有限公司募集资金管理制度》决定将项目作为募集资金投资项目时，为有限合伙企业退出启动点。总裁会议有权决定推迟退出启动点，但推迟时间最多不超过六个月。

第二十六条　退出启动点发生后，由公司选择独立评估机构，参照独立评估机构对退出启动点项目公司净资产的市场公允价值，由总裁会议批准退出启动点项目公司净资产价值。

根据批准的启动点项目公司净资产价值，结合项目公司在退出启动点前（含）的全部利润或全部亏损状况，按照本办法第二十条中有限合伙企业以占项目公司股权比例×1.5的比例分取全部利润或承担全部亏损的原则，来计算确定公司向有限合伙企业收购其所持项目公司股权的收购价格。

第二十七条　对项目公司净资产评估时，其中未售物业的评估方法如下。

（一）已经开始销售的住宅未售物业和车位未售物业（主要为住宅配套），根据评估机构按照收益法评估（以退出启动点前一个季度同类型物业的销售平均价格及其后续销售计划为评估基础）得出的市场公允价格，再乘以80%～90%的折扣率参考确定。

（二）已经开始销售的车位未售物业（主要为商业配套）、已经开始销售的商业未售物业及未开始销售的物业，根据评估机构按照收益法评估得出的市场公允价格，再乘以70%～80%的折扣率参考确定。

第二十八条　有限合伙企业持有项目公司股权的收购事项及收购价格最终由总裁会议批准确定。

第九章　离职及调动

第二十九条　跟投项目已销售建筑面积达到拟销售建筑面积的70%后，跟投团队不再进行人员变更，即无论离职或岗位变动均不得提前退出或参与该项目跟投。

第三十条　在跟投项目已销售建筑面积未达到拟销售建筑面积70%的条件下，离职人员中区域公司、城市公司及项目公司经营班子成员不得提前退出项目跟投，其他离职人员可选择性退出，选择退出者均无息返还跟投资金余额，并不再享有项目分红。

第三十一条　新到岗的经营班子成员除须参与其到岗后的新项目跟投外，对于到岗前已实施了跟投的老项目，若已销售建筑面积未达到拟销售建筑面积70%的，还须按个人跟投额度的50%对已实施跟投的老项目进行跟投。

跟投项目已销售建筑面积未达到拟销售建筑面积70%的，调岗人员可选择继续跟投或退出跟投金额的50%。

第十章　附则

第三十二条　本办法自公司股东大会审议通过后生效，并由公司董事会负责解释。

参考文献

[1] 杨晓刚.股权激励一本通方案+范本+案例.北京：人民邮电出版社，2017.

[2] 胡礼新.中小企业股权激励实操.北京：中国铁道出版社，2017.

[3] 单海洋.非上市公司股权激励一本通.北京：北京大学出版社，2014.

[4] 黄治民.股权激励操盘手册——国内知名企业高管十六年股权激励实践总结.北京：清华大学出版社，2017.

[5] 臧其超.股权激励：让员工像老板一样工作十余年理论积淀与实战经验的总结与分享.广州：广东经济出版社，2014.

[6] 单海洋.非上市公司股权激励实操手册.北京：中信出版社，2017.

[7] 徐永前.员工持股、股权激励与主协调律师制度.北京：法律出版社，2016.

[8] 宋桂明.股权设计战略与股权激励实务指引.杭州：浙江工商大学出版社，2017.

[9] 马永斌.公司治理之道：控制权争夺与股权激励（第二版）.北京：清华大学出版社，2018.

[10] 陈丰.股权激励：融资、融人、融智的零成本秘诀.广州：广东经济出版社，2017.

[11] 徐芳.股权激励：让员工为自己打工.北京：中国铁道出版社，2018.

[12] 邢涛.企业股权激励留住吸引和激励核心人才.北京：人民邮电出版社，2018.

[13] 郑波.股权激励实战.北京：电子工业出版社，2018.

[14] 姚宇峰，谢洁.股权激励整体解决方案.北京：中国经济出版社，2018.

[15] 陈楠华.非上市公司股权激励一本通（第2版）.北京：中国铁道出版社，2019.

[16] 王文书.企业股权激励实务操作指引.北京：中国民主法制出版社，2011.

[17] 罗毅，张杰，宋军.安柏静穿透股权：非上市公司股权激励实战指南.北京：法律出版社，2018.

[18] 张坤.股权激励：打造企业利益共同体.北京：机械工业出版社，2017.

[19] 杨建强.股权激励.北京：中国财富出版社，2018.

[20] 刘建刚.基于顶层设计的股权激励.北京：团结出版社，2018.

[21] 包啟宏，沈柏锋.中国式股权：股权合伙、股权众筹、股权激励一本通.北京：中国铁道出版社，2016.

[22] 刘建刚.股权激励你不会做.北京：团结出版社，2018.

[23] 刘建刚.股权激励你不能做.北京：团结出版社，2018.

[24] 张诗信，王学敏.合伙人制度顶层设计.北京：企业管理出版社，2018.

[25] 鲍玉成.合伙人制：创新型企业管理与运营实战策略.北京：化学工业出版社，2018.

[26] 毛桥坡，周超.合伙人制度.北京：中国友谊出版公司，2018.

[27] 郑指梁，吕永丰.合伙人制度——有效激励而不失控制权是怎样实现的.北京：清华大学出版社，2017.

[28] 曹海涛.合伙创业：合作机制+股份分配+风险规避.北京：清华大学出版社，2018.